KB166451

노동의
미 래

전환의 시대, 일과 삶의 새로운 미래를 구상하다

노동의 미래

유경준·이상협·이종훈·이철수 지음

현암사

목차

들어가며 ——————————————————————— 8

1장 **시작하기에 앞서: 전환 시대의 노동** —— 15

한국의 노동 4.0이란 ————————————————— 21

디지털 시대의 새로운 노동 시스템 ————————— 29

2장 **인구 고령화와 한국의 노동시장** ———— 37

저출산 고령화, 한국의 현주소 ————————————— 41

고령화는 왜 문제일까 ————————————————— 48

한국의 고령 노동자와 노동시장 ——————————— 58

고령화와 노동의 미래 ————————————————— 66

3장 # 한국의 소득불평등 ———————— 81

최근 한국의 소득불평등 수준 ———————— 85

'한강의 기적'은 사실일까 ———————— 94

최근 한국의 소득불평등 변화 ———————— 105

소득격차와 소득양극화의 의미 ———————— 112

사람들은 소득불평등을 어떻게 생각할까 ———————— 117

향후 소득불평등 정책방향 ———————— 120

4장 # 노동소득분배율과 소득주도성장 ———— 125

우리나라 노동소득분배율의 한계 ———————— 130

노동소득분배율과 소득불평등 ———————— 141

최저임금과 노동소득분배율, 소득주도성장 ———————— 143

소득불평등이 악화된 것은 노동소득분배율 때문일까 ———————— 149

새로운 노동소득분배율 지표 ———————— 155

5장 # 한국의 노사 문제와 새로운 시스템 —— 161

왜 새로운 시스템이 필요한가? ———————— 164

다른 나라의 근로자대표법제 ———————— 183

상설적인 종업원위원회 설치의 제안 ———————— 204

6장 **비정규직, 무엇이 문제이고 어떻게
해결할 것인가** ———————————— 213

비정규직이 늘어난 배경과 이유 ——————————— 218

비정규직 보호법의 목표와 효과 ——————————— 224

새롭게 나타난 비정규직 이슈들 ——————————— 235

비정규직, 어떻게 풀어갈 것인가 ——————————— 246

7장 **저출산 고령 사회, 한국의 사회안전망** — 261

고령화와 사회안전망 ————————————————— 265

연금개혁에 대한 논의 ————————————————— 278

참고문헌 —————————————————————————— 304

주 ————————————————————————————————— 311

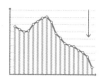

세상이 급속하게 변하고 있다. 그 변화는 우리의 기대를 벗어나거나, 아예 상관없이 우리에게 적응을 강요하는 모습으로 다가오고 있다. 이렇듯 사회공동체에서 일어나는 거대한 시대적 흐름인 메가트렌드megatrends는 특히 기술, 인구, 국제무역 및 자본시장, 환경 및 보건 분야에서 동시 다발적으로 발생하고 있다. 그리고 이는 우리 인생의 중요한 단계들, 즉, 학업, 취업, 결혼 및 육아, 은퇴 등을 결정하는 데 엄청난 영향을 미치는 것은 물론, 우리 사회와 더 나아가서 국제적으로 정치경제 질서를 재편할 것이 확실해 보인다.

메가트렌드와 노동의 상호작용은 지금 우리가 사는 세상에서 가장 중요한 연구과제 중 하나이다. 뿐만 아니라, 우리 인생의 중요한 단계들을 노동이라는 단어가 하나의 고리로 묶어줄 수 있기 때문에 이 주제가 지니는 중요성은 실로 크다. 사실 해외에서는 수많은 국제기구와 유수한 연구기관들이 노동의 미래 이니셔티브the Future of Work Initiative를 형성하고 이를 체계적으로 연구한 지 이미 수년이 되었다. 대표적으로 OECD는 이 이니셔티브를 통해 디지털화, 글로벌화, 인구변화라는 거대한 흐름들이 어떻게 우리의 노동을 변화시킬 것인가를 연구하기 시작했다. 이를 통해 메가트렌드가 신산업의 창출, 생산성 향상, 생활수준 향상 등에 기여해서 새로운 노동의 기회를 제공할 수 있다는 점을 지속적으로 강조하고 있다.

그럼에도 불구하고, 노동의 미래를 보는 시각에는 분명 불안감이 존재한다. 2019년에 발간된 〈2019 OECD 고용전망: 일의 미래(OECD Employment Outlook 2019: The Future of Work)〉에서 OECD는 특히 가까운 미래에 중간숙련 일자리가 사라질 것을 우려하고 있다. 예컨대 향후 15~20년 사이에 자동화로 14퍼센트의 직업이 사라지고, 32퍼센트의 직업이 업무형태에서 급격한 변화를 경험할 것으로 전망한다. 즉, 회원국들에서 전체 직업의 거의 절반이 사라지거나 아님 급격한 업무형태 변화를 경험할 것으로 전망하는 것이다. 이에 따라 OECD는 새로운 노동환경에 따른 훈련, 질 좋은 직업의 제공, 소득분배 및 사회안전망 제고 등 보다 밝은 미래를 위한 정책 제안에 고심하고 있다.

이러한 국제사회에서의 움직임과는 달리 국내에서 이러한 정책제안은 단편적이고 간헐적이며 개인연구 차원에 국한되어 있다. 이러한 문제의식을 바탕으로 필자들은 이 변화와 재편을 '한국의 노동과 그 미래'라는 주제로 묶어서 분석하는 것이 필요하다는 것에 의견을 같이 했다. 하지만 이 주제가 너무 광범위하고 추상적이어서 어떠한 접근방법을 택할 것인가에 대한 고민이 있었다.

미래예측서 같이 주제에 대한 거시적인 접근 방법은 독자의 흥미를 유발할 수는 있으나 피상적인 내용에 그칠 수 있다. 특히 무엇보다 현재 우리 사회가 겪고 있는 수많은 문제점들에 대한 함의를 주기에는 너무 현실과 동떨어진 것으로 비쳐질 수 있는 우려가 있었다. 즉 이 광범한 주제를 다른 미래예측서 같이 추상적으로 다룰 경우, 필자들의 전문성이 희석된다는 데 문제점이 있었다.

따라서 이 책에서는 일단 사회적으로 첨예하거나 중요한 문제, 특히 지난 수년 간 논란이 많이 되어 왔던 몇몇 주제에 한정시켜서 첫 발걸음을 떼기로 했다. 그동안 누적된 문제들을 중심으로 해답의 방향을 제시하고, 향후 추가 작업을 통해 구체적인 대안을 모색하는 작업을 시작하기로 했다. 그리고 여기에서 다루지 못한 노동의 미래와 관련된 추가적인 과제(예컨대 여성 노동, 공유경제, 원격 및 재택근무, 노동을 둘러싼 세대 간 또는 세대 내 갈등, 노동의 국제분업)와, 또한 이 책에서 일부 다루었지만 완전히 소화가 되지 않은 주제들을 추후에 다시 보완하여 구체적인 대안을 제시하고자 계획하였음을 미리 밝혀 둔다.

이 책의 집필자들은 국내외 학교에서 뿐 아니라, 연구소, 기업, 입법 과정 등 다양한 분야에서 수십 년을 일한 전문가들이다. 법학과 경영학, 경제학 등 다양한 전공을 가지고 있으며, 풍부한 국제경험도 가지고 있다. 따라서 이 책은 학제 간 연구interdisciplinary approach의 결과로 볼 수 있으며, 다양한 전공과 다양한 경험을 녹이기 위하여 약 1년 반 동안 국내외에서 매달 모여 토론하고 논의한 결과가 반영되어 있다.

이 책은 미래노동에 대한 가치 정립, 고령화, 소득불평등, 노동소득 분배 및 소득주도성장, 노사관계, 노동 유연화와 비정규직, 사회안전망 등에 대한 논의를 중심으로 모두 일곱 장으로 구성되어 있다.

제1장은 메가트렌드 속에서 우리 사회의 노동에 대한 새로운 가치를 탐색해 본다. 더 나은 근로조건, 일과 삶의 양립이 가능하고 불평등이 완화되는 노동의 미래를 만들어 가기 위해, 노동의 인격성이 조명되는 연대와 창의적인 생존 방식이 끊임없이 모색되는 혁신의 가치 모두가 미래의 노동의 가치로서 중요한 점으로 강조되고 있다.

제2장은 메가트렌드 중 특히 인구고령화에 초점을 맞추고 있다. 여기서는 우리나라의 급격한 저출산 고령화가 우리 경제와 고용 시장에 미치는 영향을 각국 간 비교를 통해 분석하고 있다. 특히 고령화가 전 연령층의 노동에 미칠 영향은 노동시장 뿐 아니라 부양체계라는 관점에서 좀 더 종합적으로 보아야 하고, 이에 따라 일과 삶의 균형을 맞출 수 있는 노동정책 및 가족친화적 정책을 연계하는 정책이 중요함을 강조하고 있다.

제3장은 우리나라의 소득불평등, 그리고 제4장은 노동소득분배율의 정의 문제로부터 각각을 둘러 싼 최근의 다양한 논쟁에 대한 해답을 제시하고 있다. 특히 문재인 정부의 소득주도성장income-led-growth의 시발점이 된 노동소득분배율의 정의와 수치에 대해 문제를 제기하고 있다. 더불어 노동소득분배율의 추이, 자본과 노동 간의 분배, 소득불평등과 양극화, 소득주도성장의 효과 등 지난 수년간 가장 많은 논란이 되어왔던 논쟁들에 대해 구체적인 자료와 각국 간 비교를 통해 심층분석하고 각각에 대한 구체적인 대안을 제시하고 있다. 이를 통해 필자는 주관적이고 비과학적인 데이터의 이용을 경계하며, 엄밀한 실증적 분석을 통한 정책의 중요성을 강조한다. 특히 제대로 된 정책의 시행을 위해서는,

소득불평등과 노동소득분배율의 개념과 정의에 대한 올바른 이해가 필요하다는 점이 강조되고 있다. 더불어 소득불평등의 개선을 위한 정책 방향으로 평생 교육 및 훈련, 양과 질이 동시에 고려된 고용률 제고, 빈곤 사각지대의 해소, 사회안전망의 제고 등 노동 및 복지정책이 강조되는 한편, 기술진보와 개방화에 대응하여 시장의 효율성과 형평성을 높이기 위한 공정거래원칙의 재정립이 우리나라에서는 특히 중요하다는 점도 부각되고 있다.

제5장은 새로운 종업원대표시스템을 모색한다. 여기서는 노동조합, 노사협의회, 근로자대표 등 집단적 의견을 반영하는 기존 제도 간의 규범적 위상과 기능이 불분명하고 기능적인 측면에서 노동조합의 대표성에 관해 의문이 제기되는 상황에서 종업원대표제도에 대한 새로운 시스템이 왜 필요한지를 실증적으로 검토하고 있다. 이에 대해 비교법적 관점에서 사업장 차원의 의사결정시스템이 어떻게 재형성되어 왔는가를 고찰한다. 나아가 이를 토대로 우리의 법규범과 노동현실에 적합한 발전적 대안을 모색해 본다.

제6장은 비정규직 문제의 본질을 드러낸다. 여기서는 비정규직이 왜, 또 어떻게 늘어났는지를 이론적으로 또 실증적으로 고찰하며, 비정규직 보호를 위한 법과 규제는 어떻게 만들어졌고 그것이 실제로 효과가 있었는지, 효과가 없었다면 왜 그런 결과가 초래되었는지 살펴본다. 나아가서 미래의 비정규직 문제를 앞으로 어떻게 접근해야 하고 어떤 해법이 있는지에 대해 고민한다.

마지막으로 제7장은 고령화와 사회안전망이라는 주제로 한국의 노동을 바라보고, 특히 그간 논쟁이 되어 왔던 연금 개혁, 정년연장, 기본소득 등을 중심으로 인구고령화와 노동의 미래를 진단한다. 특히 지금이 사회안전망의 중단기적 해법도 중요하나 사회안전망에 대한 중장기적 큰 그림의 제시가 절실한 시점임을 강조하고 있다.

변화는 불안과 두려움을 동반한다. 한국사회는 기술, 고령화, 노동시장 유연화, 고용불안정, 소득불평등, 노사관계, 사회안전망 등 여러 분야의 다양하고도 급속한 변화에 직면하고 있다. 특히 코로나 바이러스 범유행 사태로 이들 요소들이 어떻게 변할지 한치 앞도 내다보기 어렵게 되었고, 이로 인해 사회적 불안감이 증가하고 있다. 비과학적이고 주관적이며 비논리적인 논쟁들은 그러한 불안을 더욱 가중시킬 수 있다. 이 책이 이러한 논쟁들에 대한 해법을 제시해 주는 데 조금이라도 도움이 되기를 바란다.

끝으로 이 책의 출판을 기꺼이 허락해 주신 현암사의 조미현 대표님, 편집을 맡아 주신 박이랑 편집자 및 편집부원에게 깊은 감사의 말씀을 전한다.

2020년 6월
집필자 일동

1장

시작하기에 앞서:
전환 시대의
노동

세계 최대 규모의 온라인 쇼핑몰 아마존이 2018년 점원과 계산대조차 없는 무인매장인 아마존고AmazonGo를 개장했다. 당시 인공지능AI과 사물인터넷IoT 센서 기술 등을 결합시켜 디지털화의 첨단을 구현해 화제가 되었다. 이를 바라보는 사람들의 시선에는 미래의 삶을 바꿀 기술력에 대한 감탄과 한편으로는 수백만 명에 달하는 서비스 노동자가 일자리를 잃을 것이라는 두려움이 동시에 공존한다.

최근 4차 산업혁명으로 대표되는 노동의 디지털 전환이 활발히 진행되면서 노동의 개념이 다시 한 번 요동치고 있다. 디지털 환경에서는 모든 산업의 공정, 제품, 서비스, 비즈니스 모델 등이 새로이 연결되고 혁신하여 새로운 가치를 창출한다. 대표적인 것이 유휴 자산이나 유휴 노동력을 개인들이 공유하는 형태의 공유경제sharing economy로서, 이는 디지털 플랫폼을 통해 일회성 서비스가 중개되는 긱 경제gig economy 뿐만 아니라 주문이 있을 때마다 서비스를 제공하는 온디맨드 경제on demand economy의 형태로 다양하게 전개되고 있다.[1]

이러한 공유경제의 모델에서는 노무제공자가 직접 고객에게 노무를 제공하고, 플랫폼은 이것을 중개하는 방식으로 노동력의 제공이 이루어진다. 하지만 노무제공자는 플랫폼을 통해서만 자신의 노동력을 구매할 고객을 찾을 수 있기 때문에 플랫폼에 대한 경제적 종속이 발생하게 된다. 이러한 맥락에서 공유경제 모델에서 노무제공자들이 플랫폼의 근로자에 해당하는지에 대한 법적 분쟁이 증가하고 있으며, 대표적인 것이 우버Uber와 리프트Lyft와 같은 차량 공유업체 종사자들의 근로자성 분쟁이다.[2]

노동의 디지털 전환 과정은 노동력이 제공되는 방식도 변화시키고 있다. 언제 어디서든 일할 수 있는 유비쿼터스 사회가 펼쳐지면서, 전통적인 의미의 노동 시간과 노동 장소의 경계는 갈수록 희미해지고 있다. 시간과 공간에 구애받지 않고 사용자의 업무지시가 이루어질 수 있기 때문에 노동과 휴식의 구분도 점차 모호해지고 있다. 이러한 상황에서 근로자는 늘 긴장 상태에 놓여 충분한 휴식을 취하지 못하고 스트레스를 받는 경우가 늘면서 많은 국가들에서는 연결차단권right to disconnect이라는 개념으로 노동시간의 경계선을 명확히 하고자 시도하고 있다.[3]

또한 최소한의 생존을 위한 수단으로만 여겨졌던 노동의 의미가 변화하고 있다. 단순히 물질적인 조건만을 충족하는 것이 아니라, 노동을 통해 자기만족과 자기계발 등 정신적 가치를 충족하고자 하는 욕구가 증가하고 있으며, 이러한 변화는 사회가 발전하는 과정에서 어느 나라에서나 보이고 있다. 최근 일과 삶의 균형에 대한 강조, 일터에서의 인격권 보장, 대화와 소통이 이루어지는 민주적이고 수평적인 일터에 대한 선호도가 점차 증가하는 추세다.[4]

노동의 디지털 전환에서 가장 중요하게 논의되고 있는 것은 기술발전으로 인한 일자리 감소의 문제이다. 인공지능과 로봇기술이 활용되는 디지털 전환으로 인해 대량 실업이 발생할 것이라는 우려가 늘고 있기 때문이다. MIT대학교의 경제학자 데이비드 오터David H. Autor 등이 2003년 제기한 이른바 루틴화 가설routinization hypothesis[5]에서는 인간이 수행하던 반복적 업무를 프로그래밍함으로써 인간의 노동력을 대체할 수 있다고 보고 있다. 이러한 가설에 기초하여 경제학자 칼 프레이Carl Frey와 마틴 오스본Martin J. Osborne의 2013년 연구[6]에서는 미국의 일자리 중 약 47%가 컴퓨터로 대체될 위험에 처해 있다고 분석한 바 있다. 물론 부정적 전망과는 상반되는 낙관적 전망 또한 함께 나오고 있다.[7] 중요한 것은 노동의 디지털 전환이 곧바로 불평등의 심화로 귀결되지 않도록 사회적, 경제적, 문화적 과실이 공정하게 분배될 수 있도록 노동의 새로운 미래를 구상하는 것이다.

자동화나 디지털화는 우리 일상에 침투한지 오래지만, 4차 산업혁명은 단순하게 기술 혁신이나 변화에 그치지 않는다. 훨씬 근본적이고 중요한 차원의 문제에 관한 것이다. 과연 4차 산업혁명 시대가 온 것인지 여부에 대해서는 여전히 전문가들 사이에서 논란이 있지만, 대다수 선진국에서 4차 산업혁명을 기술과 산업을 넘어 경제와 사회 전반까지 변화시킬 수 있는 거대한 전환으로 여기고 국가 차원의 대책과 전략을 마련하고 있다.[8] 우리나라도 2016년부터 이와 관련된 각종 연구 작업을 진행하였고, 새 정부 들어서는 4차 산업혁명 위원회를 중심으로 일자리 위원회, 경제사회노동 위원회와 각 부처의 관련 위원회에서 논의가 활발히 진행 중이다.

새로운 기술은 새로운 위험과 기회를 함께 가져오며, 우리의 노동과 삶에 대한 불안과 희망을 동시에 불러일으킬 수 있다. 4차 산업혁명에 대한 최고의 화두를 꼽자면 역시 일자리에 대한 것이다. 아마존고의 사례처럼, 인간의 일자리가 기계와 기술로 대체되는 것에 대한 불안은 세계적인 현상이다. 우리나라의 경우 특히 젊은 세대의 두려움이 크며, 경제적·사회적으로 취약한 상황에 있는 집단일수록 미래의 고용에 대해 더 많은 부담을 느끼게 된다.

4차 산업혁명은 과연 필연적으로 대량 실업으로 이어지는 것일까? 지난 수세기에 걸쳐 진행된 기술적 진보는 실업으로 연결되지 않았으며, 1차, 2차, 3차 산업혁명 또한 우려와는 달리 일자리를 늘리고 새롭고 혁신적인 상품을 만들어내기도 했다. 역사 속에서 확인된 이러한 사실을 근거로 많은 국가와 국제기구, 관련 전문가들은 일자리 감소 주장에 동의하지 않고 있다.[9] 하지만 그렇다고 해서 4차 산업혁명과 일자리에 대한 논쟁, 그리고 대비책의 필요성이 줄어드는 것은 아니다. 기술 혁신으로 인해 단기적으로는 감소하는 일자리가 있을 것이고, 그러한 업종에 종사하는 사람들의 두려움은 피할 수 없는 현실이기 때문이다.[10] 4차 산업혁명에 대한 두려움이나 기대의 크기는 사회적 대화와 논의가 얼마나 활발한가에 따라 국가별로 다양하다.

이 책에서는 기본적으로 두려움보다는 희망과 기대를 가지고 한국형 노동 4.0이란 무엇인지, 그리고 앞으로의 과제에 대해 이야기해보려 한다.[11]

한국형 노동 4.0이란

노동 4.0이라는 개념은 4차 산업혁명 관련 논의에서 비롯되었지만, 이제는 산업만이 아니라 직업 세계 전체의 노동 형태 및 노동관계를 조명하는 개념이 되었다.[12] 노동 4.0은 4차 산업혁명을 가능하게 하거나 촉진하는 환경과 조건에 관한 개념으로 볼 수도 있다. 또한 4차 산업혁명은 지금 우리 사회가 고민하고 있는 문제를 해소하는 데 기여할 수 있어야 한다.

기술의 발전을 지금의 과제에 연결하는 것은 두 가지 측면에서 유의미하다. 첫째는 당면한 문제를 중장기적 관점으로 바라볼 수 있게 된다는 면에서, 둘째는 해당 기술에 더욱 많은 자본과 자원을 투입하여 기술의 발전을 촉진할 근거를 마련할 수 있다는 점이 그렇다. 기술 발전이 사회 문제 해결을 돕도록 하는 것은 우리 사회의 지속과 발전을 위해 필수적인 노력이다.

그렇다면 한국형 노동 4.0은 어떻게 정의내릴 수 있을 것이며, 어떤 목적을 추구해야 할까? 논의에 앞서 먼저 유념할 점은 노동 4.0은 기술의 디지털화와 인공지능 등 소위 4차 산업혁명으로 대변되는 기술 변화로 인해 수동적으로 받아들여야만 하는 고정된 개념이 아니라는 점이다. 한국형 노동 4.0은 기술 혁신과 산업구조의 변화에도 불구하고 한국 사회의 모든 구성원들이 동등하게 양질의 노동과 품격 있는 삶을 향유하는 데 기여할 수 있는, 노동의 미래를 적극적이고 능동적으로 구상하는 청사진이라 할 수 있다. 한국은 글로벌 경제에서 현재 모든 국가들이 공통적으로 마주한 기술 혁신과 산업구조의 변화라는 보편적 문제를 마주하고 있다. 이와 함께 전후 고도의 경제적 압축성장과 민주화를 동시에 이뤄내며 그 성과와 함께 부작용 또한 겪어온 한국적 상황 역시 존재한다. 한국형 노동 4.0은 이를 동시에 담아 노동의 미래를 논의하는 열린 접근 방식이다. 요컨대 인간과 노동을 중심에 놓고 지금의 기술 혁신과 미래 사회를 사고하는 실천적 고민이다.

한국형 노동 4.0을 구상하기에 앞서, 지금까지 우리의 노동 현실 및 법제도가 걸어온 발자취를 돌아보는 작업이 필요하다.[13] 과거와 현재에 대한 정확한 이해가 뒷받침될 때 한국 사회가 지향하고자 하는 노동의 미래에 대해 합의할 수 있기 때문이다. 이 작업을 위하여 독일 연방사회노동부가 발간한 『노동 4.0 녹서』에서의 시대 구분을 참고해보면, 증기기관의 발명으로 새로운 생산방식이 도입되고 인류가 처음으로 산업사회를 맞이한 18세기 후반을 노동 1.0으로 본다. 이후 본격적인 대량생산이 시작되고, 노동이 새로운 사회적 문제로 대두되어 최초로 사회보험을 도입하고 복지국가의 맹아가 탄생한 19세기 후반부터는 노동 2.0에 해당한다. 세계대전을 거치며 사회적 시장경제가 자리를 잡고, 근로자의 권리가 보장되어 오늘날의 표준고용관계가 확립된 1970년대 이후를 노동 3.0으로 보며, 기술 혁신으로 인해 생산방식에 다시금 전환기가 도래하고 디지털화 및 상호연결성·유연성이 증대하여 노동에 대한 새로운 사회적 합의가 필요하게 된 현 시점 및 미래의 노동을 노동 4.0으로 명명하고 있다.[14]

우리나라의 경우, 서구 선진국에 비해 경제발전의 시작이 늦기는 하였으나 노동을 둘러싼 변화를 살펴보면 큰 틀에서의 경로는 다르지 않다. 다만 한국의 특수한 정치적, 사회적 맥락을 고려할 때 우리 현대사의 변곡점과 노동 관련 법제도의 변화가 궤를 같이하는 현상을 확인할 수 있다.

한국형 노동 1.0 (해방 이후 ~ 1987)

한국의 노동 1.0은 해방 이후부터 1987년까지로, 일제 강점기가 종료되고 해방을 맞이한 후 1953년 미군정에 의해 명목적이나마 최초의 노동법제를 제정하고, 이후 독재 정권에 의해 국가 주도적·경제 종속적 노동정책이 주를 이루었던 시기이다. 국민 대다수가 경제개발과 수출 증대를 위한 산업역군으로 취급되고, 근대적 노사관계가 자리잡지 못했던 명목적 생성기와 그 이후 경제적 효율성만이 강조되던 시기가 여기에 포함된다. 국가의 보호막 아래 한국은 고도성장을 구가하였지만, 노동의 목소리가 배제되고 노동조합이 억압받았던 시기였다.

우리나라는 해방 직후인 1953년에 근로기준법, 노동조합법, 노동쟁

의조정법, 노동위원회법 등의 근대적 법률을 최초로 제정하여 노동법제의 기본골격을 형성하였다. 위 법률들은 한국 노사관계의 현실을 반영하거나 외국법에 관한 면밀한 조사와 연구를 통해 제정된 것이 아니고, 미군정기의 노동정책하에서 형성된 법적 관행의 일정 부분을 수용하고 기본적으로는 일본의 노동관계법을 가져온 것이었다. 법령의 내용상으로는 집단적 자치의 원칙에 비교적 충실했지만, 근대적 의미의 노사관계가 형성되어 있지 않은 상황이라 법의 실효성을 기대하기는 어려운 상태였다.

산업화에 박차를 가한 제3공화국에서부터 정치적 정당성의 결여로 정권유지에 급급했던 유신체제 및 제5공화국의 권위적인 정부하에서 노동법은 경제적 효율성만을 극대화시키기 위한 도구적 성격이 강하였다. 독재 정권은 협조적 노사관계를 진작시킨다는 구실로 사용자와 근로자가 함께 참여하는 노사협의회를 최초로 도입했다. 하지만 그 실상은 노동자들이 자율적으로 노동조합을 결성하는 것을 방해하고 노동3권을 위축시키기 위한 것이었다.

노동정책은 특수성이 무시된 채 경제정책에 종속되었고, 노동자의 단결 활동은 철저히 제약받았다. 그 결과 노동시장에서 노사의 집단 자치가 제대로 작동하지 못하고, 국가가 주도권을 행사하는 가부장적 노사 관계가 형성되었다. 이 당시의 법령은 형식에 있어서는 집단적 노동관계법, 즉 기업과 근로자 집단 사이 노사관계에서의 규제와 억압을 강화하였고, 근로자 개인의 권리에 관한 개별적 노동관계법 영역에서는 개별 근로자에 대한 보호를 일부 강화한 면이 있다. 그러나 실질적으로 사용자가 법을 준수하지 않은 것은 물론이고, 국가가 이를 수수방관하는 경우가 많았으므로 보호법제로서 제대로 기능하지 못했다.

한국형 노동 2.0 (1987 ~1997)

다음으로 한국의 노동 2.0은 1987년부터 1997년까지의 시기에 해당한다. 1987년 6월 민주화대투쟁과 함께 이른바 '87년 노동체제'가 형성되며 노동의 목소리가 사회 전면에 등장한 시기이다. 이 시기에는 정치적 민주화에 힘입어 그동안 억눌려 왔던 국민들의 경제적, 사회적 요구가 봇물처럼 터져 나오며 제한된 형태로나마 노동의 목소리가 제도화되기 시작하였다. 1987년에서 1997년에 이르는 노동관계법의 개정과정은 이전 시기의 법개정 과정과는 뚜렷한 차이를 보이고 있다. 우선 절차적인 측면에서, 1987년 개정은 노동관계법의 제정 이후 최초로 정상적인 입법기관에 의해 정치권의 토론과정을 거쳐 여야 합의로 이루어졌다. 법의 내용 측면에서 볼 때는 집단적 자치가 부분적으로 후퇴하기도 하였지만 전체적으로는 꾸준하게 확대되어 왔다. 이는 노동운동의 발전에 힘입은 것이라 할 수 있다.

이 시기에 들어서는 권위주의 정부하에서 비정상적 입법기구들을 통해 개악을 거듭해 왔던 노동관계법이 내용 및 절차 면에서 비로소 정상화의 길을 걷게 되었으며, 경제적 효율성 외에도 사회적 형평성을 모색하기 시작하였다. 전 세계적으로 고개를 들기 시작한 신자유주의 사조와 한국 사회의 민주화 욕구가 충돌하며 많은 실험들이 행해졌고 한국형 노사관계의 모습이 서서히 드러나기 시작한 시기라 평가할 수 있다.

국가는 노사의 주장을 일방적으로 수용할 수 없는 시기로 발전하였지만, 노동조합은 강한 전투성을 바탕으로 기업별 체제에 안주하려는 경향 또한 나타나기 시작하였다.

한국형 노동 3.0 (1997 ~ 현재)

한국의 노동 3.0은 1997년부터 현재까지에 해당하는 시기라 할 수 있다. 1997년 IMF 구제금융으로 상징되는 경제위기를 겪게 되면서 위와 같은 노동의 민주화·정상화 과정은 또 다시 도전을 받게 된다. WTO 체제를 중심으로 전 세계에 밀어닥친 신자유주의 돌풍은 한국 사회에 탈규제화와 노동의 유연성이라는 이데올로기적 공세를 가속화했다.

IMF 구제금융은 한국이 해방 이후 경험하지 못했던 초유의 위기였다. 대량 실업과 임금 저하현상이 속출하여 기존의 노동법 체계에 대한 재검토가 불가피하게 되었다. 이를 계기로 노사정위원회에서의 합의를 기초로 기존의 제도를 일부 수정하기도 하고, 새로운 제도를 도입하기도 하며 한국의 노동 관련 법제도는 상당 부분 변모하게 된다. 개별적 노동관계법 영역에서는 근로기준법의 개정을 통해 정리해고가 법제화되고, 근로자 파견제도가 새로이 도입되었으며, 사용자가 파산하더라도 체불임금 또는 퇴직금을 받을 수 있도록 임금채권보장법을 제정하는 등의 변화를 도모하였다. 집단적 노동관계법 영역에서는 교원의 노동조합 설립이 허용되고 공무원의 직장 내 단결활동이 공무원 직장협의회를 통해 일부 가능하게 되었고, 노동조합의 정치활동 범위가 노조법상의 관련조문 삭제 및 개정을 통해 확대되는 등의 변화가 있었다.

이러한 과정을 겪으며 비록 제도적으로는 노동의 발언권이 보장되었지만, IMF 당시 출범한 국민의 정부와 그 뒤를 이은 참여정부는 국가경쟁력 확보를 위해 시장 우위적 정책을 펴게 된다. 이에 신자유주의에 터잡은 시장 지배적 사조가 우세해지면서 근로자의 권익 보장보다는 국제경쟁력 강화를 위한 유연안정성 확보와 인적자원 개발 등이 중요시된다. 또한 노동법제의 보호적 기능이 전반적으로 후퇴하여 상시적 구조조정과 국민 대다수의 불안정 노동이 확산되었다. 87년 체제에 안주한 노동은 점차 무기력해졌고, 기업은 아웃소싱 등의 경영 전략으로 고용을 털어버리는 균열일터fissured workplace현상이 심화된 것이 이 시기의 특징이다.[15]

독일 노동 4.0에서 설명하는 서구 선진국에서의 노동의 역사적 전개와 한국형 노동 1.0~3.0의 시기를 비교하면 다음 표와 같이 정리될 수 있다.

그러다 2007년 미국발 금융위기로 인해 전 세계적으로 시장 만능주

표1-1 한국형 노동 4.0: 서구 선진국과 연대별 비교 및 주요 특성

		서구 사회 (독일)		한국
노동 1.0	18C 후반	산업사회 탄생	해방 이후 ~1987	국가의 주도: 국가주도 산업화 시기
노동 2.0	19C 후반	노동문제 등장, 복지국가 시작	1987~ 1997	노동의 등장: 87년 민주화, 노동법의 정상화
노동 3.0	1970년대 후반	사회적 시장경제, 글로벌화	1997~ 현재	시장의 지배: IMF구제금융, 인적자원, 신자유주의적 체제

의에 대한 반성론이 본격화되었다. 경쟁과 성과주의만을 강조하는 신자유주의적 담론은 점차 설득력을 잃고, 국제노동기구ILO에서 말하는 포용적 성장inclusive growth이 21세기의 새로운 노동 규범으로 널리 합의를 얻고 있다.

우리 사회에서 노동에 대한 새로운 가치 탐색인 한국형 노동 4.0은 바로 이러한 맥락 속에서 그 출발점을 찾고자 한다. 한국 또한 세계 여타 국가들과 마찬가지로 경제의 저성장, 인구학적 변동, 산업구조의 변화라는 추세에서 자유롭지 못하다. 구체적으로는 심각한 수준의 청년 실업 및 고령빈곤 문제, 일과 삶의 균형을 유지하는 데 있어 극심한 어려움, 일터에서의 인격권 존중 등이 노동에서의 새로운 중요 문제로 부각되고 있다. 특히 한국은 노동시장의 이중구조화와 일종의 사회적 신분으로까지 고착화되고 있는 불평등과 양극화에 대한 자성과 우려의 목소리가 높다. 우리 헌법은 자유권에 기반한 정치적 민주주의는 물론, 국민의 경제적, 사회적 평등 또한 지향하는 사회민주주의social democracy 관념에 기반하여 국민의 근로권 보장 및 근로조건 법정주의(헌법 제32조), 노동3권의 보장(제33조), 인간다운 생활권(제34조) 및 경제민주화(제119조)를 표방하고 있다. 노동법제는 이러한 헌법상 기본권을 실현하기 위하여 제정된 것이므로 우리 산업구조에서 불평등이 심각하다는 사실은 필연적으로 노동법제에 대한 재검토를 요구한다.[16]

따라서 한국형 노동 4.0은 노동의 인격성이 중요하게 재조명되는 연대의 가치, 그리고 디지털화로 대변되는 기술과 경제의 변화에 조응하여 창의적인 생존 방식을 모색하는 혁신의 가치까지 모두를 담아야 할 것이다. 한국적 노동 문제에 대한 실질적 해법을 모색하는 동시에, 경제활동을 통해 생계를 이어가는 국민 대다수가 4차 산업혁명으로 명명되는 기술의 변화를 맞이함에 있어 부정적인 우려가 아닌 일터에서의 안정된 미래를 예측하고 대비할 수 있는 논의의 장을 열고자 한다. 지금까지 압축성장과 민주화를 동시에 달성하며 축적한 한국 사회의 역동성을 바탕으로 기술 혁신을 발전의 계기로 삼아야 한다. 더 나은 근로조건과 일과 삶의 양립이 가능한 노동의 미래를 만들어가는 것이 한국형 노동 4.0의 과제이다.

디지털 시대의
새로운 노동 시스템[17]

제 4차 산업혁명이 실제로 진행되고 있는지에 대한 회의적인 시각이 존재하지만, 분명한 사실은 현재의 상황이 신자유주의적 시장 만능주의가 맹위를 떨치던 제3차 산업혁명 시기와는 전혀 다른 시대 사조를 띠고 있다는 점이다. 역설적이게도 바로 이 점만으로도 제 4차 산업혁명 또는 노동 4.0은 실천적 의미를 가진다고 할 수 있다. 그렇기 때문에 노사관계에 참여하는 정부, 기업, 노동자 등 행위 주체들의 역할과 인식의 변화가 필요하다.

한국적 맥락에서 노동 4.0의 등장은 우리의 사회 체제의 변화 수반을 불가피하게 요구하며, 궁극적으로 디지털 시대에 걸맞는 한국형 민주적 복지 국가를 실현하는 것이라고 할 수 있다. 다른 말로 하면, 이른바 포용적 노동 체제를 디지털 시대에 걸맞게 구현하는 것, 즉 포용적 디지털 전환을 도모하는 것이다. 여기에는 현재 한국 사회가 과거의 낡은 시스템과 일자리 질서를 토대로 사회 양극화에 빠져 사회 통합의 위기를 겪고 있는 상황을 벗어나기 위한 돌파적 전략으로서의 의미도 함께 포함되어 있다.

◇ ◇ ◇

노동법은 미래에도 여전히 노동자와 그 계약 상대방(사용자) 사이의 법률관계를 규율하고, 법적 보호가 필요한 이를 포착하여 보호를 제공하는 역할을 할 것이다. 다가올 미래의 노동세계에서도 이러한 보호원칙의 실효성을 유지하기 위해서는 변화하는 현실을 정확히 반영하는 것이 중요한데, 특히 디지털 플랫폼에 기반을 둔 공유경제 서비스 제공 업무에 대한 노동법적 규율이 가능한지가 검토할 필요가 있다.[18] 이 경우 공유경제 종사자들에게는 어떤 법적 보호를 제공할 것인지, 이를 제공할 사용자의 책임은 어떻게 설계할 것인지에 대한 고민이 필요할 것이다.

언제 어디서든 노동이 제공될 수 있는 디지털 전환에 발맞추어 노동 시간의 개념을 재해석해야 한다. 디지털 기술의 발전은 시간과 장소의 관점에서 모두 유연한 노동 형태를 가능하게 한다. 노동 시간과 휴식 시간의 경계를 모호하게 만들며, 노동 공간과 휴식 공간의 구별 역시 무의미하게 만든다. 이러한 변화들은 일과 삶의 양립을 위협하고, 장시간 노동을 초래할 수 있으며, 노동자의 정신 건강을 심각하게 침해할 위험이 있다. 이러한 위험을 방지하기 위해서는 노동 시간 개념을 재해석하고, 정신 건강을 신체 건강과 동등하게 인식하는 것이 중요하다.

또한 기술변화로 인한 일자리 감소 가능성에 대응하여 실업에 대한 사회적 보호를 강화하는 것이 필요하다. 이는 직업 훈련 및 소득보장과 같은 구체적 제도에 대한 재설계를 요구할 뿐만 아니라, 일자리(고용)를 중심으로 형성되어 있는 현재의 사회보장제도에 대한 근본적인 성찰이 필요하다는 것을 의미한다. 기대수명은 점차 증가하지만 일자리는 점점 감소하게 된다면 인간다운 생활을 위한 충분한 소득을 얻을 기회도 점차 줄어들게 될 것이고, 국가의 역할은 증가할 것이다. 최근 활발히 논의되는 기본소득 등의 대안적 사회보장제도에 대한 논의가 필요한 이유가 바로 여기에 있다.[19]

이러한 변화는 우리 사회에서 기업의 역할은 무엇인지 돌아보게 만든다. 기업의 혁신과 활력을 방해하지 않으면서도, 좋은 일자리를 만들어내고 사회 구성원들의 복지 안녕에 기여할 수 있는 방법은 무엇일까? 이 점에서 기업의 사회적 책임은 무엇인지, 과연 이윤 추구만이 기업의 목적이라 할 수 있는지도 조심스럽게 질문할 필요가 있다.

나아가 일터에서의 민주주의라는 관점에서 집단적 노사관계법을 다시 생각해보아야 한다. 노동에 대한 다양한 요구가 제기되고 있는 현재의 상황에서 근로자 집단과 근로자 개인의 관계는 어떻게 정립될 것인지, 시간과 장소의 경계가 흐려지고 있는 디지털 노동환경에서 근로자들의 참여와 목소리를 어떻게 모아낼 수 있을지에 대한 고민이 필요하다. 이것이 어떠한 모습으로 구체화 될지는 미지수이지만, 근로자 집단을 통한 대등한 거래의 확보라는 집단적 노사관계법의 기본 원리는 앞으로도 유효할 것이다.[20]

제4차 산업혁명을 전후하여, 많은 연구들은 노동의 미래가 직면한 새로운 도전들로 앞서 소개한 노동의 디지털 전환, 노동의 의미 변화뿐만 아니라 고용형태의 변화, 인구학적 변화, 기후변화, 지구적 공급사슬의 확대 등을 언급하고 있다.[21]

전일제-종신고용을 보장받은 정규직 노동자로 대표되는 정규고용관계standard employment relation는 지난 20년간 점차 약화되어 기간제나 파트타임과 같은 비정규 노동과 사내하청, 파견 등의 간접 고용이 점차 증가하였고, 우버와 같이 노동자인지 자영업자인지 판단하기 어려운 노무형태(이른바 특수형태근로종사자)가 확산되고 있다. 이로 인하여 고용형태에 따른 차별과 임금격차 나아가 부의 재분배 이슈가 전 사회적인 문제로 확산될 것이다. 최근 고용보험의 적용범위를 전 국민으로 확대하겠다는 정부의 방침은 기존의 전통적인 보호법제의 틀을 넘어 보다 큰 차원의 국가전략이 요구된다. 비정규직의 외연이 확대됨으로 인해 그 현상 파악마저 어려운 상황이 전개되고 있는 실정이다. 미래를 준비함에 적확한 현실진단과 분석이 필수적이라는 점을 감안하여 이 책에서는 통계적 엄밀성과 과학성에 기초하여 면밀한 현실진단을 시도해보고자 한다. 또한 이러한 비정규직은 노동조합에 가입하기 힘든 현실적 사정 등을 감안하면 이른바 '대표 없는 노동'의 지위로 전락할 위험성을 내포하고 있기 때문에, 노동조합 가입 여부를 불문하고 그들이 권익을 제대로 대변할 수 있는 새로운 종업원 대표시스템의 모색이 절실하다. 이 문제에 각별한 관심을 보이는 것은 이런 이유에서이다.

한편 기대수명은 점차 증가하는 반면 저출산 현상은 심화되어 인구 고령화가 급속하게 진행되는 인구학적 변화가 진행되고 있으며, 이에 따라 노동력 공급에도 급격한 변동이 생길 것으로 보인다. 더 큰 문제는 빠른 속도로 진행되고 있는 인구학적 변화에 비해 사회 안전망(연금제도 등)의 확충은 미비하여, 우리 사회가 곧 인구절벽의 벼랑 끝에 다다를 것이라는 점이다.

또한 지구적 공급사슬이 확대되며 선진국의 제조업 일자리가 개발도상국으로 이전하는 현상off-shoring이 증가하는 한편, 공급사슬망의 말단에 있는 개발도상국 근로자들의 열악한 근로조건과 인권침해가 전지구적 이슈로 부상하면서 이에 대응하기 위한 새로운 법적 장치에 대한 논의도 활발하다. 기후변화와 환경파괴가 생태계의 지속 가능성과 노동시장에 미치는 부정적 영향에 대해서도 많은 국제기구가 경고하고 있다.

새로운 도전들에 대해 우리는 어떤 대응책을 제시할 수 있을 것인가? 이 책의 각 장은 이러한 도전들에 대한 각 분야 전문가들의 진단과 해법을 담고 있다.

노동의 미래를 준비하는 11가지 질문[22]

- 모든 사람에게 좋은 일자리(decent work)가 충분히 있을 것인가?

- 디지털화로 나쁜 영향을 받을 수 있는 사람은 누구이며, 반대로 좋은 영향을 받을 사람은 누구일까?

- 디지털화는 청년, 고령자, 장애인 등 취약 계층의 불안정 노동에 어떤 영향을 끼칠까? 이들의 취업 기회는 확대될 것인가? 취약 계층의 일자리가 열악한 상태에 머물지 않고 양질의 기회가 되려면 어떤 제도적 조치가 필요할까?

- 여성들이 일터에서 차별을 겪고 가정에서는 돌봄을 주로 떠맡는 현실을 고려할 때, 디지털화는 여성의 일자리에 어떤 영향을 미칠까? 여성의 노동 기회가 확장되고 더욱 평등한 일터를 만들어 가기 위해 디지털화를 어떻게 활용할 수 있을까?

- 플랫폼 노동은 과연 미래지향적인 노동일까?

- 디지털 플랫폼 종사자들은 노동자일까, 자영업자일까? 노동자 혹은 자영업자로 이들의 정체성을 구분하는 일이 꼭 필요할까? 필요하다면 왜인가?

- 디지털 플랫폼 종사자들이 자영업자라면 이들에 대해 어떤 규제와 보호가 필요할까? 반대로 노동자라면, 마찬가지로 어떤 규제와 보호가 필요할까?

- 플랫폼 노동은 앞으로도 계속 늘어날 것인가? 늘어나는 게 우리에게 유익할까? 만약 플랫폼 노동이 늘어난다면 우리 사회는 이러한 종류의 노동에 대해 어떤 기준을 가지고 대응해야 할까?

- 원하는 시간에 원하는 곳에서 일한다는 것은 무엇을 의미할까? 그 장단점은?

- 일에 매몰되지 않고 일과 삶이 균형 잡힌, 일과 삶이 구분되는 사회를 만들기 위해서는 무엇을 해야 할까?

- 일하는 사람이 일하는 시간과 장소를 자유로이 선택할 수 있게 하려면 어떻게 해야 할까?

2장

인구 고령화와
한국의
노동시장

한국의 고령화는 세계에서 그 유래를 찾아볼 수 없을 정도로 빠르게 진행되고 있다. 65세 이상 비율이 7%를 넘으면 고령화 사회, 그 두 배인 14%를 넘으면 고령 사회, 20% 이상이면 초고령 사회로 분류하는데 한국은 2000년에 고령화 사회에 진입했고 18년 만인 2018년 고령 사회로 들어섰다. 세계에서 고령화 속도가 가장 빠른 수준인 것으로 알려진 일본이 고령화 사회에서 고령 사회로 진입하는 데 24년(1970~1994년)이 걸린 것을 감안하면 한국의 고령화 속도는 그 유례를 찾아보기 어렵다.

서구의 경우는 독일의 40년과 영국의 46년이 가장 빠른 경우였고 미국의 경우 71년, 스웨덴은 84년, 프랑스는 116년으로 한국과 비교조차 할 수 없다. 현재 세계에서 초고령 사회에 진입한 국가는 손꼽을 정도로 적다. 일본이 고령 사회에서 초고령 사회로 진입하는 데 걸린 시간이 12년(1994~2006년)으로 제일 짧았고, 독일과 프랑스가 각각 37년, 38년, 그리고 스웨덴이 46년이 걸렸다. 한국의 경우 7년 만인 2025년에 초고령 사회로 진입할 것으로 예상되어, 다시 한 번 고령화 속도의 기록을 세울 게 거의 확실시되고 있다.

이렇게 유례 없는 빠른 고령화 현상이 향후 한국 사회 및 경제 전반에 걸쳐 많은 부정적인 영향을 미칠 것으로 우려하는 목소리가 높다. 생산가능인구의 감소라는 인구학적 변화로 인하여 노동력 부족, 생산성 감소, 세수 감소는 물론 노인에 대한 의료 및 복지비가 크게 증가할 것으로 우려된다. 또한 고령화로 인해 앞으로 노동력 부족을 대비하여 출산율을 제고하고, 여성이나 이민자 증가 등으로 모자라는 노동력을 수혈하는 정책이 필요하지만, 현실은 미래의 노동력 부족보다는 지금의 일자리 부족을 걱정해야 하는 모순에 직면하고 있다. 그나마 최근 생산 주체로서의 역할을 강조하기 위해 사회체질 및 노동시장을 개선하고(예컨대 연령 차별주의 철폐나 정년 연장), 장년층과 고령자가 계속 일할 수 있는 사회로의 전환이 필요하다는 목소리가 높아지는 것은 다행이라고 할 수 있다. 하지만 이러한 정책 또한 기업의 비용 증가, 노동수요의 감소 등 걸림돌이 많아 실제로 시행될지는 불투명하다.

왜 저출산 고령화가 문제가 되는가? 고령화는 우리 경제와 고용에 어떠한 영향을 미치는가? 한국 사회 고령화의 특수성은 무엇인가? 고령화 시대의 노동시장과 고령자 노동은 어떠한 특징을 갖는가? 이 장에서는 이러한 문제들을 다루려고 한다. 이는 책 후반부에서 이야기할 고령화와 사회안전망 논의의 배경이 되는 내용이기도 하다.

저출산 고령화, 한국의 현주소

다양한 지표로 보는 저출산 고령화 추이

고령화를 가져오는 직접적 요인은 출산율 하락과 기대수명의 증가이다. 그리고 그 두 가지 중 급락하는 출산율에 우선적인 원인이 있다. 그림 2-1에서 볼 수 있듯이 1970년 4.53이었던 합계출산율은 이후 급격히 하락하기 시작해서 1983년에는 대체출산율 수준인 2.06까지 하락하였고, 이후 1980년대 중반부터 90년대 중반까지는 1.6 내외를, 2002년부터 2016년 사이에는 1.1에서 1.3 사이의 수준을 유지했다. 2018년의 합계출산율은 1 미만인 0.98로 역대 최저치를 기록했다. 이는 한 여성이 평생 평균 0.98명의 자녀를 갖는다는 의미로, 전 세계에서 또 역사적으로도 그 유례를 찾기 어려운 가장 낮은 출산율이다.[23]

저출산과 함께 고령화의 또 다른 원인으로 지목되는 기대수명의 증가도 괄목할 만하다. 1970년 62.3세(남자 58.7세, 여자 65.8세)였던 기대수명은 1987년에는 70.1세(남자 65.9, 여자 74.4세)를 넘어섰고, 2018년에는 82.7세(남자 79.7세, 여자 85.7세)에 이르렀다.

급락하는 출산율과 기대수명의 증가는 전체 인구 중에서 노년 인구가 차지하는 비중을 급속도로 증가시켜 빠른 고령화가 진행된다. 다음

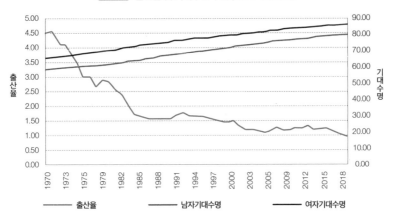

그림2-1 출산율 및 기대수명 추이 (1970~2018년)

출산율

기대수명

—— 출산율 —— 남자기대수명 —— 여자기대수명

자료: www.kosis.kr, 2019년 12월 1일 접속.

의 그림 2-2는 고령화와 관련되어서 가장 많이 쓰이는 지표들의 추이를 나타낸 것이다. 1960년에 2.9%였던 노인인구(65+)의 비율은 2008년(10.2%)까지 완만한 상승세를 유지하다가, 그 이후 급속하게 늘고 있음을 볼 수 있다. 노인인구 비율은 2019년과 2020년에 15%, 2025년에 20%를 넘어설 것으로 추정되며, 지금부터 20년 후에는 인구 세 명 중 한 명은 65세 이상이 될 전망이다.

노인부양비는 노인인구(65+)를 생산가능인구(15~64세) 수로 나눈 지표로 1970년에 5.7에 불과하였다. 2000년에 10이던 이 지표는, 2019년에는 20, 그리고 2027년에는 33을, 2036년에는 50을 넘어설 전망이다. 즉, 2000년에는 열 명의 생산가능인구가 한 명의 노인을 부양하면 되었는데, 2019년에는 다섯 명이 한 명을, 2027년에는 세 명이 한 명을, 그리고 2036년에는 두 명의 생산가능인구가 한 명의 노인을 부양

해야 한다는 뜻이다. 여기에 유소년(15~64세)을 합친 총부양비는 2036
년에는 67이 넘는다. 즉, 생산가능인구 세 명이 두 명을 부양해야 하는
인구구조가 되는 것이다.

65세 이상 인구수를 15세 미만 인구수로 나누고 100을 곱한 노령화
지수는 1970년에는 7.2였으나, 1980년에는 11.2로 완만한 상승세를
보였다. 하지만 그 이후 노령화지수는 가파른 상승세를 보이기 시작하
여, 1990년에는 20.0, 2005에는 46.8, 2018년에는 111.9로 기하급수적
인 증가세를 보이고 있다.

이대로라면 2056년에 총부양비는 100을, 노령화지수는 500을 넘게
될 것으로 추정된다. 즉, 지금 한국에서 태어나는 사람들은 좋든 싫든
30대 중후반이 될 무렵에는 다른 사람 한 명을 완전히 부양해야 하는
경제적 사회적 의무를 지고 태어난다. 그리고 그때는 65세 이상 인구

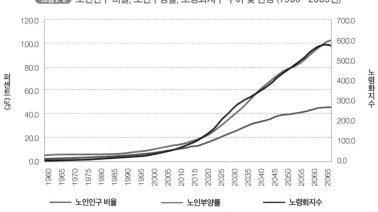

그림 2-2 노인인구 비율, 노인부양률, 노령화지수 추이 및 전망 (1960~2065년)

자료: www.kosis.kr, 2019년 12월 1일 접속.

가 15세 미만 인구보다 다섯 배가 많은 사회가 되어 있을 것이다.

이미 언급한 바와 같이 고령화의 주된 원인은 저출산에 있다.[24] 저출산은 미래의 노동시장 공급에 가장 큰 영향을 미칠 것으로 보이기 때문에 미래의 노동을 결정하는 가장 중요한 원인이라고 할 수 있다. 출산이 떨어지는 가장 큰 원인은 혼인율이 떨어지고 만혼이 늘어나는 데 있다.

그림 2-3은 1999년, 2009년, 2018년의 여성 1,000명 당 연령별 혼인건수를 나타낸 것이다. 1999년에는 여성 1,000명 당 혼인건수는 175건이었는데 이중 78%가 30세 미만이었다. 혼인건수는 2009년에는 165건, 155건으로 줄어드는 추세인데 30세 미만의 혼인비율은 1999년 78%에서 2009년에는 59%, 2018년에는 45%로 떨어졌다. 즉, 비혼율이 늘어나고 혼인연령도 늦어지는 추세인 데다 전체 혼인의 반 이상은

그림2-3 여성 1,000명당 연령별 혼인건수 (1999~2018년)

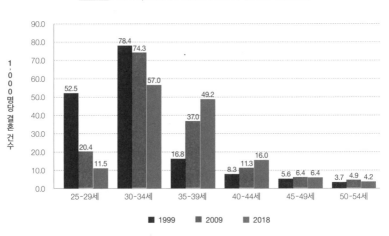

자료: 통계청 인구동향 조사. www.kosis.kr. 2019년 12월 1일 접속.

여성이 30세 지나서 이루어지는 것이다.

결혼관도 빠르게 바뀌고 있다. 2018년 20~44세의 미혼남녀 결혼관 조사(한국보건사회연구원, 전국출산력 및 가족보건복지 실태조사)에 따르면 남성의 경우 '결혼은 하는 편이 좋거나 반드시 해야 한다'가 50%인 반면, 여성의 경우 이 비율은 30%도 채 되지 않아 결혼에 대해 긍정적으로 생각하는 비율이 그다지 높지 않음을 알 수 있다. 그리고 이 비율은 2015년의 같은 조사에 비해 남녀 모두 각각 10% 포인트 떨어진 것으로, 이를 통해 앞으로도 혼인율이 늘어나지 않을 것을 알 수 있다. 정부가 저출산·고령 사회 기본계획 등에 엄청난 예산을 책정하고 있지만, 그것이 출산율이나 혼인율을 늘리는 데 한계가 있을 것으로 보는 근거는 바로 이런 결혼관 변화에서 찾아볼 수 있다.

결혼관이 바뀐 것은 가치관이 변한 것일 수도 있지만, 경제적 여건 등 부담 때문에 어쩔 수 없이 결혼을 못하거나 미루게 된 요인도 크다. 청년층의 고용률이 감소하는 데다 주거비 등 가정을 꾸리는 데 드는 비용도 커지면서 결혼을 할 여건이 되지 않는 것이다. 미래에 대한 불확실성이 큰 상황에서 결혼과 출산에 동반되는 비용은 부담이 아닐 수 없다. 같은 조사자료에 보면 미혼남녀에게 필요한 결혼정책으로 대다수가 청년실업문제 해소 및 고용 안정화, 신혼집 마련 지원 등 생계와 직접 관련된 항목을 꼽고 있다. 다만 여성의 경우 결혼으로 인한 직장 내 불이익 제거와 장시간 노동 등 직장문화 개선이 필요하다는 응답이 남성보다 훨씬 높게 나타남으로써 미혼 또는 비혼인 이유가 경제적 요인과 더불어 가정과 일의 양립이 어려운 점 등 사회적 요인이 상존하는 것으로 나타난다. 이는 출산에 대해 묻는 질문의 답변에도 반영되어 있다. 경기 활성화와 고용, 교육문제 해결 등이 출산의 선결요인이나, 여성의 경우 양성평등 구현에 훨씬 높은 응답률을 보인다. 이처럼 저출산의 원인에 남녀 간 차이가 있음을 알 수 있다.

OECD 국가와의 비교

한국의 고령화는 다른 나라와 비교하면 엄청난 속도로 진행되고 있다는 점이 그 특징이다. 세계 모든 나라가 고령화 과정을 겪었다. 하지만 한국과 같이 급속한 고령화를 겪은 나라는 없다. 그림 2-4는 앞의 그림 2-2에 나타난 지표들을 현재의 OECD 국가 36개국과 비교한 것이다(1970~2050년). 대략적으로 봤을 때 만약 고령화의 속도가 나라들끼리 모두 같다면 이들 지표들의 순위는 시간이 지나도 비슷할 것이나, 고령화의 속도에 차이가 난다면 시간에 따라 순위에 변화가 있을 것이다.

노령화지수의 경우 한국보다 낮은 국가가 1970년에 한 국가도 없었고 2005년에도 단 네 국가에 불과했다. 그러나 2015년에는 12개국, 2020년에는 24개국이 한국보다 노령화지수가 낮았으며 2035년에는 OECD 국가 중 한국보다 노령화지수가 높은 나라는 단 한 곳도 없게 된다. 노인부양비도 대동소이한 추이를 보인다. 다만 노령화지수가 당장의 출산율에 영향을 받는다면 노인부양비는 태어나는 아이들이 생산가능인구가 되는 시점에서 영향을 주기 때문에 약 15년 정도 차이를 두고 순위가 매겨질 뿐이다. OECD 국가 중 노인부양비가 한국보다 낮

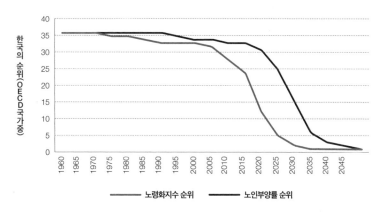

OECD 36개국의 노령화 지수, 노인부양률 순위 (1970~2050년)

한국의 순위(OECD국가중)

—— 노령화지수 순위   —— 노인부양률 순위

자료: 통계청 인구동향 조사, www.kosis.kr, 2019년 12월 1일 접속.

은 국가는 1990년까지도 단 한 나라도 없었고 2020년에도 불과 5개국에 불과하다.

하지만 그 이후 기하급수적으로 늘어나 2035년이 되면 불과 5개국만이 한국보다 높은 노인부양비를 보인다. 2050년에 한국보다 노인부양비가 높은 나라는 OECD 국가에는 없다. 그리고 노령화지수 및 노인부양비 모두 2050년 이후 그 순위는 당분간 바뀌지 않을 전망이다. 즉, 한국의 경우 고령화와 관련된 지표들이 2010년을 전후로 빠르게 변화해서 바뀐 순위의 변화가 2050년에 완성되고, 그 이후 순위가 바뀌지 않는 희귀현상이 벌어지는 것이다.

고령화는
왜 문제일까

경제적 생애주기

이렇게 급속하게 진행되는 고령화는 왜 우리에게 문제일까? 엘리베이터 스피치elevator speech라는 단어가 있다. 이는 의사결정권자 같이 중요한 사람을 엘리베이터에서 만났을 때, 어떤 사안에 대한 생각을 30초 내지 1분 정도에 빠르고 간략하게 설명하여 자신의 주장을 전달하는 것이다. 그럼 논의가 많은 고령화 문제에 대해 엘리베이터 스피치를 한다면 어떻게 해야 할까?

가장 많이 거론되는 것 중의 하나는 생산요소적 측면에서 고령화를 바라보는 시각이다. 고령화로 인해 생산가능 노동력이 줄고 총요소생산성이 떨어지는, 즉 노동 공급의 양과 질이 동시에 악화하기 때문이라는 논의가 있다. 하지만 경제적 생애주기economic lifecycle의 관점에서 설명하면 경제성장, 재정지속성, 연금 문제 등을 포함한 보다 광범한 시각으로 고령화 문제를 바라볼 수 있다(Lee and Mason 2011).

경제적 생애주기론은 인구 문제를 한 세대가 다른 세대를 부양하는 문제에서 나오는 것으로 설명한다. 이 이론에 따르면 고령화가 경제적으로 문제가 되는 가장 중요한 이유는 노동에 기반하는 생산계층과 소비계층의 비율, 즉 경제부양률Economic Support Ratio이 늘어나기 때문이라는 설명이다. 유년층, 청장년층, 노년층은 노동공급, 소비, 저축, 조세, 정부 혜택 등 모든 자원의 생산과 자원의 소비 형태가 매우 다르다. 예컨대,

유년층과 노년층은 노동을 통한 생산이 작은 규모로 이루어지지만 소비는 생산가능 연령층과 차이가 나지 않거나 오히려 교육이나 건강 관련 소비의 경우에는 훨씬 많이 이루어지기도 한다. 따라서 고령화는 노동에 의존해서 생산한 것보다 소비를 더 많이 하게 되는 현상을 심화시켜, 이른바 소비에서 생산을 차감한 생애주기 적자 계층을 증가시키는 문제를 야기한다.

정리하자면, 고령화의 근본적 문제는 경제적 생애주기에서 생산보다 소비를 많이 하는, 즉 부양을 받는 연령층이 늘어나는 것에 있다는 엘리베이터 스피치가 가능해진다. 그림 2-5의 왼쪽 그림은 2016년 한국의 1인당 생애주기를, 오른쪽 그림은 이것을 각 연령의 인구수에 곱해 총액을 계산한 값이다. 자료인 국민이전계정의 특성상 총액은 국민계정의 숫자와 일치한다.

그림2-5 한국의 연령별 경제적 생애주기: 1인당, 총량 (2016년)

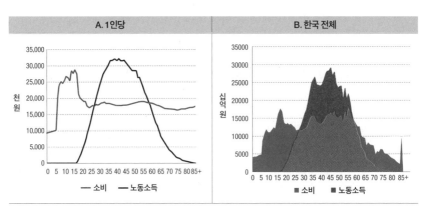

자료: www.kosis.kr. 2019년 12월 1일 접속.

국민이전계정(NTA, National Transfer Accounts)

국민계정과 일치하게 세대 간 이전을 측정하는 회계 방식으로 세대 간 경제에 관한 포괄적이고 거시적인 계정이다. 이는 국민계정을 연령별로 구분하여 연령집단 간 경제적 자원의 흐름에 대한 추정치를 제공하는 과정을 수반한다. 그리고 이러한 자원의 흐름은 경제적 형태에 따라 자산 재배분 및 이전으로 구분되며, 이러한 거래를 중개하는 제도로서 공공부문과 민간부문을 구분한다. 국민이전계정의 방법론에 대해서는 UN에서 매뉴얼로 United Nations Population Division(2013)이 발간되었고, 한글로 된 방법론으로는 김현경·이상협(2016)이 있다.

국민이전계정은 고령화 관련 및 복지정책 연구와 논쟁에 많은 시사점을 줄 수 있다. 우선 세대 간 자원배분방식의 전개 양상을 파악할 수 있으며, 이를 통해 사적 이전과 공적 이전의 대체 또는 보완 관계에 중요한 영향을 미치는 세대 간 이전의 결정 요인을 분석할 수 있다. 연금·보건·교육 등이 연령별로 어떻게 재배분되는지 파악할 수 있어 공공정책에 따른 저축 및 경제성장에 대한 효과와 세대 간 형평성에 대한 함의를 분석할 수도 있다. 시계열 자료가 있을 경우 고령화의 경제적 효과에 대해 시계열적으로 보다 깊이 있는 추정치를 파악할 수 있다. 무엇보다 정부가 정책을 변화했을 때 그것이 거시경제지표에 어떠한 영향을 미칠 것인가 하는 데 필요한 계수를 제공한다. 노동연령인구 비중의 증가가 국민소득의 성장에 기여한다는 인구배당에 대한 미래 추정치를 제공할 수도 있다. 2019년 1월, 대한민국 국가공식통계로 등록되었다.

그리고 이러한 생애주기 적자 규모는 당연히 생산과 소비의 연령별 패턴, 그리고 인구 구조에 의해 크게 영향을 받게 된다. 국민 경제를 통틀어 살펴보았을 때 경제적 생애주기의 흑자나 적자 구조 형태를 결정하는 가장 중요한 요소는 결국 연령별 인구 구조이다. 고령화가 노동을 통한 생산보다 소비를 많이 하는 노년층을 증가시키는 것이다 (그림 2-5의 B). 한국의 생애주기 흑자나 적자 구조가 출산율이 높은 나라들의 생애주기와 확연한 차이를 보이는 이유는 연령별 인구 구조가 확연히 다르기 때문이다. 그들의 경우에는 유년층 비율이 높기 때문에 인구 구조상 유년층의 소비가 높고 이에 따라 대부분의 생애주기 적자가 유년층에 집중되어 있는 반면, 노년층 비율이 높은 일본이나 노년층 비율이 급속도로 증가하고 있는 우리나라의 경우에는 노년층에서 생애주기 적자가 두드러지게 나타나고 있다.

하지만 생산과 소비의 패턴도 각 나라의 생애주기 적자 규모에 무시하지 못할 영향을 준다. 예컨대 한국과 미국의 소비 패턴을 비교해보면 (그림 2-6) 한국 노령인구의 소비가 미국에 비해 훨씬 적음을 알 수 있는데, 이는 주로 민간소비와 공공의료 서비스의 차이에서 비롯된다. 일본, 유럽 등 구미 선진국 모두 약간의 차이는 있으나 모두 비슷한 모양을 보이며, 한국과 같이 65세 이상 소비가 급격히 적어지거나 1인당 공공의료 서비스가 적은 경우는 찾아보기 어렵다. 그리고 미국의 경우는 메디케어로 인해서 65세 이상만 공공보건비가 크게 증가하나, 유럽의 경우 65세 뿐 아니라 전 국민에서 공공의료 서비스가 한국보다 훨씬 크게 나타난다.

이렇게 공공의료 서비스의 소비 패턴이 다른 것은 한국의 경우 1인당 공공의료의 수준이 낮다기보다는 1인당 의료단가가 구미 국가들에 비해 현저히 낮은 수준으로 나타나기 때문이다. 즉 한국의 경우 공공부문의 의료비용 부담이 매우 빠르게 증가하고는 있지만 아직 다른 선진국에 비해서는 적은 수가로 많은 진료를 할 수 있는 체계를 갖추고 있다. 만약 한국의 의료비 단가가 미국이나 유럽만큼 높았다면 급속한 고령화로 인해 야기되는 의료비용 문제는 지금보다 훨씬 심각했을 수 있다.

가장 두드러진 특징은 한국의 경우 소비에서 민간교육비, 즉 사교육비가 차지하는 비중이 매우 높다는 것이다. 이로 인해 청소년층에 해당하는 비용이 유달리 큰 특이한 형태를 보이고 있다. 이는 한국의 소비 패턴의 가장 큰 특징으로, 미국의 경우 대학교에만 민간교육 비용이 크게 나타나지만[25] 그 비중은 한국보다는 적다. 즉, 한국에서는 소비의 절정이 15~19세 연령대에서 나타나는데 이는 소득 수준이 비슷한 다른 나라와도 매우 다른 양상을 보인다.

하지만 높은 사교육비는 각종 위험에 취약할 수밖에 없다. 첫째, 개인들이 노년이 되었을 때의 부양체계를 잠식하고, 둘째, 출산율을 낮추어 고령화를 급속히 진행시키며, 셋째, 개천에서 용이 나기 어려운 구조를 만들어 세대 간 부의 불평등이 재생산될 위험이 있다. 즉, 높은 사교육비가 복지 전반의 가장 중요한 이슈들과 맞물려져 있는 양상이 한

그림 2-6 한국(2016년)과 미국(2011)의 1인당 소비 패턴 비교

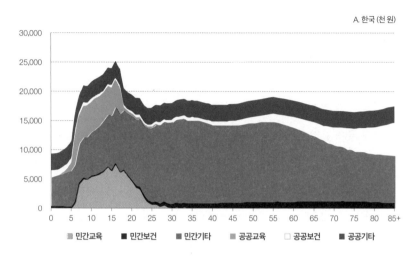

A. 한국 (천 원)

민간교육　　■ 민간보건　　■ 민간기타　　공공교육　　□ 공공보건　　■ 공공기타

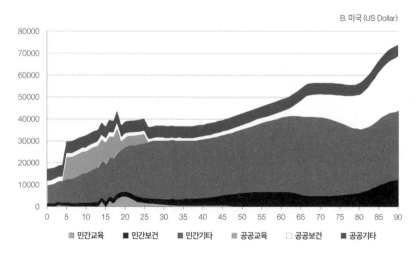

B. 미국 (US Dollar)

민간교육　　■ 민간보건　　■ 민간기타　　공공교육　　□ 공공보건　　■ 공공기타

자료: www.ntaccounts.org(미국), www.kosis.kr(한국), 2019년 12월 9일 접속.

국이 다른 선진국들과 구분되는 가장 큰 특징이라고 할 수 있다. 따라서 사회안전망을 보다 체계적으로 분석하고 대안점을 찾기 위해서는, 한국의 높은 교육열과 사교육비, 성 불평등, 노동시장에서의 불평등을 해소하는 정책과 병행하는 논의가 이루어져야 한다.

고령화가 초래하는 경제적 문제

그렇다면 고령화의 근본 문제인 경제적 부양의 문제는 어떻게 거시경제 전체와 연결될까? 이는 인구배당demographic dividend과 부양률support ratio로 설명된다. 세대 간 이전 체계는 인구배당에 관한 최근의 연구와 직접적으로 관련되어 있다. 많은 학자들이 노동연령인구의 비중 증가가 1인당 국민소득의 급속한 성장에 기여해 왔다는 데 동의한다. 이를 (첫 번째) 인구배당이라고 한다.

인구배당의 개념은 다음의 간략한 식을 통해 나타낼 수 있다.

$$\frac{C}{N} = \frac{(1-s)\,Y}{L}\,\frac{L}{N}$$

즉, 1인당 소비($\frac{C}{N}$)는 1에서 저축율을 차감한$(1-s)$ 소비성향에 노동력당 생산($\frac{Y}{L}$)을 곱한 항목과 경제부양률(Economic Support Ratio: $\frac{L}{N}$)의 두 가지 항목으로 이루어진다. 국민이전계정에서는 단순히 인구수가 아닌 연령별 소비와 연령별 노동생산의 계산이 가능하므로 이를 경제단위로 환산할 수 있다. 경제부양률은 나라마다, 시대마다 매우 다른데 예컨대 2050년 인도의 경제부양률은 중국보다 20%, 일본보다는 무려

50% 클 것으로 보인다.

이 식을 성장률(g)로 나타내면 다음과 같다.

$$g\left[\frac{C}{N}\right] = g\left[\frac{(1-s)\,Y}{L}\right] + g\left[\frac{L}{N}\right]$$

즉, 생활수준을 나타내는 1인당 소비의 증가는 노동생산성이나 경제부양률을 증가시킴으로써 이루어낼 수 있다. 1인당 노동생산성이 주어졌다고 가정하면 경제부양률($\frac{L}{N}$)이 1%포인트 증가할 때 1인당 소비($\frac{C}{N}$)도 1%포인트 증가하게 된다. 이 경제부양률의 증가율이 바로 (첫번째) 인구배당the first demographic dividend이다.

그림 2-7은 우리나라의 경제부양률과 인구배당의 추이를 추정한 것이다. 1970년부터 2015년까지 경제부양률은 상승했고 이에 따라 인구배당도 양(+)의 수치를 보이고 있다. 하지만 2016년부터 경제부양률은 떨어지고 있으며 이에 따라 인구배당도 항상 음(-)의 숫자를 나타내고 있다. 즉, 1970년부터 우리나라 인구구성은 경제성장에 유리한 환경을 조성해주었고, 그 환경은 2015년까지 무려 45년간 지속되었다. 그리고 그 최고점은 1970년대 말에서 90년대 말이었다. 이 기간 동안 연평균 1%포인트에서 거의 2%포인트의 경제성장이 인구의 연령구조 변화로 가능했다는 것이다.

하지만 우리나라 인구는 2016년부터는 경제성장에 적게는 0.5%포인트, 많게는 1%포인트 이상 항상 발목을 잡는 변수로 나타난다. 앞으로 경제가 2%대의 저성장을 유지한다고 생각해보면 음의 인구배당이

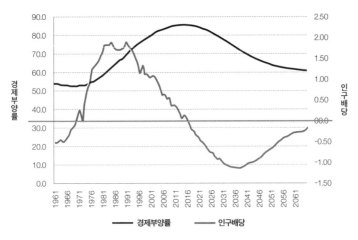

그림 2-7 한국의 인구배당 (1960~2063년)

자료: www.kosis.kr 자료로부터 저자가 계산.

얼마나 큰 영향을 끼치는지 알 수 있다. 그리고 이러한 악영향이 고용 시장에 미치는 영향도 매우 크다. 2016~2017년 산업연관표에 따르면 취업유발계수는 매년 하락하고는 있지만 그래도 최종수요 10억 원 당 10명을 유지하고 있다(한국은행 보도자료. 2019년 11월 25일자). 0.5% 성장률은 10조 원에 육박하므로 이를 단순히 대입해보면 고령화로 인한 경제성장 둔화로 인해 매년 10만 명의 일자리가 사라질 수 있다는 추정이 가능하다.

한 가지 간과해서 안 될 점은 한국경제가 1970년대부터 무려 40여 년 이상 인구변화의 혜택을 향유했다는 것이다. 실제 인구고령화에 대한 우려의 목소리가 급속히 커진 것은 지난 15년 정도이다. 그보다 훨씬 더 오랫동안 인구변화는 우리 경제에 부정적인 영향보다는 긍정적인 영향을 미쳤다. 그리고 인구변화가 과거 경제성장에 미쳤던 긍정적인 영향은 그림 2-7에서 보이는 수치보다 훨씬 더 컸을 수 있다. 즉, 출산율이 감소함에 따라 부모가 인적자본에 대한 투자를 늘리는 양과 질의 대체관계(Becker 1974)로 인한 생산성 증가 및 저축률 증대로 인한 투자까지 인구의 성장기여도를 감안하면(즉, 두번째 인구배당, the second demographic dividend, Mason and Lee 2006) 인구변화가 가져왔던 성장기여는 그림에 나타난 수치보다도 높았을 것이다.

이러한 의미에서 출산율이 급격히 떨어졌던 1970년대와 80년대 경제가 크게 성장한 것은 우연이 아니다. 이 시기는 인구변화가 경제에 좋은 조건을 주었을 뿐 아니라 인적자본에 대한 투자도 엄청나게 일어났던 시기였으며 저축과 투자도 높았다. 그리고 인구구조가 좋은 나라에서 인구배당이 필연적으로 일어나는 것도 아니다. 인구배당은 이론적으로 인구변화가 그러한 환경을 조성하는 기간이 있다는 것이지 그것의 실현을 보장한다는 의미는 아니다. 즉, 우리나라가 7, 80년대 급속한 성장을 이루게 된 데에는 당시의 출산율 저하와 인적자본에 대한 투자, 그리고 이를 잘 활용할 수 있는 경제환경 조성 등의 역할이 컸다. 문제는 이제 인구변화가 그 반대의 역할을 수행하게 될 것이란 점이다.

한국의 고령 노동자와
노동시장

한국 고령자의 노동 현실

생산과 소비의 시기(주체)가 다를 경우 생애주기 적자는 생애주기 흑자에 의해 메워져야 하는데, 기대수명이 늘어나는 사회에서 노후에 소비를 충족시키는 방법은 다음 네 가지 밖에 없다. ①노동의 연장, ②자산이나 저축에 의존, ③가족에 의존, ④정부에 기대는 방법이다.[26] 유소년층의 경우 ①은 가능하지 않고 ②도 거의 기대하기 힘든 반면에 노년층의 경우 ①에서 ④까지 모든 방법이 다 가능하다. 그런데 고령자 노동에 한정해볼 때 다른 연령층과 다른 점은 두 가지 제약, 즉 은퇴와 건강의 제약조건이 매우 큰 영향력을 발휘한다는 데 있다. 그리고 은퇴는 다시 각국의 연금체계와 노동시장 및 임금체계와 큰 연관이 있는데 이는 별도로 고령화와 사회안전망이란 주제로 이 책의 후반부에서 보다 중점적으로 다루기로 한다.

소비 패턴과 부양체계가 나라마다 매우 다르고 그 상이성 또한 고령자 노동에 큰 영향을 미친다. 한국의 경우 노인들이 장성한 자녀나, 자산 소득, 또는 저축에 의존하던 방법이 지난 20여년 동안 큰 변화를 겪었고, 이는 한국의 노동시장 특징과 크게 결부되어 있다. 우선 장성한 자녀들이 부모를 모시는 가족부양 시스템이 많이 쇠퇴하고 있고, 연금의 소득대체율도 다른 선진국에 비해 낮으며 65세 이상의 연금가입률도 높지 않다. 자산의 상당 부분을 부동산으로 보유하고 있으며, 2000

년 이후 지속된 저금리 기조로 금융자산으로부터 나오는 수입도 많이 줄었다. 그렇다면 마지막으로 의존할 수 있는 방법은 은퇴하지 않고 계속 노동을 하는 방법이다. 즉, 노동을 통해 노년층 스스로 생계를 책임 져야 하는 유인이 한국에서 현재 매우 큰 것이다. 적은 연금과 유동자산으로 더 이상 자식에 의존하기도 힘든 상황에서 많은 장년층 및 고령 자들이 노동시장으로 '내몰리는' 것이 한국 고령자의 노동 현실이다.[27]

그림 2-8은 한국의 65세 이상 노동시장 참가율을 다른 나라와 비교한 것이다. OECD 회원국 중에서도 한국의 노인 노동시장 참가율은 2018년 현재 32.2%로 가장 높은 수준이다. OECD 회원국 평균은 15.3%이고, 회원국 중 한국보다 노인 고용률이 높은 나라는 아이슬란 드(38.1%) 뿐이다. 65~69세 고용률만 보아도 한국은 2018년 45.5%를 기록해 OECD 회원국 중 가장 높은 수준이다.

사실 20세기를 통해 계속 감소하던 선진국 고령인구의 경제활동 참가율은 거의 예외 없이 80년 중후반을 기점으로 다 같이 상승하는 추세이다(그림 2-9). 미국의 경우 65세 이상 경제활동 참가율은 1985년 10.8%에 불과하던 것이 2018년 19.6%로 두 배 가까이 늘어났다. 마찬가지로 스웨덴의 경우 1985년 6.7%에서 2018년에는 무려 17.7%로 늘어났다. 다른 나라도 마찬가지로 1980년 중후반을 저점으로 하여 1990년대 들어와서 늘어나고 있다. 일본은 1990년 초반 시작한 버블 경제로 말미암아 노인인구의 노동시장 참가율이 다른 나라보다는 계속해서 떨어지고 있었지만 최근에 와서 노동시장 참가율이 급격히 올라갔다. 이는 다른 나라와 마찬가지로 일본도 연금개혁 등에 따라 노후

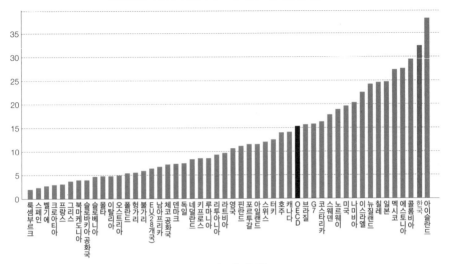

그림 2-8 OECD 회원국의 65세 이상 노동시장 참가율

자료: OECD data portal, www.data.oecd.org 2019년 11월 1일 접속.

그림 2-9 주요국의 65세 이상 노동시장 참가율 (1970~2018년)

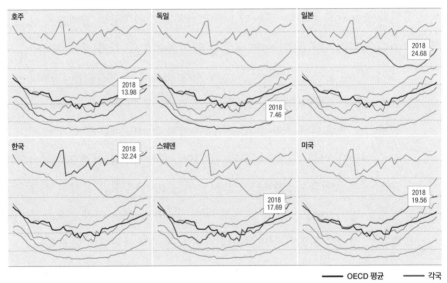

자료: OECD data portal, www.data.oecd.org 2019년 11월 1일 접속.

보장에서 연금이 차지하는 비중이 줄어든 반면, 노인 건강도 계속 호전되었고, 경제 상황과 제도도 개선된 것에서 기안한 것으로 보인다.

고령자 노동시장의 분단 구조

한국의 문제는 노년층의 노동시장 참가율이 이미 매우 높은 데도 불구하고 노년층에게 좋은 일자리가 제공되지 않고 노동소득이 적다는 것이다. 일단 한국의 경우 노동시장에서 60세 이후까지 좋은 일자리를 유지하기는 무척 힘들다. 50대 중후반에 좋은 일자리를 떠나고, 그 이후 일자리는 대부분 임시직·일용직 같은 일자리여서 노동을 통해 노년층 스스로 생계를 책임져야 하는 노인이 많지만 이들 상당수가 가난하다.

따라서 노동시장에 참가를 하거나 자영업을 해도 노동소득이 늘어나지 않거나 불안정하다. 노년층이나 장년층의 노동 생산성이나 근로에 대한 보상이 높지 않은 상황에서는 노동력 증가만을 통해 생계를 해결하는 것에는 한계가 있다는 데 다른 선진국과 달리 한국이 가진 문제점이다. 즉, 65세 이상의 빈곤율이 절반에 가까운 지표에서 알 수 있듯이 다른 나라에 비해 한국 노년층의 노동소득은 적거나 불안정하다. 이 경우 노동참가율을 늘리는 것에 노후를 의존하는 방법은 제한적인 효과만 있다.

그림 2-10은 주요 업종별 전체 근로자 비중 및 55세 이상 근로자 비중을 대비한 것이다. 그림에서 나타나듯이 전체 근로자 비중과 55세 근로자 비중에는 큰 차이가 있다. 전체 근로자의 가장 많은 비중을 차지하는 것은 제조업으로 2017년 현재 전체 근로자의 30% 이상이 제조

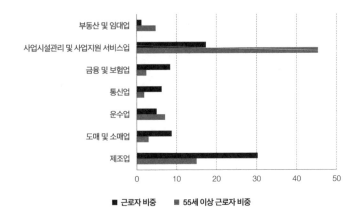

그림 2-10 근로자의 업종별 비중, 전체 근로자와 55세 이상 비교 (2017년)

■ 근로자 비중　　■ 55세 이상 근로자 비중

자료: 고용노동부, 고령자 고용현황. 2018.

업에 종사하는 반면, 55세 이상 근로자는 그 절반인 15%선 정도이다. 반면에 55세 이상 근로자의 45% 이상이 사업시설 및 관리사업(예컨대 경비원 등)에 종사하는 반면 전체 근로자의 종사 비율은 17%에 불과하다. 또한 55세 이상 근로자는 부동산 임대업 비중이 전체 근로자에 비해 훨씬 큰 반면, 통신업과 금융보험업, 도소매업의 비중은 상대적으로 낮다.

업종별로 고령자 고용의 장기추세를 볼 수 있는 자료는 그다지 많지 않으나 최소한 지난 5년간은 일치된 자료로 그 추세를 짐작해볼 수 있다. 그림 2-11에서 보듯이 교육서비스와 건설업을 제외한 전 업종에서 55세의 비중이 높아졌음을 알 수 있다.[28] 2012년 10.1%였던 55세 이상 근로자 비중은 2017년에는 13.1%로 높아졌고 현재의 인구고령화 추세, 고용정책, 연금정책 등 모든 정책을 고려해보면 이 비율은 앞으로도 훨씬 크게 늘어날 것으로 보인다.

이러한 업종별·연령별 특징과 맞물려 우려되는 점은 고령층의 비정규직 비중이다. 그림 2-12는 연령별 비정규직[29] 비중의 추이를 보여준다. 다른 연령에서 비정규직 비율이 줄어드는 추세인데 비해 60세 이

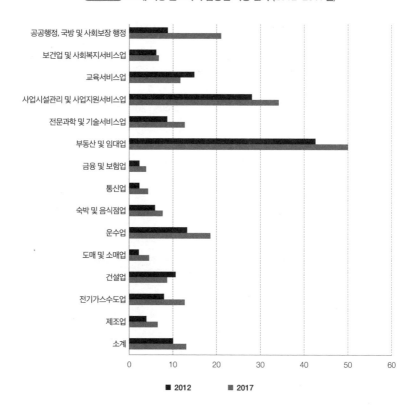

그림2-11 55세 이상 근로자의 업종별 비중 변화 (2012~2017년)

자료: 고용노동부, 고령자 고용현황, 각 년도

상의 노년층과 20~29세의 청년 비정규직 비중은 15년 동안 전혀 줄지 않았음을 알 수 있다. 이를 통해 이 두 연령층의 노동의 질이 상대적으로 매우 취약함을 알 수 있다.

그림 2-13은 OECD국가의 데이터를 기초로 임금근로자 전체의 임시직 비율과 65세 이상 임금근로자의 임시직 비율의 분포를 그린 것이다.[30] 그림에서 확연히 나타나듯이 한국은 전체 근로자의 임시직비율이 21.2%로 다른 나라에 비해 상대적으로 높지만, 65세의 임시직은 OECD에서 가장 높아, 다른 연령에 비해서도 65세 이상의 임시직 비율이 높음을 알 수 있다.

그림 2-12 연령별 비정규직 비중 (2003~2017년)

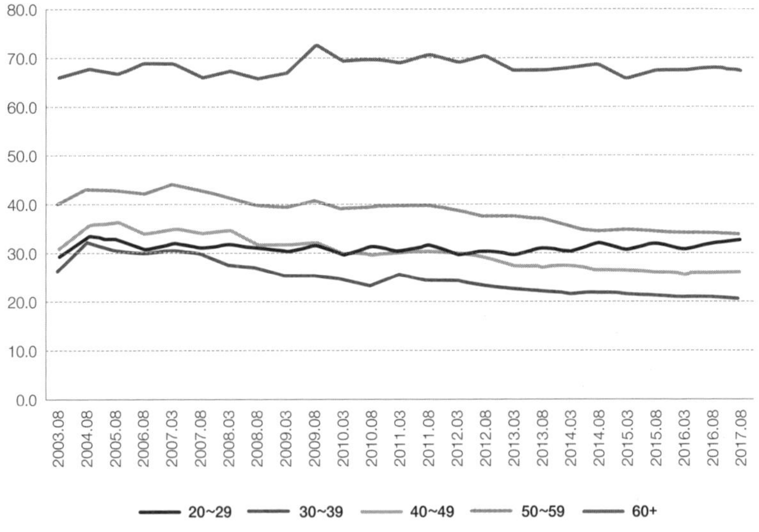

자료: 통계청, 경제활동인구조사, 각년도.

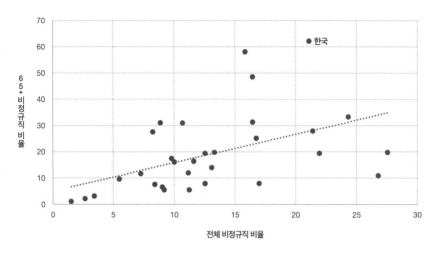

그림 2-13 65세 이상 비정규직 비율과 임금 근로자 전체 비정규직 비율 비교 (OECD 국가)

자료: OECD data portal.(2018) www.data.oecd.org 2019년 12월 1일 접속.

이상을 종합해 볼 때 고령화가 지속됨에 따라 한국은 더 많은 고령노동자와 더 많은 비정규직 고령노동자가 생산되는 구조로 진행되어 왔다고 결론 내릴 수 있다. 그리고 이들 고령노동자는 무려 45%가 건물이나 건축물의 시설관리업종에 종사한다. 한국의 노동시장이 보수와 근로환경이 좋은 직장과 그렇지 않은 직장으로 분리되고, 좋은 직장을 다니더라도 50세 중후반 이후에는 밀려나거나 자영업종으로 전환해야 하는 상황이다. 이러한 노동시장의 분단 구조가 지속되는 한, 이러한 고용 패턴은 앞으로도 바뀌기가 쉽지 않을 것이다.[31]

고령화와
노동의 미래

인구문제의 낙관론과 비관론

　한국에서 전체 인구 중 고령인구가 차지하는 비중은 앞으로도 높아질 전망이다. 또한 전체 노동력에서 고령인력이 차지하는 비율도 빠르게 높아질 것으로 예상된다. 이와 관련한 노동시장의 문제는 여러 각도에서 분석되는 데, 가장 기본적으로 제기되는 문제해결 방식은 출산율을 어느 정도 높여서 고령화 속도를 줄여야 한다는 견해이다. 사실 저출산을 보는 관점은 다양하다. 저출산으로 인한 장점, 즉 인구과밀 해소, 노동 공급의 축소로 인한 실업 감소, 환경 및 자원고갈 문제 해소 등 저출산은 오히려 득이 많다고 하는 견해도 있다.

　하지만 이러한 견해는 고령화의 문제를 거시적 측면에서 이해하지 못하는 데서 기인하는 바가 크다. 즉, 앞서 언급했듯이 저출산의 문제는 부양의 문제와 경제성장과 유효노동수요에 미치는 악영향을 동시에 고려해서 보아야 한다. 그리고 한편에서는 출산을 국가가 개입해서는 안 된다고 보는 행복추구권의 문제로 보기도 한다. 그러나 다른 많은 정책들과 마찬가지로, 저출산으로 인한 인구절벽으로 국민 전체 또는 미래 세대의 행복 저하가 크다고 판단될 때 국가가 출산을 장려하기 위해 저출산의 원인이 되는 장벽들을 제거하는 조치를 취하는 것에 반론을 제기할 사람은 없을 것이다. 무엇보다 개인의 선택이라는 것이 결국 제약조건에 의해 결정되는 경우가 많다. 과거의 인습에 얽매이는 경우가 아니라면, 보육시설을 늘리는 등 출산을 장려하는 정책들은 개인의 행복추구권 침해와는 전혀 별개의 사안으로 다루어져야 한다.

또한 미래에는 기술발달로 인한 생산성 증가가 인구구조보다 훨씬 더 중요해질 것이므로 이 부분에 초점을 맞추어야 할 것이라는 논의도 있다. 하지만 생산성 증가는 인구구조와 상관없이 거시경제에서 항상 중요한 요소로 언급되어 왔다. 즉, 생산성 증가는 고령화가 진행되지 않는 사회에서도 경제성장을 가져오며, 그것 자체가 고령화 문제의 해법은 아닌 것이다. 결정적으로 우리나라가 당면한 현재 문제는 저출산이 아니라, 그 어느 나라도 경험하지 못한 초저출산이라는 점을 상기할 필요가 있다.[32]

이와 관련해서 저출산·고령화 기본계획이 향후 출산 제고에 영향력을 발휘할 것이라는 견해가 있다. 저출산·고령화 기본계획에서 전반적으로 제1차와 제2차의 기본계획은 자녀 양육 지원에 중점을 두고 있었으며 자녀가 있는 가족이 정책의 중심이 되는 기조를 보였다. 하지만 제3차 기본계획은 구조적 측면, 즉, 비혼이나 만혼의 사회적 요인이 되는 청년고용이나 신혼부부 주거대책 강화 등에 대한 대책을 시도하는 점이 특징이다. 결국 저출산이 개인주의의 확산은 물론 미래의 불확실, 양육 부담, 일가정 양립, 주거 부담 등에 의한 결과라고 할 때, 이러한 조건이 완화되면 한국의 출산율도 늘어날 것이라는 논의이다. 이에 대해 저출산·고령화 기본계획으로 들어간 누적예산이 170조 원인데, 그 동안 출산율은 오히려 줄었다는 반론도 크다. 하지만 이러한 반론에 대해서는 예산이 출산 장려에만 쓰인 것도 아니며, 이 예산이 없었으면

출산율이 이보다 더 떨어졌을 것이라고 반박할 수 있을 것이다.

따라서 가족친화적 복지비 지출이 증가함에 따라 한국의 출산율이 프랑스와 스웨덴처럼 다시 늘어날 것이란 논의는 설득력을 갖는다. 프랑스는 1970년대와 80년대에 출산율이 많이 감소했으나 1990년대 중후반부터 다시 늘어나기 시작했다. 최근 몇 년 동안 다시 줄고는 있지만 2014년 2.01을 기록함으로써 출산율이 많이 회복된 국가로 손꼽히고 있다. 그 배경에는 종일 보육, 가족친화적 근로문화 등으로 일가정 양립을 가능하게 하고 소득을 감안하여 보육비를 선별적, 차등적으로 지원하는 정책이 있다.

한국도 출산장려금, 보육수당 등으로 출산 및 양육을 지원하고 있으나 실제 선진국에서는 이러한 수당이 여성고용에 미치는 부정적 영향 때문에 오히려 조심스러운 입장이다. 출산장려금은 출산 시점을 조금 앞당기는 효과는 있을지 몰라도 출산율에 근본적인 영향은 별로 없는 것으로 보고 있다. 그보다는 보육인프라 지원이나 남녀가 동등하게 쓰는 육아휴직이 출산에 좀 더 긍정적 효과가 있으나, 이 또한 남녀가 동등하게 사용할 수 있도록 제도를 고안하지 않으면 별로 효과가 없는 것으로 나타난다(Rindfuss and Choe 2015).

사실 가족친화적 정책이란 그 범위가 굉장히 넓다. 이는 어디까지 가족을 정의할 것인가 하는 규범을 포함한다. 예컨대 이탈리아, 스페인, 포르투갈 등 남부 유럽과 일본, 한국 등 동아시아처럼 엄격한 가족 규범을 가진 사회에서는 결혼에 의한 출산압력이 강하고, 결혼을 할 경우 엄마가 양육을 부담해야 하는 규범이 더욱 강하다. 반면, 프랑스 및 스칸디나비아 국가에서는 혼외, 동거, 독신 부모 등에 대해 훨씬 더 융통성 있고 개방적인 규범이 정착했다. 이는 수치로도 나타나는데 프랑스는 출산의 거의 절반이 결혼이 아닌 형태에서 나오는 것으로 나타난다. 물론 국민소득 대비 복지비나 일가족 양립에 지원하는 비용이 프랑스나 스칸디나비아 국가에서 높은 것은 사실이다. 하지만 저출산·고령화 대책에 아무리 많은 예산이 책정되어도 역사적 문화적으로 형성된 규범도 같이 변하지 않으면 프랑스의 경우처럼 저출산 추세를 바꾸는 것은 힘들 것이다.

또다른 시나리오로 통일이 되면 북한 인구의 높은 경제활동 참가율 등으로 고령화에 따른 제반 인구문제가 많이 해소될 것으로 보는 의견들도 있다.

통계청 추정에 따르면 북한의 인구는 1960년의 1,079만에서 70년에는 1,491만, 1990년에는 2,022만 명에 달했고 2015년 현재 2,478만 명으로 추정된다.[33] 통계청의 자료를 이용하여 북한의 인구를 추계하면 북한의 인구는 2037년 2,654만명으로 정점을 찍고 그 이후 감소하는 것으로 나타난다. 남한의 경우 2015년의 5,102만에서 2031년 5,296만 명까지 늘어나다가, 2055년에는 4,743만 명까지 줄어드는데 이는 남한의 2001년 인구와 비슷한 수준이다. 남북한의 총 인구는 2015년 7,579만에서 2033년 7,490만으로 정점에 달하고, 2055년에는 7,344만 수준으로 떨어질 것으로 추정된다.

통일이 고령화 문제를 해결할 수 있을까? 그림 2-14에서 보듯이 한국(남한)의 총부양비는 2016년에 저점을 지나 향후 빠른 속도로 증가할 것으로 보이는데, 이는 고령화에 따라 노인부양비가 급속히 증가하기 때문이다. 그런데 북한도 노인부양비 증가 속도가 아동부양비 감소 속도를 추월서 2019년부터 총부양비가 증가하게 되었다. 즉, 남북이 거의 같은 시기부터 총부양비의 저점을 지나 부양비가 증가하게 되는 것이다. 따라서 통일로 인해 총부양비가 떨어진다고 해도 그 효과는 제한적일 수 밖에 없게 된다. 게다가 독일의 사례를 보면, 통일 후 상당기간 동안 동독의 출산율이 급격하게 떨어진 것을 알 수 있다.

남북한은 사실상 비슷한 인구변천 과정을 겪었고 인구구조도 유사하게 변할 것이다. 남한이 보다 빠른 증감의 폭을 보이기는 하나, 증감의 시기, 정상화되는 시기 모두 유사하다. 특히 북한은 이제 막 저출산 사회로 진입하였고, 향후 출산율이 남한과 같이 지속적으로 낮아질 가능

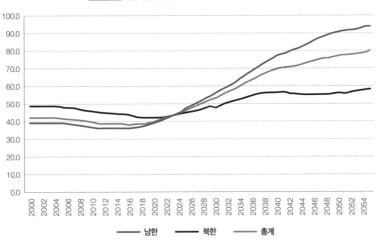

그림 2-14 남북한 인구부양비 추계 (2000~2055년)

자료: 통계청 남북한 장래 인구 추계. www.kosis.kr. 2019년 12월 1일 접속.

이민자 수용 논쟁

저출산 고령화로 생산인구가 부족해지자 노동공급을 늘려 인력난을 해소하는 한편, 해외 이민자를 적극 받아들여야 한다는 주장도 많이 거론된다. 이는 조세 기반을 확충해 내수를 촉진하는 효과를 발생시킨다. 예컨대 저출산, 고령화 문제가 심각했던 독일은 이민자 유입에 적극적으로 나서 생산인력 감소에 대응하고 있고, 언어 교육, 문화 교육 등을 통해 일시적 대책이 아닌 장기적 사회통합에도 주력했다. 이민자 노동의 경제적 효과를 분석한 논문들은 대체적으로 이민자 유입이 경제에 미치는 긍정적인 효과를 인정하고 있다.

한국에서도 해외 이민자의 비중은 계속 늘어나는 추세다. 조선족, 고려인들은 언어 및 문화가 유사해 우리 사회에 비교적 쉽게 적응하므로 이들의 이민을 대거 수용하는 방안도 제기된다. 하지만 이민자들을 받아들이는 것에 대한 반론도 만만치 않다. 일단 이민자를 단순히 노동력이나 인구문제 해결의 도구로 받아들이는 것 자체가 문제의 소지가 있다는 견해도 있다. 언어, 문화가 각기 다른 다양한 인종이 유입됨에 따라 사회적 갈등을 촉발하는 등 사회통합 비용이 뒤따르기 때문이다. 우리보다 개방적인 유럽에서도 이민자, 난민을 둘러싼 갈등이 격화되는 추세다. 국내에서도 외국인 강력범죄가 방송이나 신문에 나오며 반이민 정서에 불을 붙이고 있다. 무엇보다 이민자가 저소득층, 비숙련직이 차지하는 비중이 클 경우 상대적으로 빈곤층으로 전락할 가능성이 높아, 이들에 대한 사회복지비용 문제가 대두될 가능성도 제기된다.

일본의 경우 전통적으로 이민에 폐쇄적인 나라로 꼽혀왔는데 이는 여론조사에서 나타나듯 전통적으로 이민자에 대한 국민정서가 좋지 않기 때문이다. 하지만 인구고령화로 인한 업종별 수급불균형으로 일본은 외국인 노동자에게 문호를 계속 개방하고 있다. 2008년에 50만 미만이던 일본 내 외국인 노동자수는 2013년에 70만 명 수준으로 점진적으로 증가하다가 2014년부터는 급증하기 시작했고 2017년에 128만 명으로 늘어났다. 그리고 2018년 발표된 제도개혁으로 특히 노인 돌봄 서비스 분야의 문호를 대폭 열었다. 특정자격 1호로 입국했을 경우, 이들은 시험에 합격하면 체류자격을 계속 갱신하거나 영주권을 받을 수 있는 이른바 '개호' 체류 자격을 얻게 되어 과거에 비해 실제로 이민 자격의 폭이 크게 늘어났다. 하지만 아베 정부는 사실상 이러한 이민자를 이민자로 부르지 않고 있는 등, 국민정서에서 받아들이는 이민과 경제적 필요에 의한 이민 정책 사이에서 줄다리기를 하고 있다.

성이 있다. 이는 최근 젊은 세대일수록 결혼을 늦추는 경향이 가속화되는 것과 일맥상통한다. 따라서 남한의 저출산 고령화의 문제가 통일로 인해 해소될 것으로 보는 견해는 남북한의 인구구조나 변천과정이 비슷한 것에 대한 이해가 부족한, 지나치게 낙관적인 견해이다.

오히려 통일 이후의 노동력과 관련해서 주목할 부분은 북한의 높은 경제활동 참가율이다. 16세 이상 인구의 70% 이상이 경제활동인구이다. 특히 북한 여성의 경제활동 참가율이 남한에 비해 높은데, 이는 북한 체제의 특성상 육아 및 보육시설이 잘 되어 있어 출산과 육아에 따른 경제활동 참가의 감소가 상대적으로 적기 때문인 것으로 풀이된다 (김두섭, 최민자 외 2011). 하지만 북한에서 고연령층의 취업자 비율은 매우 낮다. 따라서 북한의 노년층은 남한과 마찬가지로 공적, 사적 부양 체계에 의존할 수 밖에 없는 실정이다.

북한의 경우 11년제 의무교육제를 실시하고 있어, 기초학력은 높은 수준이나 대학교 이상의 고학력자 비중은 무척 낮다. 그리고 1인당 노동생산성은 한국과 비교하기 어려울 정도로 낮다. 직업별 분포를 보아도 전문가보다는 단순 기술 및 판매종사자가 높아 인적자원의 전반적 수준이 남한에 비해 낮은 것으로 파악된다. 고령화의 주된 해법이 생산성 향상이라고 할 때, 이러한 측면에서도 통일이 인구문제의 해법일 수 있다고 생각하는 것은 그 근거가 부족하다.

고령화가 노동인구의 부족으로 이어질까

한국에서 전체 인구 중 고령인구가 차지하는 비중은 계속 높아져 왔고 앞으로도 높아질 전망이다. 또한 전체 노동력에서 고령인력이 차지하는 비율도 빠르게 높아질 것으로 예상된다. 이와 관련해서 인구고령화로 인해 미래에 노동공급 규모가 크게 감소하는 것을 걱정하는 논의들이 있다. 젊은층의 노동공급 규모 감소가 노동시장의 노동인력 부족 문제를 초래할까? 노동공급이 감소한다고 해도 장기적으로 노동수요가 함께 감소한다면 노동부족 문제는 발생하지 않을 수 있다. 앞에서 보았듯이, 고령화로 인한 성장률 둔화로 일자리가 많이 사라질 수 있다는 점을 감안하면 미래에는 고령화로 인력이 많이 부족할 것이라는 논의들은 재고가 필요하다. 그리고 노동시장의 수급문제는 단순히 노동자 수에 달린 문제가 아니라 산업별 및 업종별 노동력 수요, 기술진보와 노동의 대체 또는 보완의 정도, 수입품과의 경쟁 등 많은 다른 요인에 달려 있다.

근래에는 정보통신기술과 인공지능 등으로 대표되는 기술변화에 의해 광범위한 분야에서 인간이 노동시장에서 밀려나리라는 예측이 확산되고 있다. 하지만 장기적인 미래의 기술변화는 물론 그것이 노동수요에 어떤 영향을 미칠 것인지 예측하기는 어렵다.[34] 즉, 노동시장 수급건이 산업, 직업인구 집단별로 매우 다르게 나타나므로 인력의 유형별 이질성을 충분히 고려한 정책적 대응이 필요하다.

그럼에도 불구하고 인구고령화가 장래에 일부 직종이나 산업별로 노동인력 부족을 야기할 가능성은 충분히 있다. 따라서 이 문제가 현실화되는 상황에 충분히 대비하는 것이 한 방법일 것이다. 인구변화로 인한 노동공급과 수요가 동시에 줄어든다고 해도 이는 아마 10년 내지 15년 후가 될 것이다. 따라서 장기적인 관점에서 세심하고 체계적인 정책적 접근을 할 필요가 있다. 그리고 장래의 노동시장 수급상황은 경제활동, 노동시간, 생산성 등 노동공급 요인의 변화와 기술진보 및 산업구조와 같은 수요 요인의 변화에 따라 매우 가변적이다. 따라서 노동시장 여건의 변화에 대응하여 노동공급을 신축적으로 조정할 수 있는 방안을 강구하는 것은 필요하다.

일본의 인구 문제와 한국 인구 문제

이와 관련해서 몇 년 전만 해도 비정규직과 고용 문제로 고심을 하던 일본이 노동력 부족 시대로 진입하자 한국도 저출산·고령화의 영향으로 청년 고용 문제가 해결될 것이라는 막연한 기대가 있는 것이 사실이다. 만약 한국의 연령별 노동시장이 약 15년에서 20년의 간격을 두고 일본을 따라가고 있는 것이 맞다면 이에 따라 고령화 및 인력 부족으로 고용문제가 무척 완화될 것이라는 희망을 가질 수 있다.

하지만 이는 너무나도 단순한 분석이다. 현재 일본의 고용시장이 좋아진 것은 인구구조의 변화보다는 경제상황과 제도개선이 작용한 결과가 더 크다고 봐야 한다. 일본은 구인 문제를 해결하기 위해 이른바 '일하는 방식 개혁'이라는 것을 추진하고 있다. 이는 일본 정부가 내세운 중요한 성장전략의 하나로, 가용한 노동력을 다 쓰는 것은 물론, 기업 문화, 삶의 질 변화를 포함한 개혁으로 나아가는 것이다.[35]

무엇보다 두 나라 간 노동력의 수급구조가 다르다. 한국의 경우 대졸자가 대부분인 상황에서 중소 영세기업과 대기업의 임금격차가 워낙 크다 보니 대졸자는 실업자로 있을지언정 중소기업에 취업을 기피하는데 일본은 한국에 비해 그런 경향이 덜하다. 대졸자 위주로 된 노동시장의 수급불균형, 대기업과 중소기업의 임금격차, 임금경직성으로 인한 대기업 근로자의 조기퇴직 등 노동시장에서의 경직성, 이중노동시장으로 인한 노동시장의 분단 현상이 완화되지 않으면 15년 후 인구구조 변화로 한국에 구인난이 벌어질 가능성은 적다.

그리고 지난 15년간 진행된 기술진보도 눈여겨볼 필요가 있다. 한국의 고령화가 큰 사회적 이슈로 대두된 지난 10여 년은 4차 산업 혁명, 인공지능 등의 기술진보가 1990년대나 2000년대 초기와는 다른 양상으로 진행되었다. 즉, 고령화가 노동시장에 미치는 영향에 기술진보라는 변수가 다르게 작동할 가능성이 크다.

자동화가 고령화 문제의 해법이 될까

현재의 기술진보가 일자리를 없애고 있을까? 그렇다면 미래의 노동은 어떠한 형태를 띨 것인가? 고령화와 기술진보는 어떻게 연관되어서 노동시장에 영향을 미치는가? 여기에 대해 여러 보고서가 나와 있다. 이 보고서들은 고용을 가장 유력하게 대체할 것으로 보이는 자동화만 하더라도 대체효과만 있는 것이 아니라 산업 내부에서의 생산성 증가, 규모의 경제, 다른 산업에의 파급효과를 통해 대체된 노동력보다 더 큰 고용을 창출할 수도 있다고 본다. 미국의 경우 자동화가 미국의 고용을 늘렸다는 주장이 있는 반면, 자동화로 미국의 고용이 크게 줄고 있다는 주장도 있다. 하지만 자동화가 아닌 다른 기술진보, 예컨대 인공지능, 컴퓨터 등을 OECD에 적용해서 연구한 논문들 중에는 기술진보와 인공지능이 새로운 직종을 창출해 오히려 고용을 증가시켰다는 보고서 역시 많다. 즉, 고용 측면만으로 보면 기술진보나 자동화가 대량실업을 가져온다기보다는 이들로 인해 고용이 직종별, 산업별로 이동한다고 보는 것이 더 정확한 표현이다.

최근에는 고령화가 실제로는 생산성을 증가시켰다는 논의도 주목을 받고 있다(Acemoglu and Restrepo 2017). 고령화가 빨리 이루어지는 산업에서 상대적으로 기술진보가 더 빨리 일어나고, 고령화에 따라 발생하는 부정적인 효과를 상쇄하고도 남을 만큼 생산성이 증가했기 때문이라는 추측이다. 즉, 고령화가 생산성을 증가시켰다기보다는 기술진보를 매개로 고령화와 생산성 간에 정의 상관관계가 나타난다고 하는 것이 타당하다. 그런데 우리나라에서는 이러한 매개체로서의 기술도입 효과가 나타나지 않았다(Park et al. 2019).

즉, 고령화가 생산성을 낮추고, 로봇 등 자동화 기술 도입이 생산성을 높이지만 기업들이 고령화로 인해 로봇을 도입한다는 증거가 발견되지 않았다. 이렇듯 한국에서는 고령화가 아닌 다른 요인, 특히 대기업의 고임금이나 대기업 노조의 존재 등 임금의 경직성과 관련된 요인으로 로봇이 도입되는 경향이 있는 것으로 추측된다. 따라서 고령화 및 기술진보가 어떻게 상호작용하면서 미래의 노동에 영향을 미칠 것인가 하는 논의도 이러한 한국적 특수성 및 노동시장의 경직성을 고려해야 할 것이다.

인구고령화가 경제에 미칠 대표적인 충격은 장기적으로 청년노동력이 절대적 상대적으로 감소한다는 데 있다. 우선 인구고령화로 인해 취업인구 중 연령이 높은 취업자의 비중이 커질 것으로 전망되고, 취업인구의 고령화는 노동생산성의 감소를 가져올 가능성이 크다. 인구변화로 인한 장기적인 노동투입의 감소는 노동공급 규모의 지표에 따라 다를 것으로 생각된다.

하지만 고령화가 경제 및 노동시장에 미칠 영향은 노동시장뿐만 아니라 노년층의 부양체계라는 관점에서 좀 더 종합적으로 보아야 한다. 고령화의 문제를 노동공급의 측면에서만 바라보면 부양체계의 변화로 인한 저성장과 그것이 유효노동수요에 미치는 영향을 간과하기 쉽기 때문이다. 그리고 이것이 완만하게 진행되는 것이 아니라 초저출산에 의해 너무 급격히 진행되어 해결이 더욱 어렵다. 또한 노인빈곤, 재정압박, 소득불평등 등 다른 제반문제들과 중첩되어 나타난다는 특성을 갖는다.

따라서 가장 근본적으로는 출산율이 높아질 수 있는 환경이 조성되어야 한다. 개인주의 가치관의 확산이 출산율을 낮추지만 개인주의 가치관 자체가 직장 등 미래의 불확실, 양육 부담, 과대한 사교육 부담, 일가정 양립, 주거 부담 등의 제약조건에 의해 크게 영향을 받는다는 점을 감안하면, 미래의 불확실성을 줄이고 일과 가정의 균형을 맞출 수 있는 노동정책 및 가족친화적 정책이 인구에 미치는 영향은 지대하다. 또한 한국은 결혼제도만에 의한 출산 압박이 강하고, 결혼을 할 경우 엄마가 양육을 부담해야 하는 등 아직 엄격한 규범체계를 갖고 있다. 이렇듯 역사적 문화적으로 형성된 규범이 같이 변해가지 않으면 저출산·고령화 대책에 아무리 많은 예산이 책정되어도 그것이 저출산 추세를 크게 바꾸는 것으로 이어지기는 힘들 것이라는 점이 정책 입안시 항상 고려되어야 할 것이다.

앞으로 실질 퇴직연령이 높아지게 되면 고령자에게 적합한 좋은 일자리 창출이 노동시장 정책의 핵심의제로 부상하게 될 것으로 보인다.

즉, 노후소득보장제도와 통합적 관점에서 노인일자리 사업의 목표설정을 명확하게 할 필요가 있다. 고령인구의 경제활동 참가율이 이미 높고 생계형 고용이 주류인 한국의 여건에서 고령자들의 고용을 양적으로 늘리는 것은 인구고령화가 초래할지 모르는 노동부족 문제를 해결하는 대책으로는 한계를 갖는다. 이보다는 고령고용의 구조를 바꾸고 고령인력의 생산성을 유지 혹은 제고하는 것이 중요한 과제가 될 것이다. 장기적으로 생계형의 저숙련·저학력 고용의 비중이 줄고 고숙련·고학력 고령인력의 활용도가 높아지면 노동인구 고령화로 인한 생산성의 저하를 완화할 수 있을 것이다. 이를 위해서는 고숙련·고학력 고령인력의 조기퇴직을 유발하는 수요 측면의 장애들을 제거해야 한다.

마지막으로 피할 수 없으면 활용해야 한다는 말을 하고 싶다. 앞에서 강조했듯이 인구변화가 지난 수십 년 간 우리 경제발전에 긍정적인 역할을 하였던 측면을 무시해서는 안 된다. 앞으로 인구변화가 부정적인 영향을 끼친다고 했을 때 이들 부정적인 영향은 보다 건강하고 생산성이 높은 노동력으로 보완될 수 있는 여지가 있다. 그리고 한국의 경우 공공부문의 의료비용 부담이 매우 빠르게 증가하고는 있지만 다른 선진국에 비해서는 적은 수가로 많은 진료를 할 수 있는 체계를 갖추고 있어, 급속한 고령화로 인해 야기되는 문제가 다른 선진국에 비해 덜하다. 따라서 미래의 건강하고 생산성이 높은 고령 노동력을 활용하기 위해서는 앞에서 제기된 한국적 특수성, 특히 노동시장의 경직성과 분단성, 수급불균형, 노년층의 부양체계 등에 대한 개선이 우선되어야 한다. 또한 노동시장 수급여건은 산업, 직업, 인구집단별로 매우 다르다.

고령화가 노동시장에 영향이 미칠 영향에 따라서 부문별, 인력 유형별
이질성을 충분히 고려한 정책적 대응이 필요하다.

3장

한국의
소득불평등

우리나라의 소득불평등의 수준과 변화 방향에 대해서는 아주 오랫동안 이견이 존재해 왔다. 과거 우리나라는 세계은행World Bank로부터 한강의 기적이라 불리며, 개발연대인 1970~80년대에 빠른 성장을 하면서 소득불평등은 하락한, 성장과 분배에 있어 모범적인 국가로 언급되었다.

물론 한편으로는 이에 대한 이견도 있었다. 최근에는 정부의 소득주도성장income-led growth이라는 정책 목표와 관련하여 소득통계의 불신 문제도 함께 제기되어 소득불평등의 수준과 변화에 대한 극단적인 이견이 존재한다. 소득불평등의 수준과 변화에 대한 인식은 소득재분배 정책의 기준, 즉 조세 및 재정정책으로 일컬어지는 복지정책의 방향을 설정하는 기준이 된다.

소득재분배 정책의 방향은 소득불평등 수준과 변화 방향을 참조하여 진행되는 것이 일반적이다. 하지만 앞에서 언급한 소득불평등이 수준과 방향에 대한 인식이 다를 뿐 아니라 소득불평등 개념 자체에 대해서도 인식이 서로 다르기 때문에 소득재분배의 정책방향이 무엇을 기준으로, 무엇을 목표로 추구해야 하는지 서로 제각각의 주장만을 펼치는 것이 현실이다.

이 장에서는 첫 번째, 소득불평등 수준의 나라별 비교를 통해 한국의 소득불평등이 OECD 선진국 중에서 어디에 위치해 있는지를 확인할 것이다. 두 번째는 최근과 과거의 한국 소득불평등 변화 추이를 알아보려고 한다. 이러한 작업을 위해 최근 논란이 되고 있는 한국 소득불평등을 측정하는 통계에 대해 살펴보게 될 것이다. 세 번째는 현금뿐만 아니라 사회적 현물을 반영한 소득불평등에 대한 소개와 국제비교이다. 네 번째는 소득불평등, 양극화, 소득격차해소 등으로 언급되는 서로 다른 소득불평등 개념에 대하여 논의하고, 한국인의 소득불평등에 대한 인식도 함께 이야기해보려 한다. 그리고 마지막으로 앞의 분석을 바탕으로 한국의 소득불평등 정책방향에 대한 논의가 이루어질 것이다.

최근 한국의
소득불평등 수준

우리나라의 소득불평등에 대해서는 과거부터 현재까지 여러 이야기들이 있다. 그 이유는 기본적으로 소득불평등의 개념에 대한 이해가 다르고, 서로 다른 기준의 소득불평등을 이야기하고 있는 경우가 많기 때문이다. 그림 3-1에서 보는 바와 같이 ①개인 기준이냐 가구 기준이냐, ②정부의 소득재분배 정책을 반영한 세전소득 기준이냐 세후소득 기준이냐, ③소득 중에서 임금을 중심으로 한 근로소득만을 기준으로 하느냐 아니면 금융소득과 재산소득 등 전체의 소득을 기준으로 하느냐 ④현금 이외에 현물로 지급되는 정부의 지출(사회적 현물)을 포함하느냐 등이다.

통상 국제비교를 하는 경우 목적에 따라 다르지만, 주로 가구 기준으로 정부의 소득재분배 정책이 시행된 후의 소득(처분가능소득)을 기준으

그림3-1 소득불평등 변화 분석의 틀

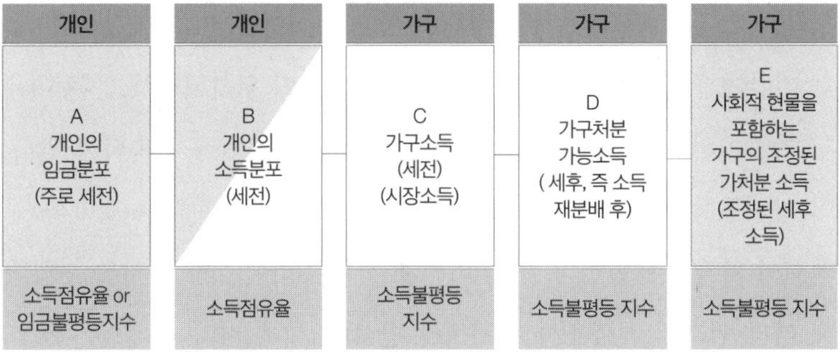

개인	개인	가구	가구	가구
A 개인의 임금분포 (주로 세전)	B 개인의 소득분포 (세전)	C 가구소득 (세전) (시장소득)	D 가구처분 가능소득 (세후, 즉 소득 재분배 후)	E 사회적 현물을 포함하는 가구의 조정된 가처분 소득 (조정된 세후 소득)
소득점유율 or 임금불평등지수	소득점유율	소득불평등 지수	소득불평등 지수	소득불평등 지수

로 하고 있다.

또한 우리나라의 경우는 가구 가처분 소득을 기준으로 소득불평등을 측정하는데도 공식 통계 기준의 문제가 있기 때문에 혼란이 가중된 측면이 있다.

0.295와 0.354. 이 수치는 2015년 현재 우리나라에 존재하는 두 가지의 지니계수다. 지니계수는 0에서 1사이의 수치로, 높을수록 소득불평등이 심하다는 것을 의미한다. 2015년 현재 OECD 36개국의 평균은 0.318 정도이다. 따라서 위 두 가지 지니계수에서 첫 번째 0.295를 기준으로 하면 우리나라의 소득불평등 수준은 OECD 국가의 중간 이하다. 한국이 선진국과 비교할 때 상대적으로 평등한 국가라는 의미이다. 하지만 두 번째 기준으로는 OECD 국가 중 상대적으로 불평등한 국가(OECD 36개국 중 8번째)로 분류된다. 0.295는 통계청의 가계동향조사로부터, 두 번째 0.354는 통계청의 가계금융복지조사로부터 계산된 것이다.

본래 우리나라는 1963년부터 가계동향조사를 소득불평등의 기준으로 삼아 왔다. 이는 전국 표본 가구를 방문하여 36개월 동안 매달 가계부를 적어 달라고 해서 산출 자료로 삼는 방식이다. 이 조사 방식은 오랜 기간 동안 고소득 가구를 중심으로 응답률이 저하되어 표본의 대체나 가중치의 조정 등 보완이 불가능할 정도로 문제가 지속되어 왔다. 이 가계동향조사가 한국의 소득불평등을 하향집계 한다는 학계와 정치권의 지적은 당연하다. 또 소비지출 전용 조사에 소득 조사를 포함함에 따라 원래의 지출조사도 지장을 받았다. 이에 따라 통계청은 2010

년부터 새로운 연간 소득전용조사인 가계금융복지조사를 설계하여 그 결과를 발표하였다.

그러면 앞에서 언급한 두 지니계수 수치 중 어느 쪽이 더 타당할까? 개인적으로는 가계금융복지조사의 수치, 즉 OECD국가에서 불평등한 국가로 평가되는 수치가 다음의 세 가지 측면에서 옳다고 생각한다.

첫 번째, 가계금융복지조사 결과는 조세자료를 이용한 소득점유율 (전체소득에서 소득 상위 1% 또는 10%가 차지하는 소득의 비중) 기준의 소득 불평등 조사 결과와 서로 상응한다. 물론 조세자료를 이용한 소득점유 율 계산은 세전 소득과 개인을 기준으로 삼기 때문에 가계를 기준으로 삼는 가계금융복지조사 결과와는 기준이 다르다. 하지만 두 조사 결과

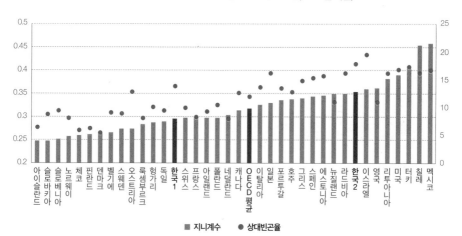

그림 3-2 OECD국가의 소득불평등도과 빈곤율(2015년 기준)

■ 지니계수　● 상대빈곤율

주: 상대빈곤율은 중위소득의 50%미만의 가구 비율을 의미
자료: 한국 1) 가계동향조사(2015) 한국 2) 가계금융복지조사(행정자료보완)(2015)
　　　OECD Income Distribution Database와 통계청 자료에서 작성

를 같은 기준으로 환산하면 큰 차이가 없게 된다.

두 번째, 그림 3-2에서 보듯이 기존 가계동향조사에서 나타난 소득불평등 정도와 빈곤의 정도는 국제기준과 비교하여 괴리가 크다. 기존 가계동향조사에서 상당히 많은 고소득층이 누락되었음을 짐작하게 한다.

세 번째, OECD 소득불평등 비교의 공식 기준 역시 월별 조사가 아닌 연간 기준이다. 인구조사와 가구조사를 전담하는 조직인 통계청이 연간 기준으로 새로 설계한 소득 전용조사가 가계금융복지조사이기 때문에 OECD 기준에 비춰보더라도 이를 더 신뢰하는 것이 타당하다. 세계 어느 국가도 매달 소득조사를 하여 분기별로 소득불평등을 발표하지 않는다.

소득불평등의 기준은 개인이 아닌 가구 기준

소득불평등을 국제비교하는 경우 가구 기준으로 하되 가구원수를 고려한다. 즉, 국제 기준에서 개인의 경제적 복지 수준 파악을 위해서는 개인소득이 아닌 그 개인이 속한 가구의 가구소득을 기준으로 측정해야 함을 원칙으로 하고 있다. 이 방식은 루트($\sqrt{}$) 가구원수로 전체 가구소득을 나누고, 나누어진 소득을 가구원수만큼의 개인으로 각각 적용한다. 소위 가구 균등화 지수의 반영이다. 예를 들어 부부 두 명으로 구성된 가구에 남편의 월소득은 400만 원이고 부인은 가사에 전념하여 가구소득이 0인 경우를 상정하여 보자. 여기에서는 가구원수가 2명이기 때문에 $\sqrt{2}$로 400만 원을 나눈 283만 원을 부부 각각의 소득으로 적용을 한다. 따라서 개인 기준의 경우 부부 2명에 대하여 각각 400만 원과 0원을 적용하여 불평등을 계산하지만, 균등화 지수를 적용한 가구 기준의 경우는 각각 283만 원씩 가구소득을 균등하게 공유하고 있는 것으로 간주한다. 균등화 지수의 적용은 일종의 가구원수에 따른 규모의 경제를 고려한 것으로 볼 수 있다.

이처럼 단순히 개인 기준을 적용할 때는 가구원수를 고려한 가구 기준으로 계산할 때보다 소득불평등이 높게 나온다. 또한 개인 기준의 세금 자료를 바탕으로 하는 경우는 정부의 소득재분배 정책의 시행이전이기 때문에 소득재분배를 감안하고 가구 기준으로 계산하는 소득불평등보다는 월등히 높게 된다.

이 같은 점은 가계금융복지조사를 이용하여, 정부의 소득재분배 이전에 소득 상위 10%가 전체 소득에서 차지하는 소득점유율을 비교하여 보면 명확해진다. 뒷부분에서 이야기하겠지만 최근 국세청의 조세 자료 등을 이용하여, 소득 상위 10%가 전체 소득에서 차지하는 비중(소득점유율)이 45%로 한국이 미국에 이어 세계에서 두 번째로 불평등한 국가라는 언론 보도가 있었다. 이러한 보도는 통계청의 통계가 잘못된 것으로 오인하게 만들지만 실상은 그렇지 않다.

가계금융복지조사의 경우, 균등화 처리한 개인 기준은 가구 기준 상위 10%의 소득점유율이 약 27%이지만, 단순한 개인 기준으로 계산하면 약 43%에 이른다. 따라서 우리나라 통계청의 공식 소득분배 통계인 통계청의 가계금융복지조사도 가계동향과 마찬가지로 한국의 소득불평등을 과소평가한다는 견해들은 잘못된 것이다. 이는 뒤에 나올 개인 조세자료 기준의 소득점유율과 추이 비교하면 유사성을 보이고 있어 그 신빙성을 어느 정도 확인할 수 있다.

가계동향조사 표본교체에 따른 논란[36]

한편 가계동향통계가 소득을 하향 집계한다는 문제를 해결하기 위해 통계청에서는 2017년부터 가계동향조사의 소득과 소비 조사를 분리하고, 소득 통계는 정부와 학계의 참조용으로만 사용하려는 계획을 세우기도 하였다. 이는 개인정보보호에 대한 인식 변화로 소득조사의 응답률이 점차 떨어지자, 가계동향의 원래의 목적인 가계소비조사를 통한 소비자 물가의 산출에도 부정적인 영향을 받았기 때문에 불가피한 조치였다.

가계동향조사는 원래 소비지출 전용조사였다. 가계부 기장 방식으로 매달 가구를 찾아가 매일 지출을 기록해달라고 하는 것이다. 여기에 소득조사는 부수적으로 하였다. 1963년부터 시작됐는데 시간이 갈수록 무응답 가구가 늘었다. 특히 서울 압구정동 소재 아파트 같은 부유층이 사는 곳에 가면 대부분 응답을 거부하고 빈곤층의 경우도 조사면담 자체가 어렵다. 그래서 조사방법을 바꾸고 표본을 재설계하되 소득 부문의 발표는 2017년부터 중지할 예정이었다. 발표는 하지 않더라도 조사는 계속해서 연구용이나 참조용으로 필요한 곳에 제공하려 했다. 지역, 가구주 연령, 학력, 주거 형태 등을 모두 현실에 맞추고 표본 수도 최소한으로 해 2016년 8,500가구에서 2017년부터 5,500가구로 줄였다.

그러나 현 정부가 들어서 소득주도성장의 효과를 확인하기 위해 2018년부터는 표본을 5,500 가구에서 8000가구로 다시 확대하였다.

또한 2020년부터는 약 130억의 예산을 추가로 투입하여 기존의 가계동향조사의 표본을 전면 확대하고 조사방법을 다시 개편을 예고하고 있다.

재미있는 점은 이러한 논쟁과 여러 번의 통계개편을 초래한 과정이다. 2017년 정부는 과거 가계동향조사의 소득이 하향 집계 되는 문제로 2017년부터 소득통계의 공식기준은 월별 조사인 가계동향조사가 아닌 연간 조사인 가계금융복지조사로 바꾼 바 있다. 이러한 소득통계 기준이 바뀌는 배경에는 당시 야당이었던 민주당 등의 꾸준한 주장이 반영된 것이다. 즉 가계동향조사 기준이 아니라 가계금융복지조사의 기준이 우리나라 소득분배를 제대로 반영한다는 주장이 그것이다. 앞에서 2015년의 지니계수 0.295와 0.354 논쟁에서 살펴본 바와 같이 타당한 주장이다.

그러나 반대로 집권 후에 여당이 되자 갑자기 입장이 바뀌었다. 2017년 4/4분기에 일시적으로 (구)가계동향 기준으로 소득분배 지표가 좋은 것으로 나오자 청와대와 기획재정부에서는 소득주도 성장의 효과를 홍보하고자 하는 마음에 언론에 그 결과를 공개한 것이다.

그러나 이는 2016년에는 추석이 9월인 3/4분기에 있었고, 2017년에는 추석이 10월인 4/4분기에 있어서 소위 추석효과로 인한 일시적인 반짝 효과에 불과했다. 따라서 소득불평등의 추이를 여러 계절적인 요인이 존재하는 월별이나 분기로 비교하는 것은 기본적으로 어리석은 일이다. 당시 언론에서 정부가 소득통계 정보를 독점한다고 항의하자, 통계청은 어쩔 수 없이 언론에 공식 보도자료가 아니라 수치로만 제공하게 됐다.

이러한 과정을 통해, 2018년 1/4분기 이후에는 (구)가계동향의 소득분배 수치는 계속하여 언론에 공개될 수밖에 없었고, 그에 따라 소득불평등은 3개월 단위로 발표될 때마다 사상 최대로 악화되는 결과를 확인하는 것이었다.

이후 지속적인 가계동향 소득불평등의 악화에 당황한 당시 정부는 연속으로 통계 불신을 초래하는 잘못한 행동을 한다. 2018년 1/4분기가 발표된 5월에는 통계청 통계표본의 문제를 정부 측에서 들고 나와 결국 당시 통계청장을 경질하는 일이 벌어졌다. 소득불평등의 악화를 사실이 아닌 통계표본의 교체 문제로 돌리고자 하였지만, 당시 통계청이 이를 인정하지 않자 그 표본의 문제를 제기한 인물로 아예 통계청장을 교체해버린 것이다. 이는 정부 스스로가 공식 통계의 신뢰성을 추락시킨 사건이었다.

이후 곧 이어 2018년의 시작은 최저임금의 급격한 인상(16.4%)으로 영세자영업자의 붕괴에 우려되는 상황이었다. 따라서 당시 악화되는 소득불평등의 증가는 급격한 최저임금인상의 부정적인 영향이라는 의혹이 증폭되는 상황이었다. 하지만 당시 대통령의 말씀 자료의 내용은 경제수석이 작성한 '소득주도 성장과 최저임금 증가의 긍정적 효과가 90%'였다. 이 자료에 대한 근거를 두고 의문이 제기된 가운데, 청와대가 이를 해명하기 위한 자료를 공개하였는데, 이 자료는 최저임금의 급격한 인상으로 가장 피해를 본 자영업자의 소득 변화를 제외하고 임금근로자만을 따로 추려 만든 일종의 통계 왜곡된 자료임이 밝혀지게 되었다. 결국 이 사건으로 책임자도 경질되었다. 이후에도 소득불평등도는 지속적으로 악화되는 추이는 보였고, 결국은 소득 주도성장의 근거 자체가 흔들리는 시발점이 되었다.

한편, 2020년부터 130억을 추가로 배정하여 매달 조사하는 새로운 소득통계를 만드는 방안도 좋은 생각은 아니다. 정책 설계의 잘못으로 야기된 고용과 분배의 악화를 통계의 잘못으로 돌리는 발상뿐만 아니라, 다음과 같은 측면에서 문제가 있다고 할 수 있다.

첫 번째로 소득분배의 추이는 월별이나 분기별로 변하는 것이 아니다. 소득분배의 개선은 후술하겠지만 다양한 정책의 조합으로부터 가능하기 때문에 일정 기간이 필요하다. 그렇기 때문에 소득의 현황을 월별로 조사하는 나라는 없다.

둘째, 이는 개인정보의 보호를 점차 중요시하는 사회적 변화와도 관계가 있다. 월별 조사 방식은 아무리 잘 설계한다 하더라도 결국은 과거의 가계동향처럼 표본의 이탈이 지속되어 (구)가계동향과 같이 고소득층과 저소득층이 표본에서 이탈하는 전철을 밟게 될 것이다. 예산 낭비가 우려된다.

셋째, 정말 소득분배의 변화를 신속히 파악하고, 예산을 합리적으로 사용하고 싶다면, 빅데이터 시대에 그에 걸맞은 방법을 사용하는 것이 좋을 것이다. 이는 국세청과 사회보험 등 행정통계의 활용을 통한 소득 빅데이터의 개발이다. 가구를 직접 방문하는 조사통계는 조사와 자료의 처리에 일정 기간의 시간이 필요하지만, 행정자료는 이러한 시의성 문제를 상당히 극복할 수 있고 개인정보가 중요시되는 시대에 국민의 응답부담도 줄일 수 있기 때문이다.

통계청에서 2017년부터 각종 소득 자료와 임금 자료를 융·복합하여 새롭게 작성하고 있는 행정일자리 통계와 행정자료로 보완된 가계금융복지조사가 좋은 예일 것이다.

'한강의 기적'은 사실일까

앞에서 살펴본 바와 같이 최근의 소득불평등은 각종 공식통계가 발달함에 따라 정리되고 있다. 하지만 다양한 소득불평등의 기준과 통계에 따라 일부의 논쟁은 아직 남아 있다고 볼 수 있다. 그러면 개발연대에 있어 경제가 성장하며 소득불평등이 완화된 사례인 '한강의 기적'은 사실일까?

이 질문에 답하는 것은 쉽지 않다. 소득의 개념이나 종류에 따라 다른 이야기들이 존재하기 때문이다. 과거의 소득불평등 역시 수준과 변화에 대한 주장들이 혼재해 있다. 외국과 비교한 소득불평등의 수준 이야기는 남겨 두고 여기에서는 변화 추이에 대해 이야기하려 한다. 두 가지 측면에서 살펴볼 텐데 첫 번째는 통계청의 공식통계를 통한 가구 기준의 분석이며, 두 번째는 조세자료나 임금 자료를 이용한 개인 기준의 분석이다.

먼저 소득불평등의 공식통계였던 통계청 가계동향조사는 1990년부

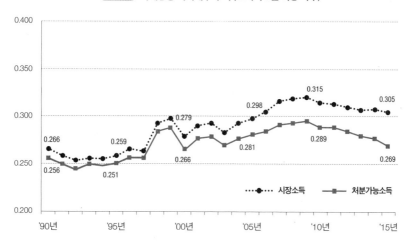

그림3-3 가계동향 지니계수 추이 (도시의 2인 이상 가구)

터 존재했는데, 도시에 거주하는 2인 이상 가구 기준이다. 이를 통해 살펴보면 감소하던 한국의 소득불평등은 1993년부터 증가하여 외환위기 이후 급증하였고, 이후 2003년까지 등락하다가 2009년까지 다시 증가하고, 2010년 이후 2015년 중반까지 다소 하락하는 모습을 보여주고 있다. 이는 정부의 소득재분배 이전이나 이후 모두 유사한 추이를 보이고 있다.

여기서 알 수 있는 것은 우리나라의 소득불평등은 외환위기 이후 급증한 것이 아니라 이미 1990년대 초반부터 증가하기 시작했다는 점이다. 하지만 이 통계는 1인 가구와 농어가의 부재, 그리고 재산 및 금융소득 파악의 한계 등으로 소득불평등 수준을 파악하기에는 적절하지 않다는 지적은 앞에서도 이미 했다.

가계동향조사의 이러한 한계를 극복하기 위하여 1인 가구 및 농어가

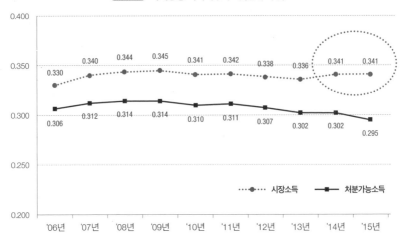

그림 3-4 가계동향 지니계수 추이 (전체 가구)

시장소득 ······●······
처분가능소득 ──■──

의 소득을 포함하고, 재산과 금융소득도 포괄적으로 파악하기 위한 노력은 지속되었다. 그중에서 2006년부터 1인 가구와 농어가를 포함하는 가계동향이 발표되었다. 소득재분배 이전 시장소득 기준의 소득불평등은 2010년 이후 약간의 증가 추이였고 처분가능소득 기준의 소득불평등은 최근 10년 동안 초반에는 다소 증가한 추이였으나 2010년 이후 2015년까지 약간의 감소 추이에 있다.

따라서 우리나라의 소득불평등이 2000년대 이후에도 끊임없이 증가하였다는 주장은 적어도, 소득재분배 정책 이전의 시장소득 기준에는 다소 부합하지만, 가구의 처분가능소득을 기준으로 하면 근거가 없는 주장이라 할 수 있다.

한편 가계동향조사의 한계는 소득 파악 대상뿐만 아니라 소득 파악의 범위와 정확성에 대한 시비가 오랫동안 제기되었다. 이에 통계청은 지출조사 목적의 가계동향이 아닌 소득조사 전용의 조사를 2010년 신설하게 되는데 이 조사가 바로 소득과 자산의 정확한 파악을 위한 가계금융복지조사이다. 이 조사를 통한 2010년 이후의 소득불평등 변화 추이는 다음 장에서 이야기하려 한다.

개인 기준의 조세 자료(세전)를 이용한 분석

소득불평등의 파악에 있어 통계청 공식 통계자료인 가계동향에 한계가 있자 개인의 조세 자료나 임금 자료를 이용한 소득재분배 이전의 소득불평등의 변화에 대한 연구가 2010년대 이후 활발히 진행되었다. 이 연구들은 국세청이 조세 자료나 고용노동부의 사업체 임금 자료에 여러 가정을 더하여 한국의 소득불평등을 추론하는 작업이다. 그러나 이들의 연구에서도 소득불평등의 추이나 변화에 대한 견해는 일치되지는 않는다.

가장 많은 연구를 하였고, 신뢰할 수 있는 분석은 김낙년 교수의 연구이다. 특히 김낙년의 2018년 연구에서는 앞선 2012년 연구와 Kim & Kim의 2014년 연구에서 추정한 근로소득과 전체소득의 집중도를 ①한국은행 국민계정체계(SNA)의 2008년 SNA로의 이전에 따른 변동을 반영하고, ②국세청 소득세 자료가 기존 과세자뿐만 아니라 비과세자인 일용 근로소득자에 대한 정보도 제공함에 따라 2009년부터 전체소득도 국민계정만이 아니라 소득세 자료에 의해 추정하는 방식으로 전환하였다. 또한 이를 바탕으로 기존의 추계를 개선한 결과를 발표하고 다른 연구와의 차이점을 자세히 분석하고 있다.[37]

여기에서 발견된 중요한 사항들은 기존 본인의 연구에서 사용한 방법으로 시계열을 연장하는 경우 2009년 이후 근로소득의 상위 10% 소득점유율이 계속 증가하는 것으로(개인, 세전 근로소득 불평등이 확대되는 것으로) 제시한 바 있지만[38], 보정된 추계에서는 2009년부터 하락하는 것으로 수정하였다. 더불어 전체소득의 집중도 기존에는 2009년 이후 지속적인 상승을 보고하였지만 수정된 자료로는 2011년 이후 하락 추이를 보고하고 있다.

반면 홍민기의 2015년 연구와 김낙년의 2018년 연구의 근로소득과 전체소득의 추정결과는 그림 3-5에서 보는 바와 같이 그 수준이나 추이에서 큰 차이를 보이고 있다. 2010년대 이후 추이가 엇갈리게 나타난 것은 김낙년(2018)은 김낙년(2018)에서 보정한 바와 같이 홍민기의 2015년 연구의 국민계정 근로소득의 과소 편향을 보정한 것에 기인한

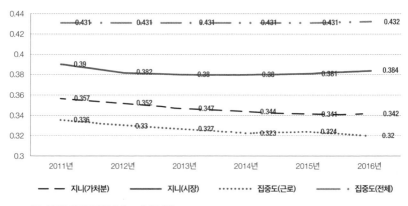

그림 3-5 지니계수와 소득집중도(상위 10%) 추이 비교

자료: 통계청, 각 년도와 김낙년(2018)에서 작성

것으로 설명하고 있다.

이와 같은 두 연구는 전체소득의 집중도를 보면 추이에서도 차이가 있지만 그 수준에서도 전체 시기에 걸쳐서 상당히 차이를 보이고 있다. 때문에 그만큼 상위 소득집중도가 과대하게 추계된 것으로 보고 있다.[39]

통계청 가계금융복지조사의 시장소득 기준 지니계수와 김낙년 교수(2018)의 수정된 전체소득 점유율의 변화추이를 비교하면(그림 3-5 참조) 상당히 유사한 추이를 보이고 있어 수정된 소득점유율과 공식 통계는 어느 정도 조응하고 있음이 확인된다. 즉 기존에 조세 자료를 이용한 소득점유율의 추정과 가구자료를 이용한 가구소득불평등의 결과는 상당한 차이가 있는 것으로 알려져 있으나, 이는 소득불평의 정의와 추정방법의 차이에 기인한 것으로 이를 가능한 일치시키는 경우 양자는 크게 차이가 나지 않는다는 의미이다.[40]

소득점유율 국제비교의 한계

조세 자료나 임금 자료를 이용한 소득점유율의 장기간 추이는 우리나라의 소득불평등의 추이를 참고하는 것에 일정한 도움을 준다. 하지만 이를 이용하여 우리나라 소득불평등도의 수준을 외국과 비교하려는 시도는 주의할 필요가 있다.

이미 언론 보도를 통하여 보도되었듯이 피케티 류의 조세 자료를 이용한 한국의 소득불평등을 살펴보면 상위 10%의 개인이 전체 소득의 45%(2012년 기준, 김낙년의 계산)를 차지하여 미국에 이어 세계 두 번째로 불평등한 국가로 분류되기도 한다. 여기서의 상위 10%의 세전 연소득은 3,940만원으로 4,000만에도 미치지 못한다. 이 계산에 사용된 분모는 근로소득자나 취업자 기준이 아니라 20세 이상 전체 남녀임을 주목할 필요가 있다.

그러나 외국의 경우 소득점유율의 계산에 사용되는 분자, 분모가 일치되는 것은 아니다. 피케티(Atkinson et al., 2011)도 소득점유율 계산에 사용한 자료의 기준이 다르기 때문에 국제비교시 주의해야 한다고 언급한 바 있다.[41] 표 3-1에서 보는 바와 같이 상위소득 점유율 국가별 분석 기준은 조사대상 단위, 기준 연령, 소득 기준, 자본이득 포함여부, 총소득자료, 보간법 등 기준이 각 국가별로 상이하다.

표 3-1 상위소득 점유율 국가별 분석 기준

	분석단위	인구	총소득자료	소득	자본이득	보간법
프랑스	가구	총가구수	국민계정	총소득	제외	Pareto
영국	가구 (~1989), 개인 (1990~)	15세 이상	소득세자료+소득세공제대상자 추정소득	총소득 (1975~)	포함(과세 대상인 경우)	Mean spilt histo-gram
미국	가구	기혼가구수 +20세 이상 미혼 남녀	1944 이후 공제대상자 소득=평균소득의 20%	총소득	제외(주요 자료에서 만)	Pareto
캐나다	개인	20세 이상	80% 자료: 국민계정	총소득	제외(주요 자료에서 만)	Pareto
호주	개인	15세 이상	국민계정	실제 총소득	포함(과세 대상인 경우)	Mean

	분석단위	인구	총소득자료	소득	자본이득	보간법
뉴질 랜드	가구 (~1952), 개인 (1953~)	15세 이상 (1953~)	국민계정(95%)	전체(total) 소득 (1945~)	포함(과세 대상인 경우)	Mean
독일	가구	21세 이상 인구기혼 가구수	국민계정(90%) 고용주 사회보험료	특정소득 제외	포함(과세 대상인 경우)	Pareto
네덜 란드	가구	15세 이상 인구기혼 여성수	소득세자료+소득세공제대 상자 추정소득	총소득	비 포함	Mean
스위스	가구	20세 이상 인구기혼 여성수	(1971~) 공제대상자= 평균소득의 20%	공제 전 소득	제외	Pareto
아일 랜드	가구	18세 이상 인구기혼 여성수	총개인소득정부이전고용주 사회보험료(80%)	순소득 +총소득 (1989~)	비 포함	Pareto
인도	개인	전체인구의 40%	국민계정의 국민소득 (70%)	총소득	제외	Pareto
중국	개인+ 가구	도시인구 (가계조사)	전체 인구 가계조사	총소득(이 전소득 포 함)	제외	Pareto
일본	개인	20세 이상	국민계정: 임금+개인자본 소득+비법인소득 -귀속임료	총소득	제외(주요 자료에서 만)	Pareto
인도네 시아	가구	총 가구수 (인구통계)	1920~1939 개인소득 추정치, 1982~2004 가계조사	인적공제 후 순소득 (농가제외)	제외	Pareto
싱가 포르	과세대상자 (분리과세 포함)	15세 이상 거주자	국민계정	총소득	제외	Mean
아르헨 티나	개인	20세 이상 (국세조사)	국민계정	총소득	제외	Pareto
스웨덴	가구+ 개인	16세 이상 (1951~)	(~1942)국민계정, (1942~) 공제대상자 소득 추정	총소득 (이전소득 포함)	포함& 제외해 분석	Pareto

	분석단위	인구	총소득자료	소득	자본이득	보간법
핀란드	가구 또는 개인	16세 이상 성인	소득세자료+ 소득세공제대 상자 추정소득	과세대상 소득+ 총소득	제외	Mean
노르 웨이	가구(개인 별 과세 일반적)	16세 이상 성인	국민계정	총소득 (이전소득 포함)	포함	Mean
스페인	개인	20세 이상 (국세조사)	국민계정	총소득	제외	Pareto
포르 투갈	가구	20세 이상 인구-기혼 여성	국민계정	총소득	제외	Pareto
이탈 리아	개인	20세 이상 (국세조사)	국민계정: 임금, 연금, 기업 소득의 50%, 자본소득	총소득 (이자소득 제외)	제외	Pareto

자료: Piketty, Top Incomes in the Long Run of History 2011, JEL, p.20, 〈table 4〉를 요약함.

나라별 소득불평등 변화

세전소득의 경우 전 세계적으로 시장소득기준의 소득불평등은 기술 진보와 세계화의 진전, 노동조합의 약화 등에 따라 증가 추이에 있는 것이 대부분이다. 하지만 세후 개념인 처분가능소득 기준의 소득불평 등은 증가하는 경우와 감소하는 경우가 국가마다 다르다.

한편 시장소득과 처분가능소득의 소득불평등도의 차이는 소득재분 배 효과의 정도를 비교하기 위한 수단으로 흔히 사용된다.

$$소득재분배효과 = \frac{(시장소득 지니계수 - 처분가능소득 지니계수)}{시장소득지니계수} \times 100$$

이 수치를 살펴보면, OECD 평균 소득재분배 효과는 최근 10년 동안

표 3-2	OECD 국가의 처분가능소득 지니계수 추이 (2009~2014년)
추세	**국가**
감소 (12)	아이슬란드, 한국, 영국, 칠레, 터키, 오스트리아, 이스라엘, 벨기에, 핀란드, 일본, 아일랜드, 폴란드
보합 (4)*	네덜란드, 호주, 프랑스, 룩셈부르크, OECD 평균
증가 (16)	뉴질랜드, 캐나다, 체코, 독일, 포르투갈, 슬로바키아, 스위스, 노르웨이, 이탈리아, 슬로베니아, 스페인, 그리스, 스웨덴, 미국, 덴마크, 에스토니아

* 지니계수의 변화가 ±0.002 이내에서 이루어졌을 경우 '보합'으로 판단
자료: OECD.Stat (http://stats.oecd.org) 최신자료

32% 내외로 완만한 증가에 있으며, 포르투갈, 그리스, 이탈리아, 아일랜드 등의 국가에서 소득재분배 효과가 두드러지게 증가하고 있다. 특히 북유럽 및 중부 유럽의 소득재분배 효과는 40% 내외로 높으나, 정체 또는 감소(특히 스웨덴)하고 있다. 한국은 소득재분배 효과가 외국에 비하여 상당히 낮은 수준이나 2015년 13.5%로 최근 빠르게 증가하고 있다. 우리나라에서 소득재분배 정책 전후로 소득불평등의 개선이 선진국의 절반에도 미치지 못하는 가장 큰 이유는 사회보장제도(국민연금 등 사회보험 등)의 미성숙이다.

| 표 3-3 | 소득재분배 효과의 국제비교(2000년대 중반~ 2010년 중반) |

	2000년대 중반 (A) %	2000년대 후반 (B) %	2010년대 초반 (C) %	차이(B-A) %p	차이(C-B) %p
칠레	4.5	6.4	6.6	1.9	0.2
터키	5.3	5.2	6.0	-0.1	0.8
한국	7.3	9.1	13.5	1.8	4.4

	2000년대 중반 (A) %	2000년대 후반 (B) %	2010년대 초반 (C) %	차이(B-A) %p	차이(C-B) %p
스위스	19.9	21.5	23.8	1.6	2.3
미국	21.8	24.0	22.4	2.2	-1.6
포르투칼	24.3	34.3	38.5	10.0	4.2
이스라엘	26.3	25.3	19.8	-1.0	-5.5
캐나다	27.3	27.9	26.8	0.6	-1.1
일본	27.5	31.1	32.4	3.6	1.3
스페인	27.5	31.4	34.2	3.9	2.8
그리스	28.7	34.5	39.9	5.8	5.4
뉴질랜드	29.2	27.5	27.8	-1.7	0.3
아이스란드	29.8	29.9	36.8	0.1	6.9
이탈리아	30.3	36.2	37.0	5.9	0.8
영국	30.5	30.2	32.1	-0.3	1.9
에스토니아	31.3	33.5	29.6	2.2	-3.9
호주	32.3	28.2	30.2	-4.1	2.0
네덜란드	33.3	32.1	35.7	-1.2	3.6
폴란드	34.3	35.0	35.5	0.7	0.5
아일랜드	36.6	46.0	46.3	9.4	0.3
노르웨이	38.3	41.2	38.8	2.9	-2.4
프랑스	40.6	40.6	41.7	0.0	1.1
오스트리아	41.8	42.9	43.7	1.1	0.8
슬로바키아	42.1	39.2	37.3	-2.9	-1.9
룩셈부르크	42.2	41.9	41.8	-0.3	-0.1
체 코	42.7	42.3	43.4	-0.4	1.1

	2000년대 중반 (A) %	2000년대 후반 (B) %	2010년대 초반 (C) %	차이(B-A) %p	차이(C-B) %p
벨기에	42.9	42.8	45.7	-0.1	2.9
독일	42.9	41.6	42.5	-1.3	0.9
덴마크	44.2	41.7	42.5	-2.5	0.8
핀란드	45.1	45.8	48.1	0.7	2.3
슬로베니아	45.5	44.8	45.4	-0.7	0.6
스웨덴	45.8	39.4	36.6	-6.4	-2.8

주: 국가별 최근 10년 자료를 기준으로 작성(10년 미만 자료 국가: 헝가리, 멕시코, 스위스, 터키)
자료: OECD.Stat (http://stats.oecd.org) 최신자료

최근 한국의 소득불평등 변화

우리나라 소득분배의 공식 통계인 가계금융복지조사에 의하면, 최근 한국의 소득불평등도(가구 및 처분가능소득 기준)는 2011년 이후 2015년까지 약간의 감소 추이에 있다가 2016년 이후 증가하고 있는 것으로 파악되고 있다.[42]

앞서 말한 가계동향조사와 가계금융복지조사의 처분가능소득 불평등도는 약 0.4%포인트의 격차를 보인다. 하지만 2010년 이후 2015년까지 감소세였으나 2016년 이후 증가세로 전환하였다는 변화 방향은 양자가 일치하고 있다.

한편, 앞서 언급한 바와 같이 가계동향조사 기준의 소득분배 상황

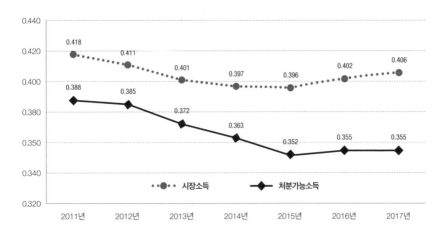

그림 3-6 **소득분배지표의 현황(2011년~2017년, 가계금융복지조사 기준)**

은 분기별로 통계청에서 발표하고 있다. 이 자료에 따르면 소득불평등의 변화는 2018년 이후 급격히 악화되고 있다고 앞서 말한 바 있다.[43] 2016년부터 증가하기 시작한 소득불평등은 2018년에 급격히 악화되었고, 2019년 2/4분기에는 전년도인 2018년 2/4분기와 유사한 추이를 보이고 있어 일단 추가적인 소득불평등 악화는 진정된 것으로 여겨진다. 하지만 소득분배를 개선하여 취약계층의 삶의 질을 높이겠다는 현 정부의 소득주도성장income-led growth이나 포용적 성장inclusive growth의 취지와는 전혀 동떨어진 결과이다. 이는 의도는 좋지만 잘못된 정책조합을 선택하는 경우 정책의 결과는 비참하게 된다는 교훈을 주고 있다.

중산층이 두터워졌다는 주장의 이면

국제비교에 사용되는 중산층(중위 소득의 50~150%)의 비중을 계산하여 보면, 소득불평등과 마찬가지로 2015년 2/4분기는 그 전 해보다 감소하였다. 이 중산층의 비중은 전 정부에서 65%로 시작하여 70%로 올리겠다는 기준이며 2018년 61.8%에서 2019년 59.9%로 하락하였다. 2019년 전체로도 60%를 하회할 것으로 여겨진다. 또한 최근 소득분배 악화의 원인을 고령화로 언급하고 있지만 그렇게 볼 수는 없다. 앞서 언급한 바와 같이 우리나라보다 고령화가 더 일찍 진전된 나라들도 많으며, 이 나라들 중에는 이미 소득분배가 좋거나 개선되는 나라도 있다.

일각에서는 다른 중산층의 정의를 이용하여 2019년 2/4분기에 중산층이 증가하였다는 주장도 있다. 이 정의들은 중산층을 좁게 보거나(레스터 써로, 중위소득의 75%~125%), 중산층의 기준을 더 높은 소득으로 잡는 경우(OECD2, 중위소득의 75%~200%)이다. 하지만 이 기준들은 보편적이지 않다. 이 기준에 따르면 빈곤층의 비중은 거의 30%를 넘게 된다. 빈곤의 중요한 소득주도성장이나 표용적 성장과는 전혀 어울리지 않는다.

또한 최저임금의 급격한 인상으로 인한 부작용이 문제가 되는 시점에서 소득 중간계층의 소득증가율이 빈곤층이나 부유층보다 더 증가한 것을 중산층이 두터워졌다고 주장하는 것은 문제가 있다. 현재의 중간계층은 최근의 경기부진과 급격한 최저임금인상에 살아남은 사람들이다. 이 주장은 단지 살아남은 중산층만이 타 계층보다 소득이 더 많이 올랐다는 의미일 뿐이다. 경기부진과 급격한 최저임금인상에 피해를 받은 집단은 실직하거나 근로소득이 줄었고, 중산층이었던 자영업자도 급격한 사업소득 감소로 빈곤층으로 추락하기도 했다. 그 결과

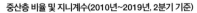
그림 3-7 소득분배지표의 현황(2010년~2019년 각 2분기, 가계동향조사 기준)

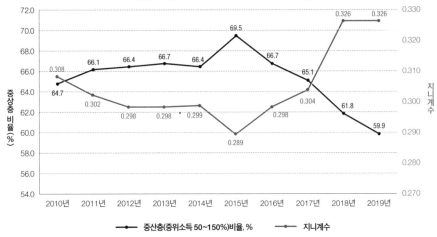

중산층 비율 및 지니계수(2010년~2019년, 2분기 기준)

그림 3-8 다양한 중산층 지표의 변화 추이(2010년~2019년 각 2분기, 가계동향조사 기준)

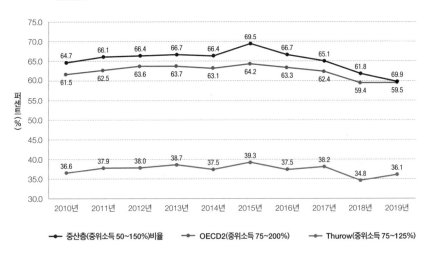

2019년 중간소득의 50% 미만을 버는 빈곤층이 증가(16.1%→17.0%)하고 있다.

따라서 최저임금의 인상 등으로 혜택 받은 일부만이 좋아진 현상을 중산층 전체가 많아지고 좋아진 것이라고 말하기는 어렵다.

사회적 현물을 반영한 소득불평등

앞서 그림 3-1에서 언급된 바와 같이 정부의 이전지출에는 현금지출과 현물지출이 있다. 통상 현금으로 지급되는 이전지출은 가계의 이전 소득으로 집계되어 가구소득의 한 항목으로 정식 분류되지만, 건강보험에 대한 정부의 지출이나 교육이나 보육비, 그리고 공공임대주택의 혜택 등 정부가 지출하는 현물복지지출은 가계의 소득으로 집계되지 않아 가구 기준의 소득재분배효과를 추정하기가 용이하지 않다.

사회적 현물이전이란 국가 또는 민간 비영리단체 등이 국민의 복지 향상을 위해 가구 또는 개인에게 제공하는 상품과 서비스를 의미한다. OECD(2011)에 따르면 가계에 제공되는 공공서비스는 가계조세 혹은 공적현금이전의 효과보다는 통상적으로 낮은 수준이지만 소득불평등 완화에 상당한 도움을 주고, 이러한 불평등 감소효과는 소득 상위계층보다는 하위 계층에 집중되는 것으로 알려져 있다. 또한 근래에 올수록 공공사회복지지출 중에서 현금보다는 현물의 비중이 점차 커지고 있다.[44] 따라서 사회적 현물급여가 소득불평등에 미치는 영향이 점차 커질 것으로 여겨진다.

유경준 외(2018)는 통계청의 2014년 소득기준 가계금융복지조사를 기초자료로 활용하여 각 서비스별 1인당(가구당) 현물혜택을 추정하고, 추정한 혜택금액을 해당 가구 또는 가구원에게 할당해주는 방식을 사용하여 사회적 현물이 소득분포에 미치는 효과를 추정한 바 있다. 이에 따르면 사회적 현물이전은 소득하위 40% 계층에 미치는 영향이 크고, 특히 교육과 의료서비스가 가구의 평균소득을 올리는데 크게 기여하는 것으로 나타났다. 이는 가구의 평균소득을 15% 향상시키는 것으로 나타난다.

사회적 현물이전이 소득분배구조의 변화에 미치는 영향을 추정하고 외국과 비교한 결과는 다음 표와 같다. 사회적 현물 반영 전후로 지니계수는 13.1%, 소득5분위배율은 27%, 빈곤율은 25.2% 각각 감소시키는 것으로 추정된다.

또한 사회적 현물이전 서비스 유형에 따라 소득재분배와 빈곤감소 효과는 다르며, 지출규모가 큰 교육과 의료서비스 혜택이 소득불균형을 줄일 수 있는 가장 큰 잠재력을 갖지는 것으로 나타나고 있다. 특히, 의료서비스는 지니계수와 빈곤율을 모두 줄이는 효과가 있으며, 2014년 처분가능소득 기준 65세 이상 노인 빈곤율을 46.9%에서 36.4%로 크게 감소시키는 역할을 한 것으로 분석된다. 이처럼 의료급여가 소득불균형 완화에 기여하는 이유로는 의료지출이 대개 평균 이하의 현금소득을 갖는 노인에게 집중되기 때문으로 볼 수 있다.

한편 이러한 사회적 현물급여의 소득재분배 효과를 국제비교해 보면 한국의 지니계수 감소율은 13%로 OECD 평균 20% 보다는 작으나, 소득5분위배율 감소율은 26.8%로 OECD 29%와 유사한 수준이다. 또한

빈곤율의 감소는 저소득층이 상대적으로 더 큰 혜택을 받고 있어 27%
로 OECD 평균 10%에 비해서는 매우 큰 편으로 나타나고 있다[45]

정부의 복지지출이 다양해지고 그 금액이 점점 증가하는 추세에 있

표 3-4 사회적 현물급여가 소득재분배 미치는 영향의 국제비교

	공표*	공표+현물	현물소득 반영 후 효과	
			한국	OECD평균
처분가능소득	2,682만원	3,083만원	15.0% △	29% △
지니계수	0.344	0.299	13.1% ▽	20% ▽
소득5분위배율	6.54	4.79	26.8% ▽	29% ▽
빈곤율	16.3%	11.9%	27.0% ▽	10% ▽

주: 한국은 2014년 가계금융복지 기준, OECD 27개국 평균은 2007년 기준소득.
자료: OECD(2011)는 Divided We stand 원자료, 한국은 가계금융복지조사를 이용하여 계산

그림 3-9 OECD 국가별 사회적 현물이전 반영 전(현금)과 후(현금+현물) 지니계수

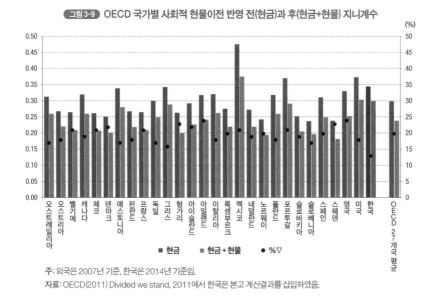

■ 현금　■ 현금+현물　● %▽

주: 외국은 2007년 기준, 한국은 2014년 기준임.
자료: OECD(2011) Divided we stand, 2011에서 한국은 본고 계산결과를 삽입하였음.

는 현 시점에서 어떤 서비스 정책이 어떤 형태로 가구소득을 지원하고, 그로 인해 국민 복지가 향상되고 있는지 측정하는 것은 매우 중요하다. 이미 영국, 미국, 호주, 스웨덴 등 선진국들은 다양한 방법으로 정부의 복지정책 효과를 측정할 수 있는 통계를 만들고, 그 통계를 바탕으로 정부정책을 평가하고 계획을 세우는 데 사용하고 있다. 그만큼 어느 정도의 예산을 어디에 사용할 것인가를 결정하는 데는 보다 객관적인 근거가 필요하고, 그 역할에 있어서 통계의 중요성이 강조되고 있다고 해도 과언은 아닐 것이다. 그런 관점에서 우리나라의 사회적 현물이전 측정과 관련한 연구를 한 단계 더 진전될 필요가 있다.

소득격차와
소득양극화의 의미

위에서 언급한 소득불평등의 수준과 변화의 방향 외에도 다른 어려움이 있다. 하나는 소득불평등 관련 개념이며 또 하나는 소득주도성장과 관련된 여러 가지 논쟁사항들이다.

먼저 소득불평등 관련 개념을 살펴보자. 현재 소득불평등과 관련하여 소득양극화나 소득격차라는 유사한 용어들이 동시다발적으로 사용되고 있어 혼란스러운 상황이다. 유사한 용어지만 의미하는 바가 다르면 정책방향도 달라질 수 있다. '양극화'라는 용어는 1980년대 초 유럽에서 중산층이 몰락하여 상류층과 빈곤층으로 이분화되는 현상을 우려하여 등장한 개념이다.

양극화 해프닝

참여 정부 초기부터 양극화의 개념이 주목을 끌게 된 것은 다음과 같은 해프닝이 있었기 때문이다. 2007년에 한 국책연구소에서 연구보고서가 발간되었는데 당시 유럽에서 사용하던 소득양극화 개념이 소개되었다. 양극화지수라는 개념이 우리나라의 통계자료를 사용하여 거의 처음으로 소개된 것이다. 양극화의 개념은 이미 소개한 바와 같이 중산층이 몰락하여 소득계층이 상류층과 빈곤층으로 이분화되는 의미로 사용하였고, 그 정도를 측정하는 소득불평등지수가 개발되자 이를 한국에 적용하여 계산한 것이다. 당시 그 보고서의 관련 요지는 '한국에 양극화지수를 측정하여 본 결과 외환위기 전후로 지니계수로 측정된 일반 소득불평등은 15% 정도 상승하였지만 새로 개발된 양극화지수로의 측정은 150%에서 250% 정도 증가하여 한국이 양극화는 심각하다'는 것이었다.

그러나 이는 확인 결과 계산의 오류였다. 새로 개발된 양극화지수는 계산이 까다로워 잘못 계산된 결과가 한국이 심각한 양극화의 국가로 되어 버린 것이었다. 따라서 참여 정부의 중요한 정책 슬로건이었던 양극화와 차별의 해소는 이러한 기원을 가진 것으로 볼 수도 있다. 이는 현 정부의 소득주도성장이 검증되지 않은 자료와 주장에 근거한 정책 방향인 것과 비슷한 양상이다. 10년의 시차를 가지는 두 주장은 상응하는 맥락이 있고 주장하는 사람들도 일정 부분은 겹친다고 볼 수 있다.

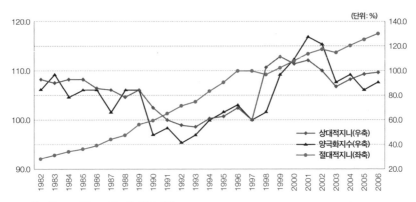

주: 모두 1997년을 100으로 지수화한 수치임.
자료: 통계청의 「도시가계조사」(각년도)에서 계산(2005년까지의 결과는 유경준(2007)에서의 원수치를 이용하였음)

지금 현재 분명한 것은 지니계수로 측정한 소득불평등이나 양극화
지수로 측정한 양극화의 추이는, 개념의 차이에도 불구하고 우리나라
든 외국이든 소득불평등과 소득양극화의 추이가 다르게 진행된 경우
는 실증적으로 찾기 어렵다는 점이다.

뿐만 아니라 2006년부터 2016년 사이의 지니계수(전국)와 양극화
지수인 올프슨지수(전국)와의 상관관계는 0.908로 그림3-10에서 보
는 바와 같이 변화 방향이나 정도가 매우 유사하다. 또한 1982년부터
2006년 사이의 두 지수(도시2인 가구 기준)의 상관관계는 0.84로 역시
변화 방향이나 정도가 매우 유사하다.

이는 대부분의 외국 연구에서도 확인된다. 즉 외국의 문헌에서도 지
니계수와 양극화지수는 실증적으로 차이가 미미한 것으로 나타나고
있다. Ravallion and Chen(1997), Zhang and Kanber(2000), Keefer

and Knack(2002)의 분석 결과, 모두 이론적으로는 지니계수와 극화지수가 다르지만 실증적으로는 차이점을 발견하기 어렵다고 언급하였다. 또한 양극화지수를 제안한 Wolfson(1994)과 Esteban, Gradin, and Ray(1999)의 추정결과도 양 지수가 유사하게 나타났다. 이들은 소득불평등도지수와 극화지수의 비교에 대해 직접적으로 언급하고 있지는 않으나, 이들 결과를 이용해 상관계수를 계산하여 보면 국가별로 차이는 있으나 전체는 통계적으로 거의 유사하다.

절대적 소득불평등이란

소득격차 해소는 과거 참여정부 때부터 소득양극화 해소와 개념적으로 거의 동일하게 사용된 것으로 사료된다. 또 한편으로 소득격차는 상대적 개념의 소득불평등과는 달리 부자와 빈자의 절대적 소득 차이로 사용하는 경우가 많다. 이 경우 양자의 정책 방향은 확연히 달라질 수 있다. 이는 정책의 방향은 맞으나 정책 수단과 우선순위 설정에 주의할 필요가 있다는 의미이다.

예를 들어 비정규직의 보호와 비정규직 축소를 위해 정규직 전환 확대도 필요하나 전체의 시각으로는 대기업과 공기업의 정규직의 과보호 해소를 위한 임금체계의 개선도 동시에 필요하다.

하지만 소득격차는 부자와 빈자의 소득 차이를 의미하는 뜻으로 이것이 소위 '절대적인 소득불평등'을 의미한다면 정책의 방향은 확연히 달라질 수 있다. 다음의 간단한 예를 통해 살펴보도록 하자.

다섯 가구로 구성된 한 사회의 소득분포 A=(1, 2, 3, 4, 5)가 있다. 이 사회의 총소득은 15로 최상위 20% 가구가 전체 소득의 5/15=33%를 점유하고 있다. 이 사회가 다음 해 B=(2, 4, 6, 8, 10)로 모두 두 배가 되었다고 하자. 이러한 변화는 관련된 경제 지표에 어떤 영향을 미칠까? 먼저 변화되지 않은 것은 상대적인 개념의 지수들이다. 상대빈곤율(중위소득의 50% 이하)은 둘 다 한 가구(20%)로 변함이 없다. 또한 5분위 배율이나 지니계수도 변함이 없다. 그럼 바뀐 것은 무엇일까? 전체소득이 15에서 30으로 두 배가 되어 성장률은 100%이며, 절대빈곤선을 2라고 한다면 절대빈곤비율은 20%에서 10%로 감소하였다. 또한 부자와 빈자의 소득격차도 4에서 8로 두 배 증가하였다.

그렇다면 A에서 B로 변화된 사회를 어떻게 볼 것인가? 혹자는 100% 성장하여 절대빈곤은 감소하고, 소득불평등은 불변이니 바람직하다 할 것이다. 반대로 소득격차가 두 배 되어 바람직하지 않다고 볼 수도 있다.

A 사회가 격차해소의 결과 C=(2, 2, 3, 3, 4) 사회로 변했다면 이는 바람직한 사회일까? 소득격차는 4에서 2로 절반으로 줄고, 빈곤자도 없고 소득불평등도 감소하였지만, 총소득은 15에서 14로 줄어 마이너스 성장을 하였다. 더 심한 음의 성장인 D=(0.5, 1, 2, 2.5, 3)보다는 나아 보이지만 C도 반대하는 사람이 많을 것이다.

고소득층의 표본을 개선한 통계청 가계금융복지조사에 따르면, 현재 우리나라는 2017년에 상위 20%의 가구가 전체소득의 40% 이상을 점유하고 있는 E=(1, 2, 2.9, 4, 7)의 소득분포를 보이고 있다.[46]

한편 그림 3-10에서 보듯이 우리나라의 소득불평등도의 변화는 상대적 지니계수와 절대적 지니계수가 상당히 다른 추이를 보이고 있다. 이는 각 지수의 이론적 특징에서 살펴본 바와 같이 절대적 지니계수는 상대적 지니계수에 평균소득이 곱해진 형태이기 때문에 경제가 성장하는 경우 일반적으로 증가하기 때문이다. 따라서 지니계수의 경우 그 개념이 절대적이냐 상대적이냐의 차이는 개념에서 오는 차이일 뿐만 아니라 실증적으로도 상당한 차이를 보이고 있다.

이에 대해 유명한 개발경제학자인 마틴 라발리온은 OECD 국가를 대상으로 성장을 하면 절대적 불평등은 증가함을 실증적으로 보여준 바 있다.(Martin Ravallion(2004)) 따라서 부자와 빈자의 절대적 소득격차는 성장속도가 빠른 경제에서는 빨리 확대되며, 반대로 쇠퇴속도가 빠른 경제에서는 빨리 축소되는 것이 일반적인 현상임에 유의할 필요가 있다. 전 세계적으로 ①성장은 빈곤감소의 기본적인 요인이고 ②소득분배의 개선을 동반하는 성장은 빈곤감소를 더욱 촉진하며 ③높은 소득불평등도는 빈곤감소를 저해한다는 명제가 성립한다(유경준 2008).

사람들은 소득불평등을 어떻게 생각할까

10년 전 우리나라 대학생들을 상대로 설문조사를 한 적이 있다. 설문 결과, 앞에 예로 든 소득분포 A에서 B로 변화한 것에 대하여 약 45%가 불평등이 증가했다고 답변하였다.[47] 우리나라 속담인 '사촌이 땅을 사면 배가 아프다'라는 정서가 조금 느껴지기도 한다. 같은 질문에 대해 외국은 50% 정도가 불평등 변화가 없다고 답하였다. 한편, A에서 모두 동일한 정도로 소득이 더해진 F=(2, 3, 4, 5, 6)에 대해 우리나라나 외국 모두 답변자의 60% 가량이 불평등이 감소한다고 답을 하였다.

이론적으로 다른 기반을 가진 각각의 소득불평등도 지수들이 실증적으로도 서로 다른 추이를 보인다면, 어떤 지수가 현실(일반 사람들의 생각)을 더 잘 반영하는지가 소득분배 관련 정책의 기준이 될 것이다.

앞서 언급한 여러 설문 결과는 불평등의 상대적 기준이나 절대적 기준으로 측정한 소득불평등도 모두를 단일한 정책지표로 삼기 어렵다는 점을 의미한다. 양극화지수와 상대적 지니계수는 비록 그 개념이 다르기는 하지만 실증적으로는 큰 차이가 없기 때문에 정책지표로서 굳이 구분할 필요가 없다. 그러나 상대적 개념과 절대적 개념의 소득불평등도는 국민의 다수가 동의하는 소득불평등도 해소를 위한 정책지표로 무엇으로 설정할지가 어렵다는 점을 의미한다.

설문의 결과와 실증적 추정을 모두 고려할 때, 우리나라는 고도성장의 결과 절대적 소득불평등도가 빠르게 증가하여 왔으며, 우리나라 국민들은 상대적 소득불평등보다는 이러한 절대적 소득격차의 증가에 대하여 더 민감하게 반응하고 있다는 점이 어느 정도 확인되고 있다.

따라서 소득불평등도가 지나치게 높아졌다는 인식에 따라 불평등도를 축소하는 정책을 실시할 경우, 상대적 소득불평등도를 축소하는 정책보다 절대소득격차를 축소하는 정책이 현 시점에서 더 많은 지지를 받을 것으로 판단된다. 그러나 동전의 양면처럼 절대적 소득격차를 지나치게 줄이고자 하면 성장의 속도가 저하되어 오히려 절대빈곤을 증가시킬 우려도 있다.

또한 지금까지 학계에 알려진 성장과 상대적 소득불평등도(분배)의 관계는, 소득의 경우 성장과 상대적 소득불평등도가 상호 간에 미치는 영향은 두 방향이 모두 일률적이지 않으나, 소득이 아닌 부의 경우 지나치게 높은 불평등도는 성장을 저해할 가능성이 있다. 따라서 소득불평등도의 악화는 성장과 빈곤을 동시에 저해하기 때문에 불평등 해소라는 정책은 항시 중요하다 할 수 있다.

중요한 것은 국가발전전략의 주 목표가 무엇이냐 하는 것이다. 우리나라는 꾸준히 빠른 속도로 성장하여 절대 빈곤이 빠르게 감소하였지만, 빠른 고령화의 진전과 부실한 사회 안전망으로 절반에 가까운 노령층이 빈곤(상대 빈곤)한 것으로 집계되고 있다. 또한 절대 빈곤도 아직 사라진 개념이 아니며, 추정 방법에 따라 전체 가구의 10% 이상이 절대 빈곤에 빠져 있다고 볼 수도 있다.

따라서 국가발전전략의 목표를 세계은행에서 강조하는 바와 같이 빈곤감소적 성장pro-poor growth에 두는 것이 바람직하다. 이는 포용적 성장과도 일맥상통한다. 이 전략은 빈곤감소 자체에 성장과 분배 모두가 중요한 역할을 하기 때문에 성장과 분배의 조화를 위한 결정요인을 찾는 과정과 유사하므로 성장과 분배에 관련된 불필요하고 소모적인 논쟁을 피할 수 있다. 결국 한 국가의 발전전략이란 그림 3-11에서 보는 바와 같이 성장과 분배의 조화를 통해 이루어진다. 이처럼 최종목표가 빈

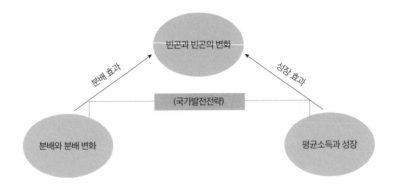

그림 3-11 성장·분배·빈곤의 삼각관계

빈곤과 빈곤의 변화

분배 효과

성장 효과

(국가발전전략)

분배와 분배 변화

평균소득과 성장

곤의 해소로 설정될 경우 성장과 분배가 필수적으로 동시에 고려되어야 할 것이다.

향후 소득불평등 정책방향

과거의 성장 경로로 볼 때 한국은 초기에 비하여 성장과 불평등이 동시에 높아진 E형 사회로 변화해 왔다고 볼 수 있다. 따라서 우리 국민의 인식을 충실히 반영한다면, 향후 성장을 줄이더라도 분배를 중시 여기는 F형 사회를 추구할 수 있을 것이다.

필자 역시 F형 사회로 순조로운 이행을 바란다. 다만 그 과정에서 지나치게 절대적 격차해소에 치중하면 우려되는 바도 있다. 포퓰리즘에 빠져 D형 사회로 몰락한 일부 남미 국가들과 같이 성장과 분배, 두 마리 토끼를 모두 놓칠 수 있기 때문에 이를 경계해야 할 것이다.

앞서 살펴본 바와 같이 소득불평등 변화의 원인은 경제 및 사회의 모든 현상과 관련이 있다. 따라서 소득불평등도의 변화에는 많은 요인들이 직간접적으로 영향을 미치기 때문에 그 원인을 찾아 치유하는 방법이 쉽지는 않다. 예를 들어 최저임금의 인상과 같은 한 가지에 몰두한다면 의도하지 않는 다른 변화를 동시에 야기시킬 수 있다.

그러나 소득격차의 심화는 경제·사회·정치적으로 매우 중대한 문제이며, 이에 대한 적극적인 해결책을 강구해야 하는 것은 정부의 책무이다. 특히 소득격차가 심한 국가일수록 계층 상승이동이 적게 나타나기 때문에, 빈부 격차의 심화는 계층 상승이동을 저해하는 요인으로 작용한다. 이탈리아, 영국, 미국과 같은 소득불평등도가 높은 국가에서는 세대 내 이동성이 적고, 소득분배가 상대적으로 균등한 노르딕 국가들에서는 이동성이 크게 나타난다(OECD, 2011).

또한 소득격차의 심화는 사회의 안정성을 약화시키는 가장 큰 요인으로 작용하여 심각한 사회갈등의 직접적인 원인과 장기적인 경제·사회 발전의 장애요인으로 작용한다. 기회 불평등의 결과는 결국 사회경제적인 성과에 영향을 미치게 되며 정치적인 불안을 야기하기도 한다. 이는 포퓰리즘, 보호무역론, 반세계화 정서를 심화시키고, 이득을 보는 소수의 집단만이 더 부유해진다는 생각이 팽배해지기도 한다.

다른 나라의 경우를 볼 때 기술진보와 개방화에 따라 소득불평등도의 확대는 피할 수 없는 상황이기 때문에 소득불평등도 개선을 위해서는 다음의 기초적인 정책이 다시 한번 강조되어야 할 것이다. ①평생교육·훈련제도의 확립을 통해 인적자본 투자를 지속적으로 높이고, ②일자리의 양만 아니라 질도 고려하여 고용률을 제고하며 ③빈곤층에 도움이 될 수 있도록 잘 조준된 세제 및 사회이전의 재분배 정책이 필요하다.

이와 더불어 우리나라에서 특히 강조되어야 할 점은 기술진보와 개방화에 대응하여 시장의 효율성과 형평성을 높이기 위한 공정거래원칙의 재정립이 필요한 상황이라 판단된다. 최근 우리나라에 공정, 경제민주화, 동반 성장 등의 문제가 제기되고 있다. 이는 개방화나 기술변화에 따른 산업구조변화 등에 대하여 어떠한 정책(제도와 규제)을 견지하느냐에 따라 소득불평등도 및 빈곤에 미치는 영향이 달라질 수 있는 상황에서 이 부분에 대한 정부의 올바른 판단과 역할을 기대하는 목소리가 높기 때문으로 여겨진다. 로버트 라이시Robert Reich 교수는 '수퍼 자본주의'super-capitalism 현상을 중산층의 약화와 소득 양극화의 요인으로 지목한 바 있다. 이는 공동체와 시민 일반의 이익을 대변해야 할 정치인들이 정치헌금과 로비 등의 이유로 기업 등의 이익을 과도하게 표출되고 있는 불공정한 사회를 지목한 것으로 해석할 수 있다.

마지막으로 앞의 내용을 표 3-5에서 외국과 우리나라를 비교를 통해 소득불평등 완화의 대책을 정리하면 다음과 같다.

표 3-5 소득불평등의 원인과 대책: OECD국가와 한국

소득불평등의 원인	내용과 외국의 실증분석 결과	한국의 경우	대 책
① 개방화 (globalization) (+/-) (산업구조변화)	· 무역과 FDI를 통해 (+) 또는 (-) · 국가별로 다르게 나타남	한국은 1990년대 이전에는(-), 1990년대 이후는 중국의 부상 및 수출과 고용의 관계 단절로 (+)	· 개방화의 피해 집단에 대한 안전망 구축
② 제4차 산업의 기술진보 (Technical Change) (+)	· 숙련편향적이기 때문에(+) · 개방화와 동시에 진행되기 때문에 양자의 분리는 어려움	한국은 수출주도형 성장 전략이었기 때문에 더 큰 영향을 받음 (+)	· 저소득층에 대한 교육 기회와 직업훈련 참여 확대
③ 정책과 제도 (Policies and institutions) (+/-)	· ①개방화와 ②기술진보에 어떻게 대응하느냐에 따라 달라짐. · 상품시장의 규제완화, 조세격차의 감소, 노동조합의 약화, 임금결정규조의 분권화(최저임금의 상대적 하락), 실업급여의 감소: 모두 고용증가의 효과로(-), 임금 양극화로(+) · 최저임금의 인상 · 고용보호수준 저하(고용+ or _, 임금양극화 +)	· 우리나라도 대부분 마찬가지로 파악됨. · 최근 임금양극화의 다소 개선에는 고용효과가 임금양극화 효과를 다소 압도한데 기인함 · 최저임금의 일정수준 인상은 불가피하나 지나친 인상은 취약계층 고용이 부정적이여 (-) · 2007년 비정규직법은 고용에는 별 다른 영향이 없었으나 임금양극화 감소 후 다시 증가 (+)	· 양질의 일자리 창출이 노력 · 최저임금과 저임금계층에 대한 ETIC이 확대로 정책혼합(policy mix) 필요 · 사회안전망 특히 고용안전망 사각지대의 지속적인 해소(자영업자, 특고 등) · 비정규직 차별시정
④ 고용과 실업의 효과(+/-)	· 불완전 고용과 비경제활동인구를 고려(+/-) · ③의 변화에 따라 고용증가에 따른 (+)효과와 임금소득양극화에 따른 (-) 효과	· 최근(-)	상동
⑤ 시장소득의 변화: 저축과 자본소득(+)	· 자본소득 전체소득의 7%이나 점차 비중이 증가하여 왔기 때문에(+) · 자영업자의 소득양극화 심화되었으나 자영업자 비중의 감소로 영향 없음(=)	· 우리나라도 마찬가지로 자본소득의 비중은 점차 커지고 있음 · 자영업자의 경우 그 비중이 점차 줄고 있으나, 최저 최저임금의 급격한 인상으로 구조조정 및 양극화 심화(+)	· 자본소득에 대한 과세 점검 · 자영업자의 생산성 향상과 전직을 위한 훈련기회의 확대: 사회안전망 확충

소득불평등의 원인	내용과 외국의 실증분석 결과	한국의 경우	대 책
⑥ 가구구조의 변화와 구성원의 관계(+/-)	· 고령화와 핵가족화에 따라(+) · 고임금끼리 결혼비중증가 (assortive matching) 증가로 (+) · 여성의 고용증가는 소득양극화(-)	· 한국도 마찬가지임.	· 비정규직, 특히 단시간 근로에 대한 활성화와 보호 대책 필요
⑤ 시장소득의 변화: 저축과 자본소득(+)	· 자본소득 전체소득의 7%이나 점차 비중이 증가하여 왔기 때문에(+) · 자영업자의 소득양극화 심화되었으나 자영업자 비중의 감소로 영향 없음(=)	· 우리나라도 마찬가지로 자본소득의 비중은 점차 커지고 있음 · 자영업자의 경우 그 비중이 점차 줄고 있으나, 최저 최저임금의 급격한 인상으로 구조조정 및 양극화 심화(+)	· 자본소득에 대한 과세 점검 · 자영업자의 생산성 향상과 전직을 위한 훈련 기회의 확대: 사회안전망 확충
⑥ 가구구조의 변화와 구성원의 관계(+/-)	· 고령화와 핵가족화에 따라(+) · 고임금끼리 결혼비중증가 (assortive matching) 증가로 (+) · 여성의 고용증가는 소득양극화(-)	· 한국도 마찬가지임.	· 비정규직, 특히 단시간 근로에 대한 활성화와 보호 대책 필요
⑦ 조세와 이전 지출(+/-)	· 이전급여의 지불관행과 관대함이 변하여(+) · 근로조건부 급여의 전황에 따라 저소득 증가로 시장소득불평등도 확대하여(+) · 소득세를 낮추고 누진적인 체계로 이행하여 상쇄(=) · 고소득층의 확대에도 불구하고 조세의 역할은 미진 · 오히려 역진적인 사회보장분담금의 구조는 재분배에 별 다른 역할을 하지 못함(=)	· 한국은 이전지출의 확대로 시장소득과 가처분소득의 불평등도 차이는 확대되고 있음(-) · 한국도 고소득의 소득점유비중이 증가하고 있으나 세제 정비는 아직 미흡하여(+) · 취약계층근로자에 대한 사회보험료 감면 도입(-)	· 이전지출의 우선순위 정하여 확대 · 비과세 감면의 축소 등 소득세제 정비를 통한 재분배 정책 확립 · EITC 도입으로 (-) 가능성
⑧ 정부사회서비스 지출의 변화	· 교육, 보건, 돌봄, 주거, 육아 등에 대한 정부 지출을 의미 (평균 13%) · 전체 소득양극화의 1/5을 개선하는 것으로 추정되고 있음 · 2000대 들어 별 다른 변화가 없음(=)	· 우리나라는 이 항목의 분배효과가 알려진 것이 없으나 비중은 낮은 편(8%) · 하지만 정부의 공공서비스 지출의 증가하면 양극화는 개선 (-)	· 지출의 확대 및 효율적 지출을 위한 한국의 상황 파악이 우선

4장

노동소득분배율과
소득주도성장

노동소득분배율(labor share, 간략히 노동분배율)은 국민소득 중에서 노동소득이 차지하는 정도를 나타내는 지표다. 즉, 근로자가 받는 보수와 사용자의 영업잉여를 모두 합한 금액에서 근로자가 받는 보수가 차지하는 비중을 말한다.

이렇게 명확한 정의에도 불구하고 분자인 노동소득과 분모인 국민소득의 계산에 있어 무엇을 사용하느냐에 따라 전혀 다른 노동분배율이 나올 수 있다. 따라서 노동소득분배율은 이 분야 전문가라 해도 쉽지 않은 주제이다. 또한 분자와 분모는 모두 국민계정national account으로부터 계산되어 나오기 때문에 복잡한 국민계정의 내용을 세밀하게 파악하지 못하면 잘못된 방향으로 나아갈 수 있다. 이는 최근에 많은 실증 분석 연구가 진행되고 있는 외국의 경우도 마찬가지이다.

원래 노동소득분배율은 장기적으로 일정하여 변하지 않는 것으로 알려져 왔다. 이 점은 적어도 1980년대까지는 정형화된 사실로 받아들여졌는데, 19세기와 20세기의 영국의 자료를 이용한 20세기 초반 보울리에 의해 실증적으로 확인되어 보울리의 법칙Bowley's law으로 불리기도 했다.

이후 경제학자 폴 더글라스Paul Douglas가 미국의 노동분배율에 있어 유사한 발견을 했고, 수학자인 콥Charles Cobb과 함께, 노동과 자본 사이의 기능적 소득분배는 일정하다는 가정 하의 경제모형인, 유명한 콥-더글라스 생산함수Cobb-Douglas production function를 개발하는 데 활용되기도 하였다. 하지만 이러한 노동소득분배율의 일정함에 대해 케인즈는 "다소 기적적(a bit of a miracle)"이라 언급한 적이 있으며, 노벨 경제학상 수상자인 로버트 소로우Robert Solow는 실증적 신뢰성에 의문을 제기한 바 있다 (La Marca and Lee, 2013).

이와 더불어 최근에 이르러서는 여러 연구자의 연구논문과 OECD (2012), 국제노동기구ILO(2013)와 같은 국제기구 등에서 전 세계적으로 1980년대 초반부터 노동분배율의 하락을 동시에 지적한 바 있다.

우리나라의 경우 문재인 정부의 경제 철학의 기반이 된 소득주도성장(income-led-growth)도 노동소득분배율의 하락이라는 문제 제기로부터 출발한 것으로 볼 수 있다. 즉 노동소득분배율의 하락은 노동의 몫보다는 자본의 몫으로 더욱 많이 분배되어 나타나는 현상이라는 자본과 노동의 이분법에 기초한 것이다. 더불어 한국의 소득불평등이 나빠진 이유도 역시 국민소득에서 부자인 자본가가 노동자보다 더 많은 몫을 가져가게 되어 발생한 현상이라는 주장이다.

이렇게 최근의 국내외 논의는 대부분의 국가에서 최근 노동소득분배율이 하락하고 있다는 점이 부각되고 있다. 이는 전 세계적인 현상으로 받아들여져서 자본소득분배율이 높아짐에 따라 OECD의 대부분 국가들의 노동소득분배율이 하락하고 있다는 주장들이 많아졌다. OECD는 회원국들의 노동소득분배율 중위 값이 1990년대 초 66.1%에서 2000년대 말 61.7%로 약 4.4%p 하락(OECD, 2012, 2장 참조)하였다고 보고하였다.

그러나 향후 분석해 보겠지만 나는 한국뿐 아니라 외국도 마찬가지로 최근 수십 년 동안 노동소득분배율이 하락되었다는 실증적인 근거 자체가 모호하다고 생각한다. 이는 노동소득분배율의 정의가 다양할 뿐 아니라 수집되는 통계치들도 매우 복잡하기 때문에 노동분배율 계산에 사용되는 정의가 무엇이고, 그 정의가 무엇을 포괄하느냐에 따라 다른 노동분배율을 제시될 수 있기 때문이다.

간단한 예를 들면, 국민계정의 통계를 담당하고 있는 한국은행에서 제시하는 우리나라 공식 노동소득분배율의 추이는 과거로부터 별로 하락한 적이 없다. 한국은행의 노동분배율은 외환위기 이후 정체되었다가 2010년 이후 최근에는 오히려 상승하고 있다. 반면, 전 세계적으로 선진국의 노동분배율이나 문재인 정부 정책의 기반이 된 우리나라 노동분배율은 수십 년 동안 하락하고 있다는 주장이다. 왜 그런 것일까?

실증적으로나 학문적으로 좀 더 신중한 주장과 근거는 올바른 정책의 실행을 위해 항상 필요하다. 이 장에서는 노동소득분배율이라는 매우 어려운 논의를 가능한 쉽게 이야기해보고자 한다.

우리나라 노동소득분배율의 한계

우리나라 노동분배율 기본 통계는 한국은행에서 제공하고 있다. 이는 우리나라의 국민계정의 생산을 한국은행에서 담당하고 있기 때문이다. 국민계정은 소득의 창출 과정과 소득을 분배하고 처분하는 과정, 그리고 처분하고 남은 자본을 축적하는 과정을 기록하는 것이다.

노동소득분배율은 앞서 정의한 바와 같이 국민소득 중에서 노동소득이 차지하는 비중이다. 국민소득은 추계 방법에 따라 생산국민소득, 분배국민소득, 지출국민소득으로 나누어진다. 이와 같이 국민소득을 만들고(생산), 나누고(분배), 사용하는(지출) 세 가지의 양은 항상 모두 같아야 하는데, 이를 '국민소득 삼면 등가의 원칙'이라 한다.

통상 생산계정과 지출계정을 계산하고 분배계정은 잔차(나머지)로 처리하여 맞추는 식으로 처리를 한다. 노동소득분배율이 소득분배와 관계되는 것은 분배계정인데, 다른 계정을 이용하여 노동분배율을 계산하면, 엄밀한 정의와 통계의 사용에 혼란이 생길 수 있다. 이는 최근에 삼면 등가의 원칙 자체가 흔들리는 일이 발생하는 데서 기본적인 설명이 가능하다.

가까운 일본의 경우 2016년에 흥미로운 논쟁이 벌어졌었다. 일본의

GDP 국민계정은 한국과는 달리 일본은행이 아닌, 내각부 산하 경제사회종합연구소에서 공식적으로 담당을 하고 있다. OECD 대부분의 국가에서 그러하듯이 일본도 정부 부처에서 담당하고 있는 것이다. 일본 정부에서는 생산계정을 기준으로, 2014년의 일본 경제성장률이 0.9% 마이너스 성장이라고 발표하였는데, 그 뒤 일본은행이 2.4% 성장했다고 기존 발표를 뒤집은 일이 발생한 것이다. 이 차이는 일본의 2014년 국내총생산(GDP)이 525조 엔이냐 556조 엔이냐의 차이로 금액으로는 31조 엔(약 336조 원), 성장률로는 3.3%포인트 차이가 나는 어머어마한 규모이다.

여기서 이 차이의 기본적인 이유가 일본 국민계정 통계의 생산을 생산의 측면에서 한 것이냐 분배의 측면에서 한 것이냐는 논쟁이었다. 즉 이론적으로는 국민소득 삼면 등가의 원칙이 당연히 성립하지만 실제 통계를 집계하여 보면 그 결과가 확연히 차이날 수 있다는 것이기 때문이다.

생산계정과 분배계정으로 측정한 국민소득이 차이가 나는 가장 기본적인 이유는 예로 든 아래 기사에서 이야기하는 것과 같다. 이는 과거의 방식대로 가계의 소비와 기업과 정부의 투자지출을 이용하여 추정할 것이냐 아니면, 국세청의 세금자료와 같이 기존에 이용하지 않던 새로운 최신자료를 이용할 것이냐의 차이로 볼 수 있다. 이와 같은 문제는 세무자료와 같은 최신 자료와 IT기술의 발전에 따른 인터넷 거래 등 공유경제를 반영한 GDP의 측정과 더불어, 현재 전 세계적인 관심사이기도 하다. 향후 빅데이터 시대의 도래와 함께 GDP 측정 방식은 변화되어야 하고, 변화될 것이 틀림없다.

일본의 경제성장률이 다르게 발표된 이유는?

일본 내각부는 2014년 GDP를 525조 엔으로 산출했고 일본은행은 556조 엔의 시산(試算) 값을 얻었다고 했다. 금액으로는 31조 엔(약 336조원), 성장률로는 3.3%포인트 차이. 이는 일본 GDP의 5.9%에 해당하며 싱가포르 GDP 2946억 달러(약 327조원)와 맞먹는 규모다. 통계적 오차라고 하기에는 차이가 지나치게 크다.

내각부의 경우 가계의 최종 소비와 민간 기업의 설비투자 등을 더한 지출 통계를 기준 값으로 삼는다. 이후 생산 통계를 낸 뒤 임금·세금·영업잉여금 등을 합한 분배 값을 보정해 생산 값과 같게 한다. 이후 생산 값을 보정해 지출 통계에 맞춘다. 그런데 일본은행 보고서는 지출·생산을 배제하고 분배 측면만 따로 분리했다. 분배를 구성하는 세부 항목을 현실에 맞게 재조정했다. 내각부가 그동안 분배를 일종의 보조 통계로만 활용해왔기 때문에 현재 경제 상황을 잘 반영하지 못한다는 게 보고서 주장이다. 보고서는 국세청의 세무 데이터를 활용했다. 납세 의무가 있는 개인·법인의 소득 통계가 모두 잡히며 자신

의 소득과 세금을 과다 신고하는 경우가 희박하기 때문에 수치가 부풀려질 염려가 적다는 것이 그 이유다.

현실 경제를 잘 반영하기 위한 여러 방법으로 GDP를 산출해 보려는 노력은 건강한 시도이다. 하지만 GDP는 어디까지나 추계(推計) 통계다. 한 나라의 개인과 기업·정부 등 모든 경제주체의 활동 하나하나를 한 통계에 오롯이 담아내는 일은 사실상 불가능하다.

– 중앙일보, 2018년 8월 12일 [똑똑한 금요일] 기사에서 요약

더불어 GDP가 물질적인 지표로 삶의 질의 반영하기에는 한계가 있다는 논의도 끊이지 않고 있다. 노벨 경제학상을 받은 조셉 스티글리츠Joseph Stiglitz 컬럼비아대 교수는 '생산에만 치우친 GDP는 불완전한 통계며 소득·소비를 중심으로 한 가계의 삶의 질을 측정하는 지표로 재편할 필요가 있다'고 주장한 바 있다. 실제로 삶의 질 측정을 위해 GDP 외의 많은 대안 지표들이 제시되기도 한다.

이러한 점을 염두에 두고 한국은행에서 제공하는 한국의 노동소득 분배율 정의와 추이를 살펴보면 다음과 같다. 이 정의는 근로자가 받는 보수와 사용자의 영업잉여를 모두 합한 금액에서 근로자가 받는 보수가 차지하는 비중을 말한다. 그런데 분자와 분모에 사용되는 피용자 보수는 자영업자를 제외한 임금 근로자만의 피용자보수를 의미하며, 분모에 사용되는 영업잉여는 자영업자의 사업소득을 모두 영업잉여에 포함하고 있다.[48]

$$\text{한국은행 노동소득분배율의 정의} = \frac{\text{피용자보수}}{\text{피용자보수} + \text{영업잉여}}$$

이렇게 측정한 노동분배율은 그림 4-1에서 보는 바와 같이 1990년 대까지 꾸준히 증가하였으며, 2000년대 들어 정체를 보이기는 하지만 대체로 증가하는 모습이다. 한국은행의 발표에 따르면 우리나라의 노동소득분배율은 2010년 58.9%에서 지난해 63.8%까지 높아졌다. 따라서 이 발표대로라면 현 정부가 추진하는 소득주도성장 정책의 근거인 노동소득분배율의 하락은 근거가 없다. 어떻게 된 일일까?

이 의문에 대한 포괄적인 답은 아니지만 한국은행의 노동소득분배율 산식은 부분적으로 한계도 있다. 이는 자영업자의 노동소득이 분자에서 빠짐에 따라 노동소득분배율의 수준 자체를 낮게 하고, 다른 조건이 일정할 때 자영업자의 소득이 감소하는 추세라면 노동소득분배율이 커지는 추세로 계산된다.

그림 4-1 한국의 노동소득분배율의 변화 추이(한국은행)

이를 보완하기 위하여 국내외 학자들은 자영업자의 영업잉여를 '노동소득과 자본수익의 혼합'이라는 의미로서 혼합소득mixed income으로 분리한다. 그러나 이제까지는 혼합소득 항목의 통계가 별도로 제공되지 않았기 때문에 자영업자 영업잉여의 절반을 노동소득으로 간주하거나,

$$(①안 \quad \frac{\text{피용자보수} + \text{자영업자영업잉여} \times 0.5}{\text{총부가가치}})$$

자영업자의 노동소득이 임금 근로자 소득과 동일하다고 가정하거나,

$$(②안 \quad \frac{\text{피용자보수} \times \dfrac{\text{취업자수}}{\text{임금 근로자수}}}{\text{총부가가치}}),$$

아예 임금 근로자만을 대상으로 노동소득분배율을 계산하기도 하였다.

$$(③안 \quad \frac{\text{피용자보수}}{\text{총부가가치} - \text{자영업자영업잉여}})$$

이러한 변형된 노동분배율 산식을 이용하여 계산하는 경우, 그림 4-2에서 보는 바와 같이 우리나라의 노동분배율은 지난 수십 년 동안 꾸준히 감소한 것으로 나타난다.

이러한 산식은 우리나라뿐만 아니라 국제노동기구나 OECD, 세계은행 등 국제기구와 외국의 유명한 학자들의 연구에서도, 계산의 간편함과 더불어, 자영업자의 근로소득을 고려했다는 측면에서 흔히 사용된

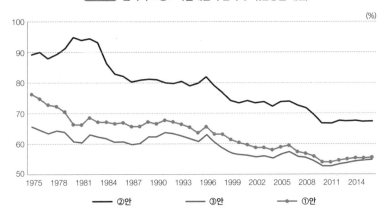

그림 4-2 한국의 노동소득분배율의 변화 추이(변형된 계산)

(%)

```
100 ┤
 90 ┤
 80 ┤
 70 ┤
 60 ┤
 50 ┤
    └─┬────┬────┬────┬────┬────┬────┬────┬────┬────┬────┬────┬────┬
    1975 1978 1981 1984 1987 1990 1993 1996 1999 2002 2005 2008 2011 2014
```

──── ②안   ──── ③안   ─●─ ①안

다. 또한 일부 국제기구에서는 노동분배율의 계산에 (1-자본분배율)의 산식을 사용하기도 한다.[49] 이러한 산식은 현 정부가 소득주도성장이라는 가장 핵심적인 공약을 세우는 기반이 되기도 하였다.

하지만 이러한 산식들을 사용하는 경우에도, 2010년 이후에는 노동분배율이 떨어진 적이 없는 것으로 나오고 있어 노동분배율의 지속적인 하락으로 소득주도성장을 추구해야 한다는 근거는 역시 빈약하다.

소득주도성장의 기반이 된 논문들에서도 위와 유사하게 수정된 노동분배율 정의를 이용하여 노동분배율을 계산하고 있다. 이러한 방식의 사용은 단순히 한국은행의 노동소득분배율이 자영업자의 노동소득을 반영하지 못하여 노동분배율이 1970년대 이래 지속적으로 상승하고, 외환위기 이후에도 그다지 하락하지 않았다는 이유이다.[50]

하지만 노동분배율의 계산에서 한국은행 정의와 변형된 정의에 있어 가장 큰 차이점은 고정자본소모consumption of fixed capital[51]라는 항목을 분모의 계산에 포함하느냐의 여부이다. 즉, 변형된 정의에서는 노동분배율 계산에 있어 분모를 한국은행과 같이 요소비용 국민소득(피용자보수＋영업잉여)을 사용하지 않고, (GDP－순생산물세)를 사용함에 따라 명시적으로 고정자본소모를 자본소득에 포함시켜 사용하여 계산하고 있다.

이러한 계산법은 이미 언급한 바와 같이 노동분배율의 계산에서 일부의 한계(자영업자 노동소득의 분리)를 극복했다는 측면에서 그럴듯하게 보이지만, 실은 치명적인 함정이 있다. 이는 우리나라에서 뿐만 아니라 외국의 경우도 마찬가지이다.

고정자본소모는 현재 수준의 생산활동을 유지하기 위해 언젠가는 지출해야 할 부분이므로, 총생산보다는 본래의 기계 가치를 그대로 유지하면서 새로이 생산한 부가가치 즉, 순생산을 고려할 시에 더욱 의미가 있다. 이를 국민계정을 통해 좀 더 살펴보면 다음과 같다.

총생산액은 중간투입액을 차감한 총부가가치를 의미하고, 순생산액은 총부가가치에서 고정자본소모를 뺀 순부가가치이다. 즉 국민총생산 GDP은 국민순생산NNP에 고정자본소모를 더한 것이다.

순생산액＝총생산액(산출액－중간투입액)－고정자본소모

최근 들어 총생산에서 감가상각의 비중은 점차 커지고 있다. 그 이유는 자본재의 마모와 노후화가 더욱 빨리 진행되고, 자본스톡의 구성에서 감가상각이 빠른 자산으로 변화하고 있기 때문이다.

이 고정자본소모를 국민계정에서 어디에 포함하여 계산할 것인지에 대해 과거에는 중간소비로 처리했지만 2008년부터 그 기준이 바뀌었다. 즉, 2008년 국민계정의 기준(Standard National Account, SNA)에서는 연구개발비 스톡과 같은 지적재산품목을 자본의 한 부분으로 포함하였다. 이는 자본의 생산능력을 좀 더 온전히 유지하기 위해서는 좀 더 많이 그리고 자주 대체투자가 필요하게 된 것이다. 달리 말하자면, 생산측면에서 자본분배율의 증가(노동분배율의 감소)는 과거보다 장래 대체투자를 위한 소득이 더 필요해졌기 때문이다.

2008년 표준국민계정(SNA) 고정자보소모 회계 기준의 변경

그동안 연구개발비 지출과 전투기와 군함 등 무기, 오락 및 문학작품 등 예술품 원본은 중간소비로 처리되어 왔다. 새 기준은 이를 총고정자본형성으로 처리하도록 변경했다. 연구개발비를 고정투자로 처리하도록 하는 것이 2008년 SNA의 핵심이다. 연구개발비는 1년 이상의 기간 동안 생산 과정에 반복적으로 사용된다는 측면에서 고정자산 성격을 지님에도 종전에는 이를 당기의 중간소비로 분류해 왔다.

새 기준에 따라 연구개발비를 고정투자로 처리하게 되면 고정투자 처리액만큼 GDP가 증가하게 된다. 종전 연구개발비 지출액을 중간재 비용으로 각 산업 산출액에서 차감하던 것을 더 이상 빼지 않게 돼 각 산업의 부가가치가 커지는 것이다.

(뉴시스 2013년 12월 23일 기사의 일부)

따라서 노동소득분배율을 편협하게 보지 않으려면 다음의 두 가지 접근을 모두 고려해야 한다. 특히 미래를 위한 투자인 고정자본소모(감가상각)의 자본으로만 분류한다며 감가상각의 증가에 따른 노동분배율의 하락을 자본가가 노동자의 몫을 빼앗아 간다는 주장을 향후 지속적으로 하게 될 것이다.

다시 말하면 노동소득분배율은 일차적으로 국민계정을 생산계정으로 측정하느냐 소득계정production or income-based perspectives으로 측정하느냐에 따라 다른 결과를 초래할 가능성이 농후하므로 세분화된 접근이 필요하다. 더불어 노동분배율은 고정자본소모의 포함여부뿐만 아니라 다음의 측면에서도 그 정의와 기준에 많은 쟁점과 함정이 있다.

매우 복잡한 논의이지만 간략히 설명하면 표 4-1과 같이 정리할 수 있다. 이 역시 생산 측면으로 접근하느냐 소득(분배) 측면으로 접근하느냐에 따라 기본적으로 결정된다.

먼저, 생산 측면의 접근에서는 공공부분이나 금융서비스의 항목은 제외하는 것이 원칙이나 통상의 노동분배율 생산 측면의 계산에서는 그렇게 세심하게 하고 있지 않다. 소득 측면에서는 대상이 아니기 때문에 자연스럽게 제외된다. 또한 생산 측면에서는 생산에 대한 세금은 포함하고 보조금은 제외하는 생산자 측면에서 계산되어야 하며, 소득 측면에서는 소비자 입장에서 생산과정과 생산물에 부과된 세금은 포함하고 보조금은 제외된 시장 가격으로 계산하는 것이 일반적이지다. 하지만 노동분배율 계산에서 이 점을 고려하여 엄밀하게 계산되는 경우는 찾기 쉽지 않다.

표 4-1 생산 측면과 소득 측면에서 노동소득분배율 기준

요소	생산 측면	소득 측면
가격	기본가격(생산에 대한 세금을 포함하고 보조금을 제외, 생산자 측면)	시장가격(생산과 생산물에 세금을 포함하고 보조금을 제외, 소비자의 측면에서)
자가임대소득	제외	포함
감가상각	포함	제외
공공부분	제외하는 것이 원칙	해당 없음
금융서비스	제외하는 것이 원칙	해당 없음

　　마지막으로 자기주택에 대한 임대소득의 경우 생산 측면에서는 제외하지만 소득의 측면에서는 포함을 하는 것이 원칙이다. 자신의 집에 사는 것도 남의 집에 사는 것처럼 임대료를 부과하는 것이 소득 측면에서는 맞는 개념이기 때문이다. 특히 우리나라의 경우 1980년대 이후 부동산 버블이 의제된 주택의 임대소득(자가에 대한 평가액)을 높였다고 할 수 있다. 생산 측면에서만 접근하면 주택가격상승의 의한 노동분배율의 변동은 과소평가될 수 있을 것이다.

　　위와 같은 관점으로 볼 때 지금까지의 노동분배율은 대부분 생산계정을 바탕으로 계산하였으나, 노동소득분배율과 소득불평등의 관계 즉, 노동의 몫과 자본의 몫에 대한 변화 추이를 살펴보기 위해서는 소득의 측면에서 노동소득분배율의 변화를 심층적으로 분석하는 것이 명백히 필요하다.

노동소득분배율과
소득불평등

소득 측면의 노동소득분배율의 변화가 크지 않다는 점은 소득불평등도가 증가한다는 점과 불일치하는 것은 아니다. 즉 노동소득증가율이 자본소득증가율과 동일하더라도 임금소득불평등은 증가할 수 있다. 이는 자본소득이 저소득층의 임금상승보다 더 빨리 증가하는 경우나, 부의 분포가 매우 불균등한 경우 더 심각해질 수 있다.

노동소득분배율이라는 기능적 소득분배에 관심이 커지는 이유는 기능적 소득분배가 가계 간 소득과 소비를 결정하는 상류이기 때문으로 볼 수 있다. 즉, 노동소득분배율이 적어지고 적어진 노동소득 분배 중에서도 저소득가구에 가는 노동소득이 줄었기 때문에 소득분배가 나빠졌다는 생각이다. 그러나 노동소득분배율은 앞서 이야기한 바와 같이 측정상 많은 문제점이 있고, 일정한 노동소득분배율 아래에서도 소득불평등은 변화할 수 있기 때문에 추가적인 주의가 필요하다. 예를 들어 한국의 2016은 노동분배율은 상승하였으나 소득불평등은 증가하였다.

전반적인 경우는 그림 4-3에서 보는 바와 같이 우리나라의 노동소득분배율과 지니계수로 측정된 소득불평등은 음의 상관관계를 보이고 있다(상관계수 -0.804). 또한 그림 4-4에서와 같이 노동분배율 하락과 소득불평등의 증가는 유의한 상관관계를 보이기도 하지만, 그림 4-5와 같이 노동소득분배율의 변화와 소득불평등의 변화는 상관관계가

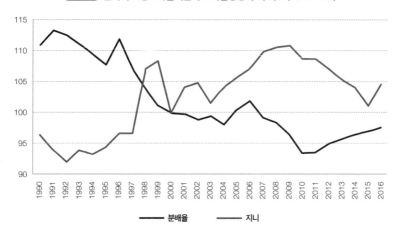

그림 4-3 한국의 노동소득분배율과 소득불평등 추이 비교 (2000=100)

주: 지니계수는 도시 2인 가구 이상을 의미하며, 노동소득분배율은 자영업자를 제외한 법인부분만을 대상으로 계산된 것임(2000년을 기준으로 함).
자료: 통계청의 가계동향 각년도와 본고 3장 참조

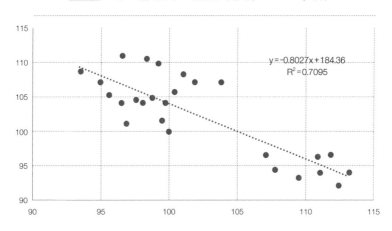

그림 4-4 노동소득분배율과 소득불평등의 관계 (1990~2016, 지수)

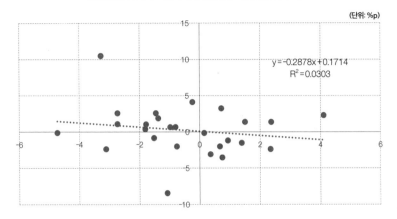

그림 4-5 한국의 노동소득분배율과 소득불평등 변화 비교

(단위: %p)

y=-0.2878x+0.1714
R²=0.0303

크지 않는 것으로 나타나고 있다(상관계수 −0.184). 즉 상관관계는 크지만 노동분배율과 소득불평등의 방향이 직접적으로 연관되었다는 실증적인 증거는 크지 않다는 것이다.

최저임금과 노동소득분배율, 소득주도성장

현 정부의 소득주도성장은 저임금을 기반으로 한 투자 증가와 수출 증가를 통해 성장하던 성장 모형이 더 이상 작동하지 않는다는 생각에서 나온 것이다. 이는 임금의 역할을 중시하는 국제노동기구ILO의 임금주도성장wage-led growth론의 한국 버전이다. 기존에 임금은 노동의 비용으로 여겼지만 임금주도성장에서는 비용일 뿐 아니라 투자와 순수출과 더불어 소득 증가의 기제로 중시 여긴다. 따라서 임금상승이나 그에 따른 노동분배율의 증가 투자의 감소와 수출의 감소를 상회하여 소득 증가의 역할을 충분히 한다는 논지이다.

또한 공급 측면에서는 효율임금가설efficiency wage theory과 같이 임금상승이 생산성의 증가를 유도한다는 점을 강조하고 있기도 하다. 효율임금가설은 시장균형 임금보다 높은 수준의 임금을 지급하면 근로자의 노동생산성을 높일 수 있다고 보는 이론이다. 생산성이 임금을 결정하는 것이 아니라 임금이 생산성을 결정한다고 본다. 즉, 효율임금이론은 근로자에게 높은 임금을 지급하면 이직률이 낮아지고, 근로 열의가 높아지며, 우수한 근로자를 채용할 수 있다는 것이다.[52] 그러나 경제학에서 지적하듯이 모든 기업이 그러면 시장 자체가 작동될 수 없으므로 효율임금가설은 장기적으로는 지속되기 어려운 한계가 있다.[53]

국제노동기구의 임금주도성장의 논리 전개(특히 임금이나 노동분배율의 상승이 생산성의 증가를 견인한다는 부분)도 이러한 효율임금가설과 유사한 맥락이 있다. 이론적 배경의 공고함이나 실증 분석에서 인과관계의 입증 여부를 떠나 임금주도성장은 지나친 분배의 악화가 성장을 저해한다는 측면에서 그동안 소홀히 한 분배의 중요성을 강조한다는 의미로 볼 수도 있다.

그러나 소득주도성장의 배경이 되는 노동소득분배율 통계 역시 적용과 해석에 있어서는 매우 신중해야 한다. 이는 앞서 언급한 노동분배율 정의 문제를 별도로 하더라도, 자영업자 비중이 25%로 외국에 비하여 매우 높은 우리나라의 현실 때문이다. 노동소득분배율은 창출된 총소득 중 노동에 귀속된 몫의 비중을 뜻한다. 그런데 자신의 노동과 자본을 동시에 투입하여 생산활동을 하는 자영업자는 총소득 중 노동에 귀속되는 몫이 얼마인지를 구분하기가 어렵다. 따라서 노동분배율은 자영업자의 소득을 자본과 노동에 어떻게 배분하느냐에 따라 그 크기가 달라진다. 현재 노동분배율의 공식통계처럼 사용되는 한국은행통계는 자영업자의 소득을 모두 자본소득으로 취급한다. 그 결과 지난 십수 년 동안 노동분배율 수준은 왜곡되고, 변화는 하락이 아니라 개선되고 있는 것으로 나타나고 있다.

또한 현 정부의 소득주도성장은 자영업자 비중이 큰 한국의 현실을 반영하여, 자영업자를 포함하는 분배 개선 정책이다. 그러면 당연히 자영업자가 포함된 새로운 노동소득분배율을 이용하여 분배율 상승이 성장이나 생산성 향상을 견인한다는 증거가 있어야 할 것이다.

나아가 소득주도성장이 현 정부의 또 다른 핵심정책인 일자리 창출에도 긍정적인 영향을 주는지도 확인될 필요가 있다. 이는 임금주도성장을 주창하고 있는 국제노동기구에서도 조심스럽게 다루는 부분이다.[54] 임금주도성장론을 포괄하고 있는 국제노동기구의 책에서 임금(노동분배율)의 상승과 일자리 창출과의 관계는 거의 다루고 있지 않다.

이를 조금이라도 언급하는 글[55]에서는 친노동정책(임금과 노동소득분배율의 증가로 대변)이 생산성의 증가나 총수요의 증가에 긍정적일지라도 일자리 창출에는 긍정적이지 않을 수 있다고 언급하고 있다. 나아가 이러한 충돌을 피하기 위해서는 친노동정책이 시행되더라도 반드시 확장적인 통화정책이나 재정정책을 동반해야 한다고 강조하고 있기도 하다.

따라서 현재까지 자영업자를 포함하는지와 상관없이, 임금주도성장이 고용에 어떤 영향을 주는지에 대한 증거는 국내외적으로 제시되지 못하고 있다. 또한 노동분배율을 높이면 소득불평등이 개선될 가능성이 있지만, 앞서 언급한 바와 같이 노동분배율은 개선되나 소득불평등은 나빠지는 반대의 경우도 얼마든지 발견된다. 노동분배율은 임금으로 대표되는 개인소득의 증가나, 소득불평등은 가구로 대표되는 개념이므로 임금 근로자가 아닌 무직이나 실직인 빈곤층의 소득 개선이 동반되지 않으면 개선되기 어렵기 때문이다.

정부가 소득주도성장의 시행을 위해 가장 먼저 한 것은 최저임금의 급격한 인상이다. 집권 후 2017년에 16.4%, 2018년에 10.3%를 인상하고, 주휴수당의 지급과 최저임금의 산입범위를 확대하였으니 가히 가장 대표적인 정책이자 비정규직 제로와 함께 정책의 출발점이라 할 수 있다. 그럼 소득불평등과 고용 변화로 대변되는 정책의 결과는 어찌되었을까?

먼저 소득분배를 보면 앞에서 살펴본 바와 같이 2017년과 2018년에 급격히 악화되었고 2019년에는 보합세를 나타내고 있다. 2016년에는 전 정부에서 추진하였던, 기초노령연금의 지급으로 대변되는 공적 부조의 기저효과가 사라졌다. 또한 제조업 구조조정의 시작과 경기부진으로 노인층을 중심으로 한 취약계층의 고용증가 추이가 감소(고용률의 감소)하고, 근로시간도 감소하여 근로소득이 감소한 것이 주요인으로 파악된다. 2017년 이후는 구조조정 및 경기부진의 지속에, 급격한 최저임금의 인상으로 취약한 자영업자의 영업소득의 감소가 추가되어, 소득불평등이 계속 나빠지는 추이가 지속되는 것으로 이해할 수 있다.

현 정부가 소득재분배를 중시하여 집권 후 이전지출을 증가시켰으나 취약계층의 고용 감소와 영업의 부진에 따른 근로소득과 영업소득의 감소를 만회하기는 역부족이었던 것이다. 향후에도 소득재분배의 강화는 어느 정도의 분배개선에는 도움이 되겠지만 본질적으로 취약계층의 고용증가에 따른 근로소득의 증가 없이는 만회하기는 쉽지 않은 구조임을 직시할 필요가 있다.

이는 다음과 같이 비유될 수 있다. 한국 경제는 현재 구조조정과 경기부진의 지속에 더하여 최저임금의 급격한 인상으로 취약계층의 고용부진과 영세 자영업자의 영업부진이라는 급성배탈이 난 상황이다. 그런데 현 정부의 정책 방향은 높은 저임금 근로자의 비중, 낮았던 최저임금의 수준, 그리고 사회안전망의 미비라는 만성 두통에 대하여 치료제를 제공하고 있다고 볼 수 있다. 이런 식의 처방은 두통은 줄어들겠지만 배탈을 멈추게 하지는 않는다.

높은 소득불평등을 줄이기 위한 정책 방향은 옳지만, 각 정책수단의 효과에 대한 엄밀한 고민이 없는 정책은 부작용이 순작용보다 크다. 때문에 정책수단의 선택과 우선순위에 대한 숙고가 필요하다. 소득불평등 통계와 관련하여 추가적으로 언급하고 싶은 것은 정부의 소득주도성장과 관련한 최종 정책 목표치는 무엇인가 하는 것이다.

앞서 언급한 바와 같이 소득주도성장은 결국 소득불평등 완화를 통한 성장 동력의 강화로 이해된다. 그러면 현 정부가 바라보는 현재의 소득불평등과 노동소득분배율의 수준, 그리고 향후 정책 목표치는 반드시 언급되어야 할 것이다.

소득주도성장의 달성을 위해 최저임금의 인상, 생계비의 감면, 사회안전망의 강화 등이 동시에 추진되고 있다. 하지만 가장 강조되고 강력하게 실시하고 있는 정책은 최저임금의 인상이라 할 수 있다. 처음부터 최저임금인상을 통해 노동소득분배율(전체의 소득에서 자본이 아닌 근로자에게 배분되는 몫의 비율)을 올리고 그를 통해 소득불평등을 개선하는 것이 주된 경로라 여길 수밖에 없다.

그러나 필자가 알기로는 최저임금의 인상 → 노동소득분배율의 증가 → 소득불평등도 개선의 경로는 전 세계적으로 확인된 바가 없다. 심지어는 소득주도성장의 모태가 된 임금주도성장의 이론과 실증을 선도하고 있는 국제노동기구에서 조차 이에 대해 어느 정도의 근거를 제시하지 못하는 것으로 알고 있다.

최저임금을 인상한다 하더라고 사회 전체로 볼 때, 고용의 손실로 인한 소득의 손실이 임금의 증가로 인한 이득보다 높으면 최저임금인상이 노동소득분배율의 증가나 소득불평등의 개선으로 이어지지 않는 것은 당연하다. 전 세계를 대상으로 살펴보면, 지난 수십 년간은 평균적으로 임금상승효과가 고용감소효과보다 크지 못한 것으로 여러 국제기구에서 보고하고 있다. 영세자영업자의 비중이 선진외국의 두 배가 넘은 우리나라에는 더욱 그럴 것이다.

더불어 노동소득분배율과 소득불평등은 상당한 상관관계가 있어 보이지만, 양자의 인과관계에 대해서는 제대로 밝혀진 바가 없다.

소득불평등이 악화된 것은 노동소득분배율 때문일까

노동분배율의 변화 정도와 그 원인을 분석한 보고서와 논문은 상당히 많다. 하지만 앞서 설명한 바와 같이 대부분의 연구가 생산 측면의 기준에서 노동분배율의 통계치를 사용하고 있어 노동분배율의 정의 문제에서 자유롭지 못하다. 이 점을 염두에 두고 기존의 연구 결과를 간단히 요약하면 다음과 같다.

먼저, OECD와 국제노동기구는 유사한 시기에 최근 몇 십 년간, 노동소득분배율 또는 총국민소득에서 노동에 귀속되는 몫(임금, 봉급, 수당)이 거의 모든 OECD 국가에서 하락하고 있다고 지적했다. 그에 대한 요인을 분석하였으나 관점은 매우 상이하다. 하지만 노동소득분배율의 하락과 함께 노동과 자본소득 상승의 불평등한 분배가 사회통합을 위태롭게 할 수 있다는 점은 공통적으로 지적하고 있다.

OECD 보고서에서는 1990~2007년 기간 중 OECD 회원 노동소득분배율의 하락에 대해 기술진보(자본의 생산성을 증가시키는 기술진보를 의미하며, 총요소생산성TFP이 대리변수로 사용된다(66%))와 자본집약도의 증가(16%)가 80%를 설명한다고 언급하고 있다. 그리고 세계화로 인하여 노동자의 교섭력은 위축되고 그에 따른 생산기지 해외 이전offshoring이

하락 요인의 약 7%를 설명한다고 분석하였다. 또한 네트워크 산업 등 공기업의 민영화는 분배율 하락의 약 5%를 설명하고 진입장벽 감소와 같은 경쟁의 촉진과 노동자의 임금교섭력(노조조직율과 단체협약 적용률)은 별 다른 영향을 주지 못했다. 최저임금의 상승은 오히려 약 3%의 노동분배율 하락을 설명하며, 고용보호수준은 별 다른 영향을 주지 못하였다고 분석하였다.

그러나 국제노동기구(2012)에서는 금융화financialization라는 새로운 변수를 넣어 노동소득분배율 하락의 46%정도를 설명하고 있다. 세계화, 기술변화 (정부지출과 노조결속력 변수)는 각각 19%, 10%(25%)의 설명력을 갖는 것으로 추정하였다.

그림 4-6 **노동소득분배율에 영향을 끼치는 요소**

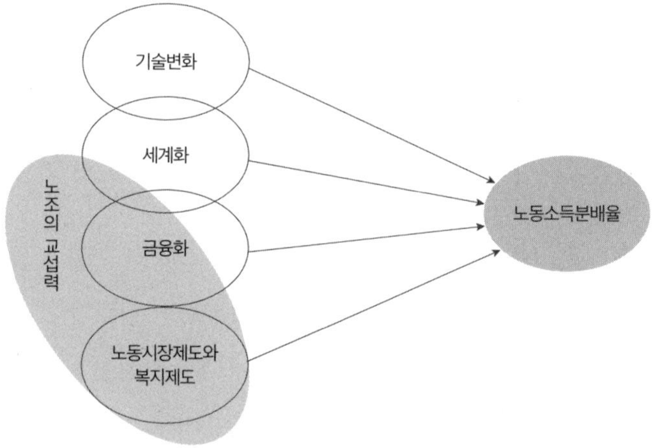

자료: ILO(2012)

여기서 금융화란 국내외 시장의 작동에 있어서 금융 동기financial motives,
참여자financial actors, 기관financial institutions의 역할이 증대되는 것으로 정의하
고 있다. 또한 1980년대 금융기업 지배구조 시스템의 변화는 (주주의 이
익을 극대화하고 공격적인 배당지향적 성향을 갖는) 사모펀드, 헤지펀드, 투자
기관들에 의해 발생한다고 보고 있다.

또한 국제노동기구 분석의 경우 그림 4-6과 같이 몇 개의 요인이 중
복되어 작용하는 경우가 있기 때문에 해석에 주의할 필요하다. 이는 각
자 겹치는 원인이 되어 상쇄될 수도 있다는 의미로, 실증적으로 수긍하
기에는 한계가 있다.

OECD(2012)와 국제노동기구(2012)의 노동분배율 변동 요인을 분석
한 결과를 표로 정리 요약하면 다음과 같다.

표4-2 OECD와 국제노동기구의 노동소득분배율 변동 요인 분석비교

종속/	OECD 변수 (1997~2007)	예상효과/ 기여도	국제노동기구 변수	예상효과/ 기여도
노동분배율 (종속변수)	조정된 분배율 (보정2안과 유사)		조정된 분배율 (보정2안과 유사)	
자본집약도	자본집약도	-/16%	x	
금융화 (financialization)	x		(해외자산+해외부채)/GDP	-/46%
정부소비	x		정부소비/GDP	
기술진보 (자본집약적)	총요소생산성	-/66%	GDP에 대한 산업비중/자본/노 동비율 등	-/10%
세계화	생산기지 해외이전 (off-shoring)	-/7%	(총수출+총수입)/GDP, 교역조건	-/19%

종속/	OECD 변수 (1997~2007)	예상효과/ 기여도	국제노동기구 변수		예상효과/ 기여도
공기업민영화	네트워크산업 민영화	-/5%	노동시장 제도 (추가 변수)	노조조직율	? 또는 +/ 유의한 효과
경쟁유도정책		+/x		최저임금	x
노동자의 교섭력	노조가입률, 단협적용률	+/x		실업부조지표	x
최저임금	최저임금 상승	-/3%	노동시장 제도 (추가 변수)	해고예고기간	x
고용보호	고용보호지표	?/x		퇴직금	x
기타 통제	국가별-산업별--연도별 고정효과/ 기타 요인	국가별 고정효과/ 기타요인 통제	실질 GDP 성장률/ 국가별 고정효과	국가간 이질 통제/ 국가그룹별, 변수별 분리분석	

국제통화기금IMF의 〈월드 이코노미 아웃룩 3World Economy Outlook 3〉(2017)에서는 1990년대 초반부터 전 세계적인 노동소득분배율 추세 분석을 통해 국가마다, 산업마다, 기술수준이 다른 근로자마다 다른 양상을 보인다고 분석하였다. 또한 선진국에서는 1980년대부터 노동소득분배율이 하락하기 시작하였고, 금융위기 직전인 2008년에 가장 낮은 수준을 보였다고 했다. 그 이후에도 근원적인 회복이 되지 않은 결과 노동소득분배율은 1970년에 비하여 약 4%포인트 하락하였다고 분석하였다. 하락의 원인에 대해 선진국의 경우 전체 하락의 약 50%를 기술의 영향, 즉 정보통신기술의 급속한 발전과 쉽게 자동화될 수 있는 직종의 높은 비중의 결합으로 분석하고 있다. 또한 국제적 결합(최종재의 교역과 국제가치 사슬의 참여 그리고 외국직접투자의 추세로 파악)도 전체의 1/4을 설명하는 중요한 역할을 한 것으로 언급하고 있다.

Karabarbounis and Neiman(2014)은 전 세계적인 노동소득분배율의 하락, 미국의 노동소득분배율의 하락에 대하여 ①노동과 자본의 큰 대체탄력성과 연관되어, 투자재의 상대가격을 급속하게 하락시키는 기술진보와 ②비숙련 노동에 불리한 기술진보 ③경쟁을 격화시키고 근로자의 교섭력을 약화시켜 임금하락의 압력으로 작용하는 국제무역과 투자의 확대를 제시한 바 있다.

또한 Elsby et al.(2013)은 미국의 노동소득분배율 하락에 대하여 ①감소의 약 1/3은 자영업자의 노동소득을 분리하는 통계적 과정에 의한 것이며 ②1980년대 이전에 상대적으로 안정된 노동소득분배율은 산업 내 노동소득분배율의 변동들이 상호 교체된 결과에 의해 상당히 가려져 있다고 했다. 최근 노동소득분배율의 감소는 무역과 제조업 부분에서 주도하고 있으며, ③새로운 자본재에 실현된 기술적인 변화를 통한 (비숙련) 노동을 자본으로 대체하였다는 신고전파의 분석을 제한된 지지를 하고 있다고 설명하고 있다. 또한 ④노조조직율의 감소에 근거한 제도적 요인에 의한 노동소득분배율의 하락은 일견 그럴듯 하나 단정하기 어렵다고 언급하고 있으며, ⑤미국의 공급구조에서 노동집약적인 요소들이 해외이전offshoring된 것이 최근 25년 동안 미국 노동분배율의 하락을 가장 잘 설명할 수 있는 요인이라 분석하고 있다.

반면 OECD(2017)에서는 위의 분석과는 다르게 접근을 하고 있다. 이 연구는 거의 유일하게 노동분배율을 생산 측면이 아닌 소득 측면에서 분석하고 있다. 이 장의 내용과 마찬가지로 과연 노동소득분배율이 하락하였는지에 대한 의문을 제기하고, 실증 분석을 통해 노동분배율을 생산 또는 소득 측면의 어떤 기준에서 접근하느냐에 따라 다르다고 설명하고 있다.

앞서 언급한 바와 같이 소득접근법은 순소득을 기준으로 하는 소비자의 시각을 반영하여 감가상각을 고려하고 최종소비자 입장에서 조세와 보조금도 포함이다. 이 연구에서는 노동소득분배율은 지난 20년 동안 유의미한 감소를 보이나, 이 결과는 주로 감가상각의 증가에 기인한 총자본분배율의 증가로 인한 것이며, 역시 생산접근법에 따른 결과라는 것이다. 나아서 감가상각을 제외한 순소득으로 측정되는 소득접근법에 따르면 전 세계적으로 노동분배율은 유의미하지 않을 만큼 소폭 감소하였거나 감소하지 않은 것으로 분석하고 있다.

앞서 언급한 바와 같이, 소득접근의 방법이 가계의 가처분소득과 직접적인 관련이 크기 때문에 위 연구에서 밝혀진 것처럼 한국뿐 아니라 전 세계적으로 소득접근법에 의한 노동소득분배율이 하락하지 않았다는 점은 놀라운 사실이다.

이러한 분석은 생산 측면이 아닌 소득 측면으로 측정된 노동분배율의 하락이, 즉 자본과 노동의 기능적 소득분배가 그 동안 전 세계의 소득불평등도를 높인 유력한 원인이 아니라는 놀라운 반전일 수 있다. 이것은 전 세계뿐만 아니라 한국의 소득불평등 악화의 원인을 노동소득분배율(기능적 노동소득 분배)에서 찾기는 어렵다는 의미도 될 수 있다.

분명한 것은 노동소득분배율과 소득불평등의 관련 문제는 생산접근법이 아닌 소득접근법으로 확인을 해야 한다는 점이다. 소득불평등의 증가를 쉽게 생각하여 노동소득분배율이 적어지고, 적어진 노동소득분배 중에서도 저소득가구에 가는 노동소득이 줄었기 때문이라는 식의 논리 전개는 근거가 미약한 흑백논리일 수도 있다.

노동소득은 고소득 가구보다 저소득 가구에 있어 소득의 원천으로 더 큰 역할을 하기 때문에 노동소득분배율의 하락은 전반적인 소득분포를 넓히는, 즉 소득불평등을 확대하게 한다. 따라서 다른 조건이 변하지 않는 한 노동분배율의 하락은 소득불평등을 확대할 가능성이 높다. 그러나 자본소득 중 ①감가상각이 증가했거나 ②생산자본과 비생산자본(토지) 수익률의 변화가 크다면 노동분배율의 변화 없이 소득불평등의 변화가 가능하다.

앞서 언급한 바와 같이 특히 2008년 국민계정으로부터 연구개발비 투자가 자본으로 변경되어 분류됨에 따라 국제 경쟁력이 있는 일부 대기업의 사내유보만 증가했을 가능성이 있다. 결국 노동분배율 변화의 원인을 구체적으로 파악하려면 노동소득분배율은 구성하는 각 요소들의 세분화(산업별, 기업규모별 포함) 된 분리가 필요하며, 이에 대한 추가적인 연구가 매우 긴요하다.

새로운
노동소득분배율 지표

2019년 한국은행의 발표에 따르면 우리나라의 노동소득분배율은 2010년 58.9%에서 지난해 63.8%까지 높아졌다. 즉, 근로자의 보수증가율이 거의 매년 기업의 영업잉여 증가율을 웃돌면서 노동소득분배율은 꾸준히 상승했다. 따라서 발표대로라면 현 정부의 소득주도성장 정책은 근거가 없게 된다.

소득주도성장은 노동소득분배율의 하락이 가장 큰 문제라는 시각을 바탕으로 한 경제정책이다. 그러나 한국은행이 그 동안 발표한 우리나라 노동소득분배율은 지난 수십 년간 증가 추세에 있다.

한국은행의 노동소득분배율 산식은 부분적으로 한계가 있다. 노동소득분배율은 피용자(근로자)보수 대비 피용자 보수와 사용자 영업잉여 합의 비중, 즉 피용자 보수 ÷ (피용자 보수 + 영업잉여)를 사용하고 있다. 이 산식의 기본적인 문제점은 자영업자의 소득을 모두 자본소득인 영업잉여로 취급한다는 것이다.

따라서 자영업자의 노동소득이 분자에서 빠짐에 따라 노동소득분배율의 수준 자체를 낮게 하고, 다른 조건이 일정할 때 자영업자의 소득이 감소하는 추세라면 노동소득분배율이 커지는 추세로 계산된다.

이를 보완하기 위하여 국내외 학자들은 자영업자의 영업잉여를 노동소득과 자본수익의 혼합이라는 의미에서 혼합소득mixed income으로 분리한다. 이제까지는 혼합소득 항목의 통계가 별도로 제공되지 않았기 때문에 자영업자 영업잉여 중에서 근로자 임금소득의 절반 정도 식으로 자영업자의 노동소득을 배분했다.

2019년 12월에 발표된 한국은행 국민계정을 바탕으로 최근 노동소득분배율 변화를 계산한 것이 그림 4-7이다. 그림에서 보듯이 자영업자 영업잉여의 일부가 노동소득으로 분리됨에 따라 노동소득분배율은 한국은행 정의와 비교하여 약 3~4% 포인트 올라간다. 따라서 자영업자의 비중이 다르고 노동소득분배율의 정의가 같지 않다면, 국가 간 수준 비교는 별 의미가 없다.

노동소득분배율의 계산에 있어 보다 강조되어야 할 점은 위의 분자 문제뿐만 아니라 분모의 문제로, 좀 더 신중히 접근해야 한다. 국내외 많은 학자들은 계산의 편의를 위해 노동소득분배율의 분모를 피용자 보수 + 영업잉여가 아닌 총부가가치를 이용하였다. 그리고 위에서 언급한 바와 같이 자영업자 영업잉여의 일부를 노동소득으로 배분하는 방식으로 노동소득분배율을 산출한다. 또는 노동소득분배율을 아예 '1 − 자본소득분배율'로 사용하는 국제노동기구의 연구도 있다.

위 방식을 이용하여 1975년 이후 최근까지 노동소득분배율을 계산

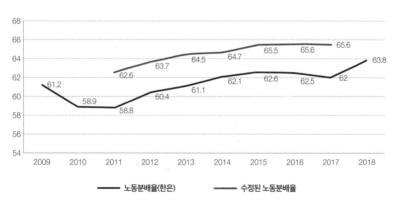

그림 4-7 노동소득분배율의 최근 추이(2009~2018)

노동분배율(한은) 　수정된 노동분배율

주: 1) 한국은행 노동소득분배율 (= 피용자 보수/(피용자보수 + 영업잉여)
　　2) 수정된 노동소득분배율 (= (피용자보수 + 혼합소득×1/2)/(피용자보수 + 영업잉여))
자료: 한국은행, '국민계정 2015년 1차 개편 결과(2000~18)에서 인용과 계산

그림 4-8 노동소득분배율 비교와 고정자본소모비율 추이(1970~2016년)

─── 수정노동소득분배율(%, 고정자본소모 제외)   ······ 수정노동소득분배율(%, 고정자본소모 포함)
─── 고정자본소모율(GDP 대비, %, 우축)

자료: 한국은행 국민계정(2010년 기준) 등에서 계산

하면 그림 4-8의 점선과 같이 1990년대 중반 이후 2010까지는 지속
적인 감소추세이나, 2010년 이후에는 증가 추세로 나타난다. 연구자들
은 이를 근거로 지난 수십 년간 노동소득분배율이 지속적으로 하락했
다고 주장하며 노동과 자본의 대립이라는 시나리오를 만들어왔다.

하지만 이런 방식은 노동소득분배율 계산을 흑백논리로 접근한 것이
다. 이는 노동분배율을 단지 생산 측면에서 접근한 계산 방식으로, 감
가상각이라는 중요한 요인을 간과한 것이다. 이 문제는 국내외 대부분
의 학자들의 국민계정에 대한 이해가 부족한 것에 기인한다.

'삼면 등가의 원칙'은 앞서 설명했듯 국민소득을 계산하는 방식에는
생산, 지출, 그리고 소득의 세 가지 측면에서 다르게 접근할 수 있다는

것이다. 마찬가지로 소득불평등과 밀접한 관계가 있는 노동소득분배율의 계산은 생산 측면 접근production approach이 아닌 소득접근법income approach으로 하는 게 옳다.

이 두 접근법의 가장 큰 차이점은 감가상각, 즉 고정자본소모consumption of fixed capital라는 항목이 자본소득에 포함되느냐의 여부이다. 노동소득분배율의 분모를 총부가가치로 사용하면 고정자본소모가 포함돼 노동소득분배율 계산에 잡음을 발생시킨다.

소득접근법으로 노동소득분배율을 계산해보면, 그림 4-8의 실선과 같이 한국에서 지난 수십 년 동안 노동소득분배율이 낮아졌다는 근거는 대부분 사라진다. 이것은 다른 OECD 국가들도 마찬가지이다. 따라서 한국이나 OECD 국가들의 최근 광범위한 소득불평등 증가의 원인으로 자본과 노동 간 기능적 소득분배의 악화(노동소득분배율의 하락)가 지목되는 것은 사실상 통계 분류의 오류에서 기인하는 것으로 봐야 한다.

이는 국제기준에서 기존에 생산과정상 중간투입으로 처리되던 연구개발비가 2008년부터는 자산으로 처리된 것과도 관계가 있다. 이에 따라 자본의 영역으로 분류되는 영업잉여와 고정자본소모가 동시에 증가했다. 달리 말하자면, 생산 측면에서 고정자본소모가 포함된 자본소득분배율의 증가(노동소득분배율의 감소)는 무역전쟁의 발발로 과거보다 장래 대체투자가 더 필요해져 연구개발비가 급격히 증가했고, 그에 대한 감가상각이 급속도로 커진 데 기인한 바가 크다.

따라서 생산 측면에서 계산된 노동소득분배율의 감소가 강조된다면 혁신을 위한 연구개발투자를 늘려서는 안 된다고 볼 수도 있다. 이런 면에서 소득주도성장은 경우에 따라 혁신과는 상극이 될 수 있다.

이런 사실은 그림 4-8에서 보는 것처럼 전체 국민소득에서 고정자본소모(감가상각)가 차지하는 비중이 1975년 약 7.5%에서 2017년에 19.3%로 두 배 이상 증가한 것에서 확인할 수 있다.

종합하면 노동소득분배율은 정의를 어떻게 하느냐와 고정자본소모(감가상각) 같은 개별 요소를 어디에 넣느냐에 따라 완전히 다른 추이와 해석이 가능하다. 따라서 노동소득분배율의 추이와 수준을 다루고, 관련한 해석을 하는 경우에는 매우 신중할 필요가 있다.

더불어 노동소득분배율은 소득불평등도와 밀접한 관계가 있을 수도 있으나, 그렇지 않은 아닌 경우나 반대로 움직이는 경우도 있을 수 있기 때문에 단정적인 해석은 금물임을 주의할 필요가 있다.

5장

한국의
노사 문제와
새로운 시스템

현행법상 종업원의 집단 목소리collective voice를 반영하는 제도로 근로기준법상의 근로자대표, 노동조합, 노사협의회가 있다. 이들 제도들은 규범적 역할과 기능이 불분명하고 때로는 혼재되어 있어서 법 운용상 혼선을 빚고 있다. 기능적인 측면에서도 노동조합의 대표성에 관해 의문이 제기되는 등 특히 사업장 차원의 노사관계에서 많은 변화가 일어나고 있다. 더구나 복수 노조 시대를 맞이하여 소수 노조의 발언권 보장도 중요한 이슈로 부각되고 있다.

이 장에서는 종업원대표제도에 대한 새로운 시스템이 왜 필요한지를 여러 자료를 바탕으로 검토하고, 사업장 차원의 의사결정 시스템이 어떻게 재형성되어 왔는지를 이야기하고자 한다. 나아가 이를 토대로 우리의 법규범과 노동현실의 발전을 위한 대안을 모색해보려 한다.[118]

왜 새로운 시스템이
필요한가?

현재 사업장 차원에서 종업원의 집단적 목소리를 반영하는 기제로는 노동조합, 노사협의회, 근로기준법(이하 근기법)상의 근로자대표[56]가 있다.

이 중 근기법상의 '근로자대표'는 1990년대 후반 이후 새롭게 등장한 개념이다. 근로기준법에 처음 도입되었지만, 현재는 근로자퇴직급여보장법, 파견근로자 보호 등에 관한 법률, 산업안전보건법, 고용정책기본법, 고용상 연령차별금지 및 고령자 고용촉진에 관한 법률 등 여러 법률에서 이용되고 있다. 그러나 근로자대표는 법제도적 측면에서 보면 과반수 노조가 존재하지 않는 경우 대표성이 약하다는 치명적인 약점을 안고 있을 뿐만 아니라, 개념이 모호하여 해석론상 다툼이 많아 법적 안정성을 훼손시키고 있다. 예를 들어 근로자대표를 구성하는 근로자의 범위를 어떻게 설정해야 하는지, 서면협정이 단체협약 내지 근로계약과 관련하여 어떠한 규범적 위상을 가지는지,[57] 서면합의를 위반했을 경우 어떤 법적 효과가 발생하는지 등에 대하여 법은 침묵한다.

한편, '근로자의 참여 및 협력 증진에 관한 법률'(이하 근참법)에서는 상시근로자 30인 이상 사업장에서 의무적으로 노사협의회제도를 설치할 것을 법적으로 강제하고 있다. 노사협의회는 근로조건 결정기구로서보다는 노사 간의 참여와 협력을 증진하여 노사 공동이익과 산업평화를 도모할 목적으로 설계되었지만, 경영상 해고 시의 협의 기능이나 단체교섭의 보완적 역할을 하며 간접적으로 근로조건의 형성에도 영향을 미친다. 그러나 이는 어디까지나 과반수 노조가 존재하는 경우의 사례일 뿐이다. 규모가 작고 노조 설립의 가능성이 낮은 사업장에서는 사용자들이 노사협의회 설치를 꺼리거나 형식적으로 운영되고 있는 실정이다.[58]

노사협의회 설치의무 대상기업인 30인 사업장 586개소를 조사한 한국노동연구원의 2016년 '노사협의회 운영상황 실태조사'[59]에 따르면, 조사대상 중 42.8%가 노사협의회를 운영하지 않는 것으로 나타났다. 근참법은 3개월마다 한 번씩 정기적으로 회의를 열지 않을 경우 200만 원 이하의 벌금을 부과하지만, 그럼에도 절반에 가까운 곳이 운영하지 않고 있는 것이다.

노사협의회 근로자위원 선출에 있어 회사의 개입이 발생할 여지도 적지 않다. 근참법에서는 노동자의 과반수로 조직된 노조가 있는 경우 노사협의회 근로자위원을 그 노조에서 위촉하도록 하고, 과반수 노조가 없는 경우에는 시행령에 따라 근로자의 직접·비밀·무기명 투표로 선출하도록 하고 있다. 그러나 회사가 근로자위원을 지명하거나 추천하는 기업이 13.4%에 달했고, 직접선거가 아닌 간접선거로 뽑는 경우도 11.0%로 나타났다.

노사협의회의 논의 내용에서도 문제점이 드러난다. 근참법상 '의결' 사항을 실제 의결하고 있는 곳은 24.4%에 그치고, 의결사항을 보고 혹은 협의로 처리하거나 아예 다루지 않는 경우도 많았다. 노사협의회가 실질적으로 운영되지 못하는 이유로 노사 양쪽이 무관심해서가 50%,

운영기법 부족이 20.8%, 활성화 의지 부족이 10.4% 순으로 나타났다.

또한 조사대상 사업장의 노사협의회 근로자위원 중 비정규 근로자의 비율은 평균 1.3%에 불과하여, 노사협의회가 사업장 내 취약 근로자를 대변하지 못하고 있다는 점이 여실히 드러났다. 이는 2011년 조사에서 비정규직 대표 근로자위원이 있는 사업장이 3.5%(29개소/802개소)였던 것에 비해서도 축소된 것이다.[60]

노사협의회의 구성이나 이익대표자 선출 과정에서 민주성을 제고시킬 방안이 없는지, 과반수 노조가 위원 선출을 독점하는 것이 타당한지, 노사협의회 의결사항의 실효성을 담보하기 위한 방안은 없는지 등의 문제에 관해 단체법적인 관점에서 재검토가 시급한 상황이다.

하나의 기업, 여러 의사결정 시스템

이영면(2011)의 실태조사에 따르면 노사협의회에서 가장 큰 비중을 차지하는 안건으로는 임금인상, 임금체계, 성과배분 등이 있었고, 노동조합이 없는 사업장에서는 임금을 포함한 보상 관련 사항이 노동조합이 있는 사업장보다 상대적으로 더 높은 비중을 차지하였다.[61] 또한 2006년 조사에서는 무노조 사업장에서 노사협의회가 사실상 임금교섭을 하는 경우가 16.8%, 임금인상 및 근로조건에 관한 노사협의를 하는 경우가 52.0%에 이른다.[62]

이처럼 노사협의회와 노동조합의 단체교섭 기능이 중복되는 기본적 원인으로 기업별 교섭의 관행이 형성되어 있다는 점을 들 수 있다. 이 외에도 현행 근참법이 과반수 노동조합의 대표자가 당연직 근로자위원으로 되고, 과반수 노동조합이 근로자위원을 위촉하도록 하고 있는 점(근참법 제6조 제2항), 협의사항, 의결사항이 근로자의 채용·배치 및 교육훈련, 각종 노사공동위원회 설치 등 근로조건과 관련된 사항을 광범위하게 포함하고 있어 노동조합의 단체교섭 사항과 일부 겹친다는 점 등의 요인이 작용한 것으로 볼 수 있다.

노사협의회가 본래의 자기 영역을 넘어 단체교섭 기능을 대행하거나 근기법상의 대표 기능을 수행하는 것은 바람직하지 않다. 왜냐하면 노동조합을 약화시키거나 단체교섭 기능을 저해할 위험성이 있고, 현행 근기법상 근로자대표의 노동조합과의 연관성은 상정하고 있으나 노사협의회와는 아무런 관련이 없는 것으로 설계되었기 때문이다. 따라서 노사협의회의 근로조건 결정 기능에 대해서는 항시 규범적 평가가 수반되며, 우리의 현 실태와 규범의 조화를 위한 고민이 따를 수밖에 없다.

소송으로 제기되는 사건 유형은 주로 노사협의회가 과반수 대표 또는 노동조합의 역할을 대행했을 경우 그 효력에 관한 것이다. 판례를 살펴보면, 이와 같은 노사협의회의 실제적인 운용실태를 감안해서 정식의 단체교섭 절차가 아닌 노사협의회의 협의를 거쳐 성립된 합의사항을 서면으로 작성하여 노동조합과 사용자 쌍방의 대표자가 서명 날인한 것을 단체협약으로 보기도 하고,[63] 정리해고의 협의 방식으로 노사협의회를 거친 경우 정당성을 부여하기도 하였다.[64] 그러나 취업규칙의 불이익 변경과 관련하여서는, 노사협의회와 노동조합의 제도적 취지가 다르다는 점을 들어 노사협의회의 동의권한을 부정한 바 있다.[65]

과반수 근로자대표나 노사협의회제도는 각각 부여된 목적에 따라 별개로 운영되는 제도이지만, 이들 두 제도가 또 하나의 기업 내 의사결정 시스템인 노동조합과 혼재되면서 여러 가지 해석상 논란을 부르고 있다. 세 가지의 의사결정 시스템이 현행대로 유지되는 한 이러한 혼란은 계속될 것이다.

근로자대표로서 노동조합의 현주소[66]

오늘날 근로자대표로서 노동조합의 기능에 의문을 제기하는 여러 문제점들이 나타나고 있다.

첫째, 노동조합 조직률이 11.8%(2018년)에 그쳐 모든 근로자들의 이해를 대변하지 못하고 있다. 최근 조직률이 소폭 상승(2017년 10.7%→2018년 11.8%)하기는 하였으나, 기업 규모별로 살펴보면 300명 이상 50.6%, 100~299명 10.8%, 30~99명 2.2%, 30명 미만 0.1%로 그 격차가 명확히 드러난다. 또한 부문별로는 민간 부문 9.7%, 공공 부문 68.4%로 차이를 보여 민간 부문, 특히 중소기업은 노동조합의 존재감이 미미하다.

둘째는 기간제·단시간 근로자 등 소위 비정규직 종업원이 증가하고 있다는 점이다. 노동조합은 종래 정규직(풀타임으로 기간을 정하지 않은 근로자)의 대표를 그 임무로 해왔기 때문에, 비정규직의 대표 시스템이 충분하지 않다는 문제가 생겨났다. 최근의 조사[67]에 따르면 2015년 기준으로 비정규직 근로자의 노조 조직률은 2.8% 수준에 그치는 반면, 정규직의 노조 조직률은 16.9%로 큰 차이를 보인다. 또한 유노조 사업체에서 정규직 조직률은 59.7%로 나타났으나 비정규직 조직률은 39.1%로 차이를 보였고, 이러한 차이의 원인으로는 '노조 가입자격이 없어서'가 44.4%를 차지했다.

셋째, 근로조건 결정 시스템이 변화하고 있다는 점이다. 최근에는 종래 연공서열적 인사처우로부터 개인의 능력과 성과에 기초한 성과주의형 인사처우로 이행하는 경향이 강해졌다. 특히 사무직 근로자를 중심으로 하여 근로조건을 개별적으로 결정하는 움직임이 급격하게 드러나고 있다. 이러한 상황은 조합원을 집단적으로 파악하여 평등주의적인 근로조건 결정을 주안점으로 해온 노동조합의 역할에 수정을 요구하게 된다.

넷째, 규범력의 측면에서 근로조건 결정에 대한 단체협약의 역할이 약화되고 있다.[68] 저성장 시대로 접어들면서 단체교섭의 기능이 임금인상이나 근로시간 단축보다도 고용안정에 더 많은 비중을 두게 됨에 따라 종전의 근로조건을 저하하는 이른바 양보교섭concession bargaining이 자주 발생하고 있고, 그 합법성 또한 인정되고 있다. 또한 무노조 사업장에서는 '사업장에 있어서의 근로자의 복무규율이나 근로 조건의 기준을 획일적·통일적으로 정립하기 위하여'[69] 10인 이상 사업장의 사용자가 의무적으로 작성하도록 하는 취업규칙(근기법 제94조)이 단체협약보다 중요한 근로조건 결정 기능을 수행하는 것이 현실이다.

복수노조 시행에 따른 소수조합의 보호

2011년부터 사업장 내에 복수 노조가 허용되었지만, 단체교섭의 난

맥상을 방지하기 위해 하나의 사업 또는 사업장 단위에서는 교섭창구를 단일화하도록 하는 교섭창구단일화 제도가 함께 도입되었다. 우리나라의 교섭창구단일화 제도는 교섭대표노동조합이 조합원만을 대표한다는 점에서 전체 종업원을 대표하는 미국, 캐나다의 이른바 배타적 교섭대표제도와 차이가 있다. 또한 과반수로 조직된 노동조합에 대해서는 특별한 절차 없이 교섭대표노동조합으로서의 지위를 인정하는 과반수대표제를 원칙으로 한다.

노조법이 복수 노동조합에 대한 교섭창구단일화제도를 도입하여 교섭절차를 일원화하도록 한 것은 복수 노동조합이 독자적인 단체교섭권을 행사할 경우 발생할 수 있는 노동조합 간 혹은 노동조합과 사용자간 반목·갈등, 단체교섭의 효율성 저하 및 비용 증가 등의 문제점을 효과적으로 해결함으로써 효율적이고 안정적인 단체교섭 체계를 구축하는 데에 그 주된 목적이 있다.[70]

하지만 이로 인하여 소수 노동조합은 단체교섭권이 제한되는 결과가 발생할 수 밖에 없고, 근기법상 근로자대표나 근참법상 근로자위원선출 과정에서도 발언권을 행사할 수 없게 된다. 집단적 영역과 개별적 영역을 불문하고 근로자대표권이 과반수 노동조합에 전일적으로 귀속되는 반면, 소수 노동조합은 어떠한 영역에서도 참여권 내지 발언권을 확보하지 못하게 되는 것이다. 유니언 숍unionshop이나 일반적 구속력(사업장 단위 단체협약 효력확장) 제도 외에는 소수 노동조합도 과반수 노조와 마찬가지로 동일한 헌법적 지위를 향유할 수 있게 설계되어 있다. 하지만 그 사실을 감안한다고 해도 동일한 헌법상 단결체이면서도 현실적으로는 부당할 정도로 그 권리의 행사 범위에 큰 차이가 발생하는 것이다.

노동조합이 유일한 대안인가?

우리나라의 주류적 견해는 헌법 제33조상의 노동3권 향유 주체로 근로자와 노동조합만을 상정하고 있다. 단결권의 경우에는 근로자 개인의 단결권과 노동조합의 단결권으로 나누어 양자의 충돌 문제를 조화시키기 위한 해석론이 전개되고 있다. 하지만(대표적으로 조직 강제 논의) 단체교섭권과 단체행동권의 경우 이를 집단적 권리로 이해하고 노동조합만이 그 주체가 되는 것을 당연한 전제로 삼으면서 입론을 전개하고 있다(이를 '노동조합중심론'이라 칭하자). 현행법상 인정되고 있는 근기법상의 근로자대표나 근참법상의 노사협의회는 기능적으로 종업원의 이익을 대표하지만, 이는 입법정책적 산물로 이해할 뿐 그 헌법적 기초에 대해서는 대부분의 학설이 침묵하고 있다. 우리의 오랜 경험상 노동조합 외의 근로자대표를 헌법 제33조의 향유 주체라고 주장하는 것은 자칫 노동조합의 약체화를 도모하는 불손한 주장으로 비춰질 정도로 금기시되고 있다.

이러한 노동조합 중심론이 통시대적인 보편적 진실일까? 노동조합이 현실 세계에서 제대로 기능하지 못할 때 다른 대안은 반헌법적 발상으로 비난 받아야만 하는가? 이러한 물음에 대해 본격적으로 다룬 글을 찾기 힘들지만, 사업장 차원에서는 노동조합 외의 다른 대안을 찾아야 한다는 주장이 종종 제기된다. 이와 관련한 국내외 논의를 간단히 소개하고자 한다.

4층 구조론[71]

사업장 차원에서는 별도의 종업원대표 관념이 필요하다는 주장을 김형배가 최초로 주장한 것으로 보인다. 김형배는 "노동법은 노무제공으로 생활을 영위하는 근로자계층의 보호만을 위한 특별법에 그치는 것이 아니라, 국가의 모든 경제 분야에서 활동하고 있는 대부분의 국민을 위한 법"으로 넓게 이해해야 한다고 전제하고 있다. 또한 "근로자들의 역할과 기능은 여러 가지 분야에서 상이한 의미를 지니고 있기 때문"에 "이들에 대한 보호는 다각적인 측면에서 종합적으로 규율"되어야 한다고 강조한다.

김형배는 근로자의 다양한 지위에 상응하여 노동법의 패러다임을 ①개인 사용자와의 근로계약관계에서의 지위: 「근로계약(기본)법」, ②기업조직의 일원으로서의 지위: 「경영조직법」(또는 경영자치법), ③노동조합의 구성원으로서의 지위: 「노동조합 및 노동관계 조정법」, ④국민경제의 활동 주체로서의 지위: 「근로자정책기본법」 등 4층 구조로 제시한다. 임금의 유지·개선과 노동의 기회 제공이 근로자 보호의 핵심을 이루는 것이며, 이와 같은 분배의 개선과 노동기회의 제공은 효과적이고 생산적인 기업경영 활동을 통해서 창출된다는 이유로 4층 구조의 노동법 패러다임에서 그 중심은 경영조직법에 두어야 한다고 주장한다.[72]

4층 구조론은 현행 3층 구조(근기법, 노조법, 근참법)의 노동법이 해고

제한규정과 단체협약의 직률적 효력규정으로 인한 경직성 때문에 기업의 경쟁력 강화와 효율적 생산운영에 지장이 있다고 판단한다. 때문에 이를 유연화하면서 동시에 기업경영활동 조직원리를 바탕으로 노사협력체제 수립과 고용정책을 추진하며 근로자를 보호할 기본 구상을 한 것으로 보인다. 즉, 이는 현행 기준에서 본다면 근기법 및 노조법의 유연화와 근참법 및 고용정책법의 강화를 지향하는 것이다.[73]

김형배는 노동법제가 4층 구조로 재편성되는 것을 전제로 일찍이 노사관계의 중층화를 위한 노사관계법의 재편성을 주장해왔다. 또한 노동문제가 현대화되고 경제가 성장하면서 근로자의 성격도 변화함에 따라 노동관계법에도 경영적 사고의 도입이 필요하다는 점을 강조했다. 구체적인 방법으로 기업자치적 노사관계법을 출발점으로 하여, 노동조합법은 초기업적인 차원에서의 조직과 활동을 규율하는 방향으로 근로기준법은 근로계약기본법이라는 형태로 변모해야 한다고 주장해왔다. 그런 면에서 그는 노사협의회가 주체적으로 참여하여 기업자치적 노사관계 질서를 형성하는 것을 구상하고 있는 것으로 보인다.

김형배의 이러한 주장의 바탕에는 현행의 근로기준법과 노동조합법이 근로자들의 근로조건을 향상·개선하는 보호적 기능을 하고 있지만, 경영적 관점에서 이와 같은 근로조건 개선의 정도와 범위를 생산성 개선과 유기적 관계에서 실현하는 것은 제도적으로 규정하고 있지 않다는 생각이 깔려 있다.[74] 노동조합은 강력한 교섭력과 단체행동권을 가지고 있으나 생산성 향상에 대한 협력의무 내지 책임을 부담하고 있지는 않다. 사업장에 있어서 노동조합과 사용자는 상호 일방통행적인 대립관계를 유지하고 있을 뿐이기 때문에 기업의 경쟁력 강화와 합리적인 노사관계의 정립을 위해서 노사의 조직은 협력과 투쟁을 합리적이고 효율적으로 활용하는 것이 바람직하다는 것이다.[75]

김형배는 노동조합의 조직형태가 앞으로 초기업적 조직으로 바뀌는 것이 바람직스럽다고 전제한 후 근로자의 이해관계를 사회적·정치적으로 대변할 수 있게끔 노동조합 상급단체의 기능과 위상이 강화되어야 한다고 주장한다. 노동조합의 기능이 지역별·직종별 또는 산업별로 확대되면 기업별 경영·인사에 관한 문제는 기업 중심의 경영자치적 노사협의에서 전담하게 될 것이고, 그렇게 되면 기업과 근로자 사이에 제도적으로 존재하는 대립적 노사관계는 협조적·참가적·합리적 노사관계로 변모할 수 있는 계기를 마련할 수 있을 것이라 전망한다. 이 경우에 노동조합과 사업장별 노사협의회 또는 여타의 근로자대표 조직 사이에는 유기적 관련이 유지될 수 있도록 현행의 노사협의회법을 전면적으로 개정하거나 별도의 노사자치법을 제정해야 한다는 것이다.[76]

김형배의 이러한 접근방식이 어느 정도 타당하다고 생각한다. 그런데 이것이 현행법 체계하에서 어느 정도 가능할 것인지 규범적 평가와 관련하여 보면 그 해답이 그리 간단하지 않다.

단체교섭과 노사협의를 이원화하는 방안은 사실적으로 실현되면 별 문제가 없겠지만, 이를 법제도화 할 수 있는지는 좀 더 면밀한 검토가 필요하다. 김형배의 방안은 독일식 모델을 원용하고 있다고 볼 수 있다. 독일이 단결의 자유를 제도적으로 보장하는 것과는 달리 우리 헌법에서는 노동3권을 구체적 권리로 보장하고 있는 상황에서 앞의 4층 구조를 법률의 규정을 통하여 제도화할 수 있을지가 검토되어야 할 것이다. 좀 더 직접적으로는 사업장 내의 노동조합(이것이 단위노조이건 아니면 산별단위노조의 지부 또는 분회이건 불문하고)을 대체하는 의미에서 노사협의회를 설치하고, 이를 통한 사업장 내의 자치를 도모하는 것이 현재 우리의 헌법 질서상 가능할까 하는 물음이다.

독일은 기본법 제9조 제3항에서 "근로조건 및 경제조건의 유지·개선을 위하여 단결체Vereinigung를 결성하는 권리는 누구에게나 그리고 어떠한 직업에도 보장된다"라고 규정하여 일반적 결사의 자유와는 별도로 단결의 자유를 헌법적으로 보장하고 있다. 그런데 우리의 경우와 달리 단체교섭권 또는 단체행동권을 명시적으로 보장하고 있지는 않다. 또한 헌법재판소나 연방노동법원의 판결에서는 한결같이 제9조 제3항에서 말하는 단결의 자유의 핵심적 영역만을 보장하며, 입법자가 단결체의 권능을 개별적으로 형성하고 보다 구체적으로 규율함으로써 단결의 범위를 결정할 권한을 갖는 것으로 해석하고 있다.

요컨대 헌법상의 단결의 자유는 실정법을 통한 법형성이 필요한데, 이러한 법형성 과정에서 입법자에게 광범한 재량권이 인정된다는 것이다(이른바 제도적 보장설).[77] 현재의 단체교섭제도나 쟁의행위의 내용과 한계도 결국은 입법자 또는 판례법[78]을 통해 형성되고 발전해온 것이라 할 수 있다. 이렇게 단결의 자유를 제도적 보장으로 이해하는 경우에는 초경영적 차원에서 조직된 노동조합만 협약 능력을 인정한다. 이를 통해 협약자치를 실현하는 제도를 창설하는 것은 입법자의 권능(다시 말해 법률의 제정)으로 가능하다.

이에 비해 우리나라는 헌법 제33조 제1항에서 "근로자는 근로조건의 향상을 위하여 자주적인 단결권·단체교섭권 및 단체행동권을 가진다"라고 규정하여 노동3권을 개별적·명시적으로 보장하고 있다. 그리고 이러한 노동3권은 헌법의 규정에 따라 바로 구체적 권리성을 인정받는다. 이 점에 관해서는 다른 견해를 찾아보기 힘들다. 그 결과 노동조합 및 노동관계조정법의 규정들은 이러한 헌법 규정을 구체적으로 확인하는 의미를 지니는 것으로 해석된다.

결국 노동3권의 내용이나 이를 보장한 취지 등은 입법자의 법형성을 기다릴 필요 없이 또는 이와 무관하게 법률을 지도하고, 필요한 경우에는 헌법 수호의 차원에서 규범적인 통제를 가할 수 있다. 이렇게 본다면 단결권의 본질적 내용인 단결 선택의 자유를 제한할 소지가 있는 하위 법률의 제정은 위헌성이 논란될 수밖에 없을 것이다. 일례로 초경영적 차원에서 조직된 근로자단결체만을 노동조합으로 인정하는 독일 판례법상의 태도[79]는 우리나라의 법에서는 위헌의 소지가 많아 받아들여지기 힘들고, 이는 양 국가의 차이점을 단적으로 보여준다. 김형배가 주장하는 바와 같이, '기업 내의 노사협의회를 통한 자치질서의 확립'은 제안의 참신성과 미래지향성에도 불구하고 우리의 헌법 구조하에서는 과연 적합한지 검토가 필요하다.

근로조건 대등결정의 원칙

박제성은 우리 헌법 제33조 제1항의 기본취지를 근로조건 대등결정 원칙을 보장하기 위한 것으로 이해하고, 이 원칙의 관철을 위해서 노동조합이 아닌 다른 실체의 존재 가능성을 인정하고 있다.

"노동조합이 가장 역사적이고 가장 중요하고 가장 대표적인 단체교섭 담당자라는 점은 맞지만, 그렇다고 노동조합만이 단체교섭의 담당자가 되어야 한다는 논리는 성립하지 않는다. 설령 단체교섭의 개념상 개별 근로자는 그 주체가 될 수 없고 근로자의 단체만이 주체가 될 수 있다는 주장을 받아들인다 하더라도, 그 주체가 반드시 노동조합이어야 할 논리의 필연성은 없다. 근로자의 집단은 대표를 통하여 단체가 되어 단체교섭에 임하게 되는데, 노동조합이라는 대표 형식은 역사 속에서 등장한 한 형식일 뿐이지(근로자 집단은 반드시 노동조합이라는 형식으로 대표되어야 하며 언제나 그렇게 될 수밖에 없다는 식으로) 사물의 본성에 속하는 형식은 아니기 때문에, 노동조합이 없는 경우에는 다른 대표 형식을 마련하여 근로조건의 대등결정 원칙이 실현될 수 있는 제도를 모색할 필요가 있다."[80]

박제성은 다음과 같은 요인이 작용해 사업장 차원에서 근로조건 대등결정의 원칙이 의의를 잃어가고 있다고 진단하면서 새로운 제도적 보완책이 필요하다고 주장한다.[81]

첫째, 현실적으로 노동조합이 없는 사업장이 많아서, 무노조 사업장에서는 단체교섭을 통한 근로조건 결정 방식이 봉쇄당하고 있다. 우리 헌법 제33조 제1항은 "근로자는 단체교섭권을 가진다"라고 하여 단체교섭권을 근로자에게 보장하고 있지만, 판례와 학설은 이를 노동조합에 한정시킴으로써 노동조합이 없는 사업장에서는 근로자의 단체교섭권이 보장받지 못하는 결과를 초래하고 있기 때문이다.

둘째, 따라서 무노조 사업장에서는 집단적 근로조건이 노사협의회 또는 취업규칙에 의하여 결정되는 예가 많다. 노사협의회와 관련해서는 현행법상 노사협의회가 근로조건을 결정할 권한이 있는지가 분명하지 않으며 또 결정할 수 있다고 하더라도 그 결정의 효력이 어디까지 미치는지도 명확하지 않다.

셋째, 근로기준법에서는 근로자 과반수대표자에 의한 서면합의를 통해 근로조건의 결정을 규정하고 있다. 그러나 현재의 근로자 과반수대표자제도는 근로기준법에서 정하고 있는 몇 가지 특수한 근로조건의 결정에만 관련되어 있다. 그 선출 방식이나 권한의 범위 등 대표로서의 지위가 명확하지 않으며, 서면합의의 효력도 분명하지 않다는 등의 문제를 안고 있다.

넷째, 취업규칙과 관련해서는 근로기준법에 취업규칙의 사용자 일방 결정성을 근로자들의 의견 반영 또는 동의를 통해서 완화하는 규정을 두고 있다. 하지만 불리한 변경이 아닌 경우에는 근로자들의 의견 청취의무만 규정되어 있으며 사용자가 의견청취 의무를 위반하더라도 취업규칙의 효력이 부정되는 것은 아니라는 점, 근로자들의 동의를 얻지 않고 불이익하게 변경된 취업규칙이더라도 신규 입사자에 대해서는 유효하며 또 사회통념상 합리성이 인정되는 경우에는 동의를 얻지 않아도 유효하다는 점 등에서 볼 때, 취업규칙의 사용자 일방 결정성은 여전히 관철되고 있다. 이는 결국 근로조건 대등결정의 원칙에 반한다.

박제성은 프랑스의 입법례를 참조하여 무노조 사업장의 경우 근로조건 대등결정의 원칙을 실현하기 위해 노사협의회 근로자위원들에게 단체교섭권과 단체협약 체결권한을 부여해야 한다고 주장한다. 노사협의회마저 없는 사업장의 경우 산별노조 또는 지역별 노조의 위임을 받은 근로자가 단체교섭을 하고 협약을 체결할 수 있도록 해야 한다고 제안한다.[82]

아마 기존의 노동조합 중심론에 최초로 반기를 든 주장일 것이다. 대안으로 제시한 집단적 결정방안에 대해 현행법의 해석상 다소 수긍하기 힘든 부분이 있지만, 헌법 제33조를 합목적적으로 해석하여 노동조합이 유일한 대안이 아님을 분명히 한 점은 매우 흥미로운 발상이다.

일본의 새로운 접근법[83]

우리나라보다 일찍 근기법상의 과반수대표제를 도입한 일본에서는 상설적인 종업원대표기관을 설치하여야 한다는 주장이 줄곧 제기되어 왔다. 특히 과반수대표제가 일본 헌법 제28조(우리나라 헌법 제33조에 해당)의 보장을 받는다는 이례적인 해석론을 코지마 노리아키小嶋典明가 전개함[84]으로써 논의가 활발해졌다.

일본의 근로자과반수의 법제화론의 쟁점은 노동조합과 과반수근로자대표의 관계를 어떻게 설정하느냐에 모아진다. 니시타니 사토시西谷敏는 노동조합이 근로자대표로서의 기능을 발휘할 것을 기대하기 어렵기 때문에 과반수노동조합이 존재하는 경우라 할지라도 별도의 근로자대표기구가 필요하다고 주장한다.[85] 케즈카 카츠토시毛塚勝利는 근로자대표로서의 기능을 1차적으로 담당하는 것은 노동조합이어야 하고 과반수노동조합이 존재하고 있다면 별도의 근로자대표제도는 필요하지 않지만, 그러하지 못할 경우 근로자대표로서의 역할을 담당할 과반수 근로자대표 모델을 도입하여야 한다고 주장한다.[86]

이러한 일본 법제화론의 요체는 노동조합과 근로자대표와의 역할을 법적으로 구분·규정함으로써 여러 논란을 해소시켜 나가자는 것이다. 근로자대표제도를 법적으로 강제하는 것이 바람직한 것인지에 대한 논란이 있기는 하지만,[87] 각 법률에 혼재되어 있는 대표 제도들을 정비할 필요가 있다는 점에 대해서는 대체로 공감대가 형성되어 있다. 2005년 9월 17일에 발표된 「今後の労働契約法制の在り方に関する研究会」 보고서는 기존의 과반수근로자대표에게는 대표성이 결여되어 있고 임시적인 제도에 불과하다는 문제점을 지적하고 있다. 과반수 근로자대표제도를 대신할 상설적 노사위원회제도를 법제화할 것을 요청한 바 있으나 입법화에는 성공하지 못하고 있다.

국제노동기구 규범에서 단결권의 향유 주체

국제노동기구International Labour Office, ILO 규범들을 통해 살펴본 근로자단체 및 근로자대표의 개념상 가장 큰 특징은 개방성이라고 할 수 있다. 국제노동기구는 trade union과 labor organization을 구분하고 있고, labor organization을 trade union을 포함하는 개념으로 보고 있다.[88]

그리고 1971년 '제135호 근로자대표협약'에 따르면, 국제노동기구는 근로자대표를 노조대표와 노조 이외의 피선출 대표를 포함하는 개념으로 보고 있음을 알 수 있다. 또한 노조대표와 피선출 대표는 그 임무 내지 역할이 서로 다른 것처럼 규정하고 있다.[89]

그러나 1981년 '제154호 단체교섭에 관한 협약'으로 오면 단체교섭의 '단체'라는 개념이 노조에 한정된 것이 아님을 분명히 하고 있고, 노조 아닌 근로자대표와의 협상도 단체교섭에 포함되는 것으로 규정하고 있다. "이 협약이 적용되는 활동 분야의 모든 노사집단all employers and all groups of workers에 있어서 단체교섭이 가능할 수 있어야 한다"고 규정함으로써 심지어 노사협의회까지도 단체교섭의 영역에 포함될 수 있을 만한 여지를 두고 있다.

또한 결사의 자유위원회가 내린 다수의 결정문에서 노동조합과 근로자단체를 구별하면서 노동조합은 근로자단체의 한 예시로 보고 있다. 근로자들의 자발적인 선택을 통해 하나의 사업장에 하나 이상의 근로자단체가 설립될 것을 인정해야 하며,[90] 단체교섭은 단체협약 그 자체가 목적이 아니라 사용자(단체)와 근로자단체 간의 자발적 협상을 위한 하나의 도구에 불과한 것이라고 판시하고 있는 바,[91] 우리의 주류적인 노동조합 중심론과는 다르게 접근하고 있음을 알 수 있다.

국제노동기구 협약상의 결사의 자유와 우리 헌법상 단결권의 규범적 위상이 다르다는 점을 받아들인다 하더라도, 근로자나 종업원의 이익을 대변하는 단체로 노동조합만을 고집하지 않는다는 것과 종업원위원회나 노사협의체를 역사적 실체로 인정하는 것이다. 뿐만 아니라 집단적 목소리를 보장하는 방식으로 전통적인 단체교섭 방식 이외에도 다양한 경로를 장려하고 있다는 점은 향후 입법론에 시사하는 바가 크다. 뒤에서 소개하는 다른 나라의 제도를 살펴보더라도 이러한 개방성은 각국의 입법례에서 확인할 수 있다.

◇ ◇ ◇

노동조합을 헌법 제33조의 근로3권을 향유할 수 있는 유일한 단체로 전제하고 있는 현재의 주류적 해석론에 따르면, 임의단체인 노동조합과 조직상 구별되는 종업원대표제도를 법정화하고 여기에 권한을 강화하고자 하는 방안은, 자칫 노동조합의 약체화 또는 단체교섭의 위축 등을 이유로 위헌론의 시비를 불러일으킬 소지가 있다. 그러나 노동조합의 조직률 하락으로 인한 대표성 약화, 고용형태의 다양화로 인한 다원적 채널의 필요성, 취약근로자의 조직화 미비 등의 현실적 요인을 고려하면 노동조합 외의 대안을 모색하는 일은 필요하다. 이러한 점에서 박제성의 이색적인 문제제기는 충분히 경청할 만하고 향후 관련 논의가 이어지길 기대한다. 아울러 일본의 학자들이 이 문제에 깊이 고민하고 있다는 사실은 타산지석으로 삼아야 할 것이다.

노동조합 중심주의에 따라 노동조합을 제외한 여타의 종업원대표는 보충적 지위에 불과하다는 점을 시인한다고 하더라도, 노동조합이 없거나 소수 노조가 있는 경우 종업원 전체의 의견을 반영할 수 있는 상시적 메커니즘의 필요하다는 점을 부정할 수 없다. 그렇다면 현행 근기법상의 근로자대표나 노사협의회가 그 대안이 될 수 있을까? 앞서 언급한대로 현행의 근로자대표나 노사협의회는 문제점을 노정하고 있을 뿐만 아니라 그 대표성이 의심을 받고 있어 집단적 노사자치를 담보하기가 어렵다. 인식의 지평을 넓히고 제도로서의 보편성을 확보하기 위해 다른 나라의 경험을 참고할 필요가 있을 것이다.

다른 나라의
근로자대표법제

미국[92]

　　미국에서 근로자대표는 노동조합을 의미한다. 노동조합 이외의 근로자대표제도를 규율하는 법규정은 전혀 없다. 현행 미국 노동법을 설계한 뉴딜 시대의 입법자들은 비노조 기구의 필요성뿐만이 아니라, 그 합법성마저도 의심하였다. 다만, 대공황 이전에는 노동조합이 아닌 근로자대표의 원형과 유사한 것이 존재하기는 했다. 노동조합은 아니지만 근로자 간 협동 강화, 생산성 향상 등을 위해 자발적으로 생성된 소모임들이었다. 그러나 루즈벨트 대통령의 뉴딜정책에서는 미국 노동법의 전체적인 나아갈 방향을 NLRA National Labor Relations Act로 규정하였고, 이와 함께 노조가 아닌 기구들은 위법으로 취급되며 역사 속으로 일단 사라지게 되었다. 뉴딜 입법은 노조를 통한 단체교섭을 적극 장려하였고, 이러한 상황에서 사용자들의 노조에 대한 반감이 더욱 커지게 된 측면도 있다.

　　미국의 판례 Electromation Inc. v. NLRB, 35 F.3d 1148 (7th Cir. 1994)는 비노조 대표 기구에 대한 중요한 선례다. 노동조합이 없는 회사에서 피고용인들이 근무 보너스와 수당 정책에 불만을 표하자 회사는 5가지 이슈(①결근·규칙위반 ②금연정책 ③통근 네트워크 ④보직에 대한 수당 ⑤출근 보너스)의 해법을 개발하기 위해 피고용인과 매니저로 이루어진 5개의 활동위원회를 구성하였다. 피고용인들은 자발적으로 위원회에 지원하였고, 근무 시간 중에 회의를 진행할 수 있었으며, 상급자들이 회의의 주제를 결정하고, 해당 위원회의 계획서를 승인받기 위해 제출할지 여부를 결정하였다. 법원은 이러한 활동위원회는 NLRA를 위반한 단체라고 판단하였다. 이 판단에서 법원은 그 위원회가 NLRA 2(5)의 노동단체labor organization, 즉 "피고용인들이 참여하고, 그 단체가 사용자를 상대하여 근로조건이나 기타 법적인 협의 사항들, 즉 노동 분쟁, 임금, 시간당 요율 등을 다루는 경우"에 해당하고, 사용자가 그 단체의 형성에 지배 또는 간섭하였거나 그 운영에 재정적 혹은 기타 지원을 하였다면 NLRA 8(a)(2) 위반이라고 본 것이다.

그러나 비노조 기구에 대한 이러한 법적 금지에도 불구하고, 전통적 노동법의 약화 경향과 함께 근로자 참여와 사업장의 민주성을 위한 새로운 모델들이 자생적으로 등장해왔다. 1960~70년대부터 노동법 학자들은 물론, 사용자들이 비노조 기구의 유용성을 재발견하게 되었고, 1980년대 중반부터는 비노조 기구들의 등장이 가속화되었다. 이는 노조 조직률의 급격한 하락과 관련이 있다. 최근 조사에 의하면 전체 사용자의 75% 정도가 노조 아닌 형태의 기구를 이용하고 있으며, 설문대상 사용자 중 사업장 규모 5천명 이상의 사업장에서는 무려 96%가 이에 해당한다.

이렇듯 비노조 대표 기구가 현실에서 점차 확장되자, 사업장 개혁과 관련하여 이 문제가 주요 이슈로 부상하였다. 결국 1990년대 중반 클린턴 임기 때 NLRA를 대대적으로 개정하자는 움직임이 일어났다. 클린턴 행정부는 던롭위원회Dunlop Commission를 구성하여 「21세기 미국 사업장의 목표」라는 제목으로 향후 노사관계의 미래에 대한 보고서를 출간하였는데, 이 보고서의 핵심 목적은 사업장에서 근로자 참여와 노사협력 증진방안을 마련하는 것이었다. 이 보고서에서는 근로자대표가 여러 가지 형태로 증가하고 있음을 확인하였고, 그 원인은 시장경쟁 심화, 첨단기술 발전, 조직형태의 변화, 그리고 산업사회구조 자체가 변화하고 있기 때문인 것으로 분석하였다. 또한 많은 근로자들이 어떠한 형태로든 참여하고 싶어 하지만 그럴 기회가 주어지지 않고 있다는 현실을 포착하였다. 따라서 법상의 'company union'[93]의 금지가 근로자 대표기구의 성장을 심각하게 막고 있다고 주장하였다. 그러나 이 보고서에서는 여전히 사용자가 시작한 어떠한 형태의 프로그램도 근로자들의 자발적인 노력으로 형성된 노조를 방해해서는 안 될 것이라고 강조하기도 하였다.

따라서 company union을 오랫동안 금지해 왔던 NLRA를 개정하는 내용의 근로자-사용자 팀워크 법안TEAM Act이 발의되기까지 했다. 기존에 부당노동행위로 금지되어 온 사용자 개입, 원조를 부당노동행위에서 면제하자는 것이 이 법안의 핵심 내용이었다. 발의된 후 하원 및 상원 모두에서 통과되었지만, 마지막에 클린턴 대통령이 거부권을 행사함으로써 좌절되었다. 그 이유로는 여전히 company union을 합법화할 경우 사용자들이 이를 악용하고, 근로자들의 자치를 보장해 주지 않게 될 것이라는 우려가 있었기 때문이다.

하지만 미국 노동시장에는 새로운 형태의 대표 기구들이 등장하고 있고, 다양한 형태의 기구가 위법성 여부에도 불구하고 계속 성장해왔다. 그 대표적인 형태로 자가관리팀self-managed teams, 품질관리서클quality circle, 안전위원회safety committee, 이윤배분 프로그램profit-sharingprograms, 정체성 그룹identity Group, 비공식적으로 결성된 노사협력협의회labor-management cooperation committee 등이 존재한다. 그 외에도 근로자 훈련, 네트워킹 등의 목적으로 초사업장 차원에서 결성되는 단체들이 존재한다. 미국에서 노조 조직률의 급격한 저하는 미국 노동운동에도 파급효과를 끼쳐 기존의 역할 재정립 필요성이 여러 차원에서 논의되고 있다. AFL-CIO에서는 비조합원 근로자들에게도 각종 서비스와 상담 등을 지원하는 등 전향적 모습을 취하고 있는 것이 그 증거이다.

독일[94]

독일 근로자대표제도의 핵심적 특징은 노동조합에 의한 대표와 사업장위원회Betriebsrat, works council에 의한 대표의 이원적 체제dualism라는 것이다. 독일에서 사업장위원회는 각각의 단위(사업단위, 공동사업단위, 기업집단단위)에서 근로자를 대표하는 독립적인 법적 기구이다.

역사적으로 근로자대표로서의 독일 노동조합들은 1933년까지 직업별 내지 산업별 단체 체제에 따라 조직되었고, 특히 산업별 단체 체제는 오늘날의 독일 노동조합과 사용자단체의 산별조직 원칙으로 이어져 자리잡게 된다. 제2차 세계대전 이후 독일의 노동운동계는 과거에 정파별로 분열되었던 노동조합들로 인하여 나치즘을 막지 못하였다는 반성이 있었고, 이에 특정 정파를 지향하지 않는 중립적인 산별노조를 조직하게 된다. 특히 연합군 국가들의 영향하에 노동조합들이 새롭게 조직되는 모습을 보였다. 미군 점령 지역에서는 산별 조직시스템에 따른 노조들이 설립되었고, 영국군 점령 지역에서는 산별 조직시스템에 의한 노조들과 더불어 직업별 조직시스템에 따른 사무원노동조합Angestelltengewerkschaft이 설립되기도 했다.

규범적 차원에서 보자면, 독일법상 근로자의 단결권 행사는 독일기본법상의 기본권으로서 보장되는 단결의 자유Koalitionsfreiheit와 단체협약법Tarifvertragsgesetz: TVG에 의하여 보장되고 규율된다. 독일기본법 제9조 제1항에서는 독일 국민의 결사의 자유Vereinigungsfreiheit에 대하여 규정하고 있고, 동 조 제3항에서는 국적에 관계 없이 모든 사람jedermann이 단결의 자유를 가진다는 점을 밝히고 있다. 독일기본법상 단결의 자유는 각 개인이 누구나 향유할 수 있는 자유이다. 따라서 근로자뿐만 아니라 사용자도 단결의 자유를 가지는 것으로 해석된다는 것이 특징이다.

또한 단결권의 기본법적 목적을 실현하기 위한 중심적 매개체가 되는 단결체, 즉 조직 자체도 독일기본법 제9조 제3항의 보호를 받는다. 독일기본법상 단결의 자유의 내용은 개인적인 단결의 자유와 집단적 단결의 자유에 관한 내용을 포함하는 것으로 해석된다는 점에서 이른바 이중기본권Doppelgrundrecht이라고 지칭된다. 개인의 단결의 자유에 의해 단결체를 조직할 자유, 기존 조직에 가입할 자유, 조직에 머무를 자유 등의 적극적 단결의 자유가 보장됨은 물론이고, 지배적 학설과 판례에 따르면 단결하지 아니할 자유 혹은 조직으로부터 탈퇴할 자유, 즉 소극적 단결의 자유도 포함하는 것으로 해석된다. 노동조합과 관련된 규범적 특징을 요약하자면, 독일의 경우 노동조합제도의 법적 기초는 단결의 자유를 규정한 독일기본법 제9조 제3항이며, 노동조합 자체에 대해 규율하는 별도의 법률이 없다.[95]

한편, 근로자의 이해관계를 대변하는 대표제도로서 초기업 단위의 노동조합 이외에 사업장 단위의 종업원대표제도, 즉 사업장위원회가 있다. 사업장위원회는 그 입법적 근거가 사업장조직법이며 동법은 노사가 공동으로 참여하여 사업장 내 주요 문제를 결정하는 기구인 사업장위원회에 관하여 규율한다.

사업장위원회는 제도적으로는 노동조합과 분리되어 있지만, 실무상으로는 매우 긴밀하게 관련되어 있다. 예컨대 노동조합은 사업장협의회의 구성에 큰 영향력을 행사한다. 사업장위원회의 위원이 반드시 조합원이어야 할 필요는 없지만 대개 사업장위원회 구성원 중 약 3분의 2 정도가 노동조합의 조합원이라는 점에서 그러하다.

사업장위원회는 사용자와 사업장협정을 체결할 권리를 가진다. 사업장협정에서는 개별 근로자의 근로환경에 관한 일반적 원칙에 관하여 규정하고, 법령이나 단체협약과 같이 개별 근로관계에 관하여 구속력을 갖는다. 사업장협정은 직접적·강행적으로 적용되며, 사업장협정에는 법령과 단체협약에 의하여 규정되지 않은 사항도 포함될 수 있다.

사업장위원회와 노동조합이 근로자를 대표하는 것은 몇 가지 차원에서 구분된다. 노동조합의 권한은 노동조합에 가입한 근로자들에 의존하기 때문에 노동조합의 권한은 그 근로자가 조합을 탈퇴하면 소멸한다. 반면, 사업장위원회는 그 근로자와 사용자 사이에 고용관계가 있는 한 계속된다. 노동조합에 의한 근로자대표의 기본적 기제는 단체협약의 체결이고, 단체행동의 자유는 그러한 협약의 주요한 도구가 된다. 또한 협약이 체결될 수 없는 곳에서는 강제 중재가 가능하다. 그러나 사업장조직법Betriebsverfassungsgesetz, BetrVG 제74조 제2항에 의하면, 사업장 위원회는 쟁의행위를 할 수 없다.

이상에서 보는 바와 같이, 독일은 근로자대표가 이원적 체계로 구성되어 있다. 근로자들의 이익은 한편에서는 (초기업별) 노동조합, 다른 한편에서는 사업장위원회로 대변된다. 노동조합은 주로 단체협약을 통해 그 조합원들을 대표한다. 사업장위원회는 선거를 통해 사업장 단위로 설치된다. 그들은 특정 사업장에 속한 모든 근로자들을 대표한다. 이러한 이유로 단체협약과 사업장협정의 충돌 문제가 야기될 수도 있다. 그렇지만 사업장위원회가 단체협약과 같은 효력을 가지는 집단적 협약을 체결할 수 있음에도 불구하고, 입법자들은 사업장협의회가 임금과 근로조건에 관해서는 쉽게 단체교섭을 할 수는 없도록 하였다. 즉, 단체협약과 사업장협정의 관계에 있어서는 단체협약이 우선적으로 적용되고 단체협약이 사업장협정과 충돌할 여지는 없다. 특히 사업장조직법 제77조 제3항에 따르면 단체협약을 통해 규율되고 있는 임금 및 기타 근로조건은 사업장협정의 대상이 될 수 없고, 단체협약에서 보충적인 사업장협정을 명시적으로 허용하고 있는 경우에는 그렇지 않은 것으로 되어 있다. 다만, 사업장협의회의 공동결정권과 관련해서는 판례가 단체협약 우선의 원칙이 적용되지 않는다는 입장을 취하고 있다. 이러한 사항으로는 사업장 내 규칙, 사업장 내에서의 근로자 행태에 관한 문제, 근로시간, 휴게시간, 임금지급의 시기와 장소 등이 있다.

독일 고용연구소IAB 사업장패널의 조사결과[96]에 따르면, 2015년에 단체협약이 적용되거나 사업장위원회가 존재하는 사업장이 1996년에 비하여 감소하는 경향을 보였다. 구체적으로 단체협약이 적용되는 사업장의 비율은 독일 전체를 기준으로 1996년에는 65.4%였으나 2015년에는 36.8%로 절반에 가까이 감소하였다. 특히 지역과 산업 분야, 사업장 규모를 가리지 않고 단체협약 적용률이 상당히 감소하였으며, 단체협약 미적용률은 증가하였다. 이러한 경향은 제조업이나 사업장 규모가 큰 사업장에 비해 서비스산업 분야와 사업장 규모가 작은 사업장에서 더 두드러지게 관찰된다. 구체적으로 근로자 수가 20인 미만인 사업장의 경우 단체협약이 적용되는 사업장의 비율은 1996년에 61.8%에서 2015년에 31.8%로 약 30%가 감소한 반면, 근로자 수가 500인 이상인 사업장의 경우 91.4%에서 87.0%로 약 4.4%가 감소하였다. 또한 지역적으로는 전통적으로 서독에서 단체협약 적용률이 동독보다 높지만, 지난 20년간 감소율은 유사하였다.

2017년 총 76,043건의 단체협약이 유효한 것으로 집계되었는데, 그 중 28,981건은 산별 단체협약이었으나 47,062건은 기업별 단체협약으로, 기존에 강력하게 유지되었던 산별 협약의 원칙이 분권화, 파편화된 모습을 보였다. 산별 단체협약의 적용을 받는 노동자 수는 서독에서는 2000년 63%에서 2017년 49%로, 동독에서는 2000년에 44%에서 2017년에 34%로 감소했다. 여전히 산업별 단체협약이 상대적으로 주도적인 역할을 차지하고 있으나 기업별 단체협약의 상대적인 중요성이 증가하고 있으며, 단체교섭의 분권화가 양적 측면에서 상당히 증가

하였음을 알 수 있다.[97]

또한 단체협약 적용률 이외에도 사업장위원회나 기타 대표기구를 통한 근로자 이익대표 비율도 소폭이기는 하지만 지속적인 감소 추세를 보이고 있다.[98] 사업장조직법에 따르면 사업장위원회는 5인 이상의 근로자를 고용한 모든 기업에서 설치가 강제되지만, 사업장 규모별로(500인 이상 기업에서는 89.5% 설치, 5~19인 기업에서는 5.1%설치) 사업장 위원회 설치 여부에 큰 차이를 보이고 있다. 전체 사업장위원회는 지난 20년간 1996년 16.6%에서 2015년 11.9%로[99] 계속하여 감소하였다.

영국[100]

영국의 노사관계는 전통적인 노사자치주의the principle of laissez- faire에 기초하고 있으며, 영국의 근로자대표제도 또한 이 원칙 아래 놓여 있다. 전통적으로 정부는 영국에서 근로자대표를 규율하는 데 거의 관여하지 않았다. 근로자대표는 근로조건에 대한 단체교섭의 목적을 위해 사용자가 자발적으로 노동조합을 인정하는 것에서 발생했다. 근로자대표에 대한 중요한 다른 경쟁적 기능이 없기 때문에 이러한 영국의 시스템은 '단일채널 모델'이라고 불리었다.

이 모델은 두 가지의 중요한 특징을 갖는데, 우선 근로자대표는 법에 의해 규정된 대표규정에 따라 조직되지 않고 근로자대표의 사회적 관행이 있었다. 두 번째로, 인정된 노동조합이 근로자대표 기능을 독점적으로 행사했다. 영국에는 다른 유럽연합의 국가들과 달리 노동조합과 근로자평의회work council와 같이 두 개의 분리된 근로자대표 구조가 있는

2중 채널 모델이 발전하지 않았다.

물론 역사적으로 보았을 때 근로자대표제도를 의무화하는 법제의 입법화 노력이 전혀 없었던 것은 아니다. 전통적으로 지역 단위를 기반으로 하는 영국의 노동조합체제에서 사업장 단위의 의사결정은 노동조합과는 별도의 사업장위원회가 담당하는 측면이 있었다. 2차 세계대전이 종식될 무렵 클레멘트 애틀리(Clement Attlee)가 이끄는 첫 번째 노동당 정부는 직장 내 근로자대표제도를 의무화하는 법제의 입법화를 시도한 바 있다. 그러나 사업장 내의 의사결정은 노사 자율에 의하여 결정할 문제임을 확인하면서 입법을 하지 않았다. 이후 도너번위원회 Donovan Royal Commission 에서도 사업장 내의 의사결정 문제를 중요하였고, 사업장 단위에 대한 노동조합의 역할을 강조하기는 하였지만, 별도의 근로자대표제도에 대한 입법화 노력은 없었다.

이러한 단일채널 모델은 1970~80년대 영국이 유럽연합의 관련 지침을 이행해야 했을 때에도 변하지 않았다. 1970년대 후반에 사업이전이나 경영상 해고와 관련한 유럽연합의 지침이 영국에서 법률로 이행되었을 때 사용자는 오직 인정된 노동조합과 협의하도록 의무가 부여되었다. 사용자가 노동조합을 인정하지 않는 경우나 혹은 노동조합이 없는 사업장에서는 사업의 이전과 관련해 근로자대표 등과 협의해야 할 의무가 전혀 없었다. 1992년 유럽연합집행위원회는 사용자가 노동조합의 인정을 거부한 경우에 사업장에서 근로자대표를 설정하는 기제를 영국이 전혀 보장하고 있지 않은 것이 유럽연합의 지침에 위반한다며 유럽사법재판소에 소송을 제기했다.[101]

유럽사법재판소는 1994년 유럽연합 집행위원회의 주장을 받아들여 영국이 관련 지침을 올바르게 이행하고 있지 않다고 판시했다. 이에 따라 당시의 영국 보수당 정부는 사업양도나 경영상 해고의 경우에 근로자들에 의해 선출된 근로자대표나, 자주적인 노동조합이 인정된 경우에는 노동조합의 대표자와 협의하도록 법을 개정했다. 이 이후에 들어선 노동당 정부는 인정된 노동조합이 없는 경우에만 근로자대표가 선출되도록 해 인정된 노동조합에 근로자대표로서의 우선권을 부여했다.

이러한 단일채널 모델의 역사적 변화에 대해 구체적으로 살펴보자. 1970년대에 들어서면서, 일정한 문제들과 관련하여 사용자가 사업장 내 대표자들과 협의해야 할 법적인 의무들에 관한 유럽공동체(현 유럽연합의 전신, EC)의 법이 마련되었다. 유럽공동체가 영국 정부에 대하여 이를 법제화할 것을 요구하자 개별 법령 안에서 근로자대표와의 협의 의무가 도입되기 시작하였다. 1978년에는 근로자의 건강 및 안전에 관한 법제와 관련하여, 사용자에게 인정받은 노동조합이 임명한 직장의 건강 및 안전 대표자들과 협의할 것이 요구되었다. 1975년에는 사용자는 집단적 정리해고에 대하여 노동조합의 사업장 대표자들에 알리고 협의해야 했고, 1980년부터는 사업의 양도, 합병 등 사업의 이전과 관련하여 사용자에게 그와 관련된 사항들을 노동조합의 사업장 대표자에게 알리고 협의할 의무를 부여하였다. 여기에서 알 수 있듯이, 근로자대표로서 정보를 제공받고 협의의 주체가 되는 것은 인정된 노동조합이었고, 인정된 노동조합이 존재하지 않는 경우 근로자들은 위와 같은 사항에 대한 정보제공 및 협의의 권리가 부여되지 않았다.

영국이 본격적으로 근로자에 대한 정보제공과 협의에 관한 법제를 마련한 것은 유럽연합의 '근로자에 대한 정보제공과 협의 지침'(Information and Consultation of Employees Directive EC Directive 2002/14)의 영향을 받은 것이다. 즉, 2004년에 '근로자에 대한 정보제공과 협의에 관한 규정'(Information and Consultation of Employees Regulations 2004, 시행은 2005년 4월 6일, 이하 ICE)을 마련하였다. 이것은 앞서 드러난 바와 같이, 영국의 자발적 의지였다기보다는 유럽의 확대를 도모하는 유럽연합의 체제하에서 유럽연합이 강제하는 지침을 무시하지 못했던 것이다. 그러나 이 규정은 사업장 수준에서 근로자대표제도를 포괄적으로 도입하는 효과를 거두지는 못했다. 이 규정에서는 근로자 50명 이상의 사업장에 적용되도록 하고 있는 한편, 사용자가 근로자들에게 정보제공 및 협의의 의무를 다하도록 하기 위해서는 사용자 또는 근로자가 먼저 정보제공이나 협의를 요구할 것이 필요하기 때문이다.

ICE는 근로자들이 직접 또는 그들의 대표자를 통하여 사용자로부터 정보제공을 받고 협의할 수 있도록 하고 있다. 선출되거나 임명된 근로자대표자들은 특정한 주제들 또는 특정한 사건의 발생에 관하여 정보를 제공받고 협의할 권리들을 갖는다. '근로자들의 건강과 안전에 관한 법'(The Health and Safety at Work etc Act 1974) 아래에서, 사용자들은 근로자들의 건강과 안전에 실질적으로 영향을 미칠 수도 있는 조치들의 도입을 포함한 특정한 문제들에 관하여 대표자들과 협의할 것이 법적으로 요구받는다. 또한 '기업들의 사업 이전 시 고용보호에 관한 법'((The Transfer of Undertakings @Protection of Employment) Regulations

2006) 아래에서, 사용자들은 기업이 이전될 때에는 언제든지 그들이 이전과 연관되기를 의도하는 조치들 중에 영향을 받는 근로자들의 대표자들에게 알리고 그들과 협의해야 한다. '집단 정리해고에 관한 법'(The Collective Redundancies (Amendment) Regulations 2006) 아래에서, 사용자들은 90일 또는 그보다 적은 기간 안에 한 사업에서 20명 또는 더 많은 근로자들을 한 번에 정리해고하기 위해서는 언제든지 영향을 받는 근로자들의 대표자들에게 알리고 그들과 협의해야 한다. 또한 사용자들은 그중에서도 해고를 피하거나 해고의 결과를 완화시키는 가능성이 있는 경우들을 협의해야 한다.

다만, 위와 같은 내용들은 관련법에 따라 정해진 최소한의 내용일 뿐, 정보제공이나 협의와 관련하여 포함시킬 수 있는 주제에 제한은 존재하지 않는다.

한편, 정보제공이나 협의라는 용어와 관련하여 각각의 용어가 의미하는 것이 무엇인가에 대한 논의가 있을 수 있지만, 일반적으로 사전적 의미로 이해되고 있다. 정보제공(information)은 사용자에 의하여 근로자들 또는 근로자대표자들에게 자료의 일방적인 이전을 의미하는 것이고, 협의(consultation)는 쌍방향적인 과정을 의미하는 것이다. 그러므로 정보와 협의는, 단순히 어떤 특정한 정보를 통지하여 그에 대한 답을 듣는 것 이상의 의미다.

전체적으로 살펴보았을 때, 영국에서 근로자대표는 세 가지의 종류로 유형화 시킬 수 있다. 첫째는 이미 존재하고 있는 근로자대표이고, 둘째는 특정한 사안과 관련하여 특별히 선출된 근로자대표이며, 셋째는 단체협약 체결을 하는 단체교섭을 위하여 인정된 노동조합이다. 어느 경우에 어떤 근로자대표이어야 하는지에 대해서는 개별적인 법령이 정하는 바에 따르게 될 것이다. 예를 들어 정리해고나 기업의 이전과 관련하여 사용자는 근로자들에게 정보제공 및 협의 의무를 부담하게 된다. 이때 인정된 노동조합이 있는 경우에는 그 노동조합의 대표자에게, 인정된 노동조합이 없고 일반적 근로자대표가 존재하는 경우에는 그 근로자대표에게 제공한다. 그러한 근로자대표가 없을 경우에는 정리해고나 기업의 양도와 관련하여 정보제공 및 협의 의무를 이행하기 위하여 특별히 근로자대표를 선출하도록 해야 하는 한편, 그 절차에 따라서 선출된 근로자대표가 그 의무를 부담하는 것이다. 만약 정해진 절차에 근로자대표가 응하지 않았을 경우에는, 개별 근로자들에게 직접 해당 정보제공을 하도록 하고 있다.

2004년 ICE가 제정된 이후 근로자대표 설정을 보면, 정리해고가 발생했던 사업장 가운데 75% 이상의 사업장이 근로자와 직접 또는 근로자대표에 대하여 정보제공 및 협의 의무를 다한 것으로 조사되었는데, 인정 노동조합이 존재하지 않는 사업장에서 이 의무를 위반한 경우가 가장 높았다고 한다. 별도의 근로자대표보다는 오히려 근로자들과 직접 하는 경우가 일반적이라고 한다.

한편, 사용자의 정보제공 및 협의와 단체협약의 관계를 규율하는 법은 존재하지 않는다. 개별적인 영역에서 각각의 적당한 주제와 관련하여 그 역할이 구분되고, 개별적으로 규율된다. 그러나 현실적으로는 사업장 단위에서 단체교섭에 대하여 인정된 노동조합이 근로자대표로서 역할을 하는 것이 가장 일반적이다.

프랑스[102]

프랑스의 근로자대표제도는 헌법에 기반을 두고 있다. 현재 시행 중인 프랑스 헌법의 일부인 1946년 헌법은 "모든 근로자들은 그들의 대표를 통해서 근로조건에 대한 단체적(집단적) 결정과 기업경영에 참여한다."라고 규정하고 있다. 프랑스 노동법은 성문법이 극히 중요한 역할을 하고, 근로자대표제도가 노동법전에 기반을 두고 있다는 것이 주목할 만하다.

프랑스 근로자대표제도의 특징은 기업 내 근로자대표의 이중 채널이다. 종전에는 기업위원회comité d'entreprise와 고충처리위원délégué du personnel, 위생안전위원회comité d'hygiène, de sécurité et des conditions de travail가 각각의 기구로서 존재했다. 그러다 2017년 말 소위 '마크롱법'이 행정입법을 통해 2018년부터 시행되면서 기업 내 비노조 근로자대표기구가 사회경제위원회Comité social et économique로 일원화되었다. 11인 이상의 근로자가 있는 기업에서는 사회경제위원회를 의무적으로 설치하여야 하고, 사회경제위원회는 '기업의 조직, 경영, 일반적인 운영사항'에 대해 정보를 받고 협의를 할 수 있다(L.2312-8조). 50인 이상의 기업에 설치된 사회경제협의회는 이러한 사항에 대한 협의가 강제된다.

비노조 근로자대표제도 외에 기업 내 노동조합의 존재도 인정된다. 각 노동조합은 지부section syndicale를 설립할 수 있다. 근로자 50명 이상 기업의 경우 각 대표적 노동조합이 노동조합대표위원을 지명할 수 있다. 프랑스에 복수노조주의가 존재하는 한, 한 기업에 몇 개의 대표적 노동조합도 있을 수 있으므로 여러 명의 노동조합대표위원들이 지명될 수 있다. 노동조합대표위원들은 기업 내에서 노동조합을 대표하고, 법적으로는 근로자의 물질적·비물질적 이익의 보호를 담당한다. 프랑스의 모델에 있어서 노동조합은 그 조합원뿐만 아니라 모든 근로자를 대표하는 것이다. 노동조합대표위원의 주요 기능은 기업별 단체교섭이다. 노동조합대표위원은 사용자와 교섭하고 기업별 협약에 서명할 수 있다.

이 복합적 제도는 노동조합대표위원과 선출된 종업원대표 역할의 정확한 분배에 기반을 두고 있다. 기업위원회는 기업 경영과 경제적·재정적 발전, 노동 조직, 직업 훈련 및 생산기술과 관련된 결정을 내리는 데 있어서 근로자들의 이익을 고려하도록 그들의 입장을 집단적으로 표현한다. 경제적 발전과 노동조직 분야에 있어서도 기업위원회가 주로 자문적 역할을 하고 있다. 노동조합대표위원들은 자기가 속하는 노동조합과 그 노동조합 조합원 및 기업 내 모든 근로자의 이익을 대표한다. 그들의 주된 기능은 사용자와 교섭하는 것이다.

프랑스 법이 단체교섭을 할 노동조합의 역할과, 기업에 대한 정보 수집 그리고 사용자와 협의할 기업위원회의 역할을 분명히 분리하고 있으나, 그 두 개의 역할 사이에 중요한 제도적 관련성이 있다. 첫째, 노동조합이 기업위원회 선거 1차 투표에 있어서 후보 추천에 대한 독점권을 가진다. 따라서 기업위원회 위원들이 노동조합에 속한다. 둘째, 대표적 노동조합이 한 근로자를 기업위원회에서 자신의 대표자로 지정할 수 있다. 그러므로 노동조합은 기업위원회가 어떻게 활동하고 있는지를 잘 알고 기업위원회와 똑같은 정보를 받는다. 셋째, 프랑스 노동법은 근로자에게 다양한 대표기능을 수행할 권한을 부여한다. 따라서 같은 근로자가 기업위원회의 위원일 수도 있고 동시에 노동조합 대표일 수도 있다.

기업별 단체교섭에서는 원칙적으로 대표적 노동조합이 지명한 노동조합대표위원만이 단체협약을 교섭하고 체결할 수 있다. 그러나 1996년 11월 12일, 법은 노동조합대표위원이 없는 기업에서 종업원의 선출직 대표(고충처리위원 및 기업위원회 근로자위원) 및 노동조합으로부터 위임받은 근로자에 의한 단체교섭의 가능성을 승인하였다. 이 법의 합헌성을 인정한 헌법위원회Conseil constitutionnel에 따르면, "단체교섭은 노동조합의 본래적 기능에 속하는 것이긴 하지만, 노동조합만이 단체교섭에 있어서 근로자의 독점적 대표로서의 지위를 누려야만 하는 것은 아니다."[103] 이러한 새로운 교섭 담당자들에 의하여 체결된 기업별 협약은 산별노사 공동위원회의 인준을 받아야만 했다. 이 인준은 선출직 대표 또는 위임된 근로자가 체결한 협약에 진정한 단체협약으로서의 효력을 부여하는 것이었다. 특히 법이 이른바 기업별 불이익변경협약의 체결로 실시할 수 있도록 한 노동유연화의 가능성을 실현시킬 수 있도록 허용하는 것이었다. 하지만 다소 복잡한 방식으로 설계된 이 새로운 제도는 그다지 큰 성공을 거두지 못했던 것으로 평가된다.[104]

2000년 1월 19일, 법은 노동조합대표위원이 없는 기업에서의 단체교섭 담당자로 우선 노동조합에 의하여 위임 받은 근로자를 택했다. 그

것이 선출직 종업원대표에 의한 것보다 간단한 방식이었기 때문이다. 위임 받은 근로자에 의하여 체결된 기업별 협약은 해당 기업 종업원 전체의 인준투표에서 과반수의 찬성을 획득해야만 비로소 유효한 것이 될 수 있었다. 한편, 위임 받은 근로자가 없는 경우에는 근로자 50인 미만의 기업에서는 고충처리위원이 단체교섭을 하도록 하고, 근로자 11인 미만의 기업에서는 종업원 총투표를 실시하도록 하였다. 1996년 법과 달리 2000년 법은 기업위원회 근로자위원에 의한 단체교섭의 가능성을 인정하지 않았다. 2000년 법의 입법자는 50인 이상의 기업에서는 전국 단위의 노동조합이 적극적으로 근로자를 위임하는 쪽을 기대한 것이라고 생각할 수 있다. 그 결과 이 시스템은 하나의 약점을 안게 되었다. 노동조합대표위원이 없는 50인 이상의 기업에서 어떤 근로자도 위임되지 못한 경우, 법의 틀 속으로 들어갈 수 있는 단체교섭은 교섭할 대표가 없기 때문에 불가능해진다는 약점이다.

2004년 5월 4일의 이른바 피용 법은 노동조합대표위원이 없는 기업에서 선출직 종업원대표 또는 위임 받은 근로자에 의한 단체교섭을 일반적이고 항시적인 제도로 자리매김하면서 개혁을 일단 마무리지었다. 2004년 법이 이전의 1996년 법이나 2000년 법과 구별되는 점은 다음과 같다.

첫째, 노동조합대표위원이 없는 경우에 교섭 담당자로 나서는 자들의 우선순위를 명확하게 하였다. 1996년 법은 선출직 종업원대표들 사이의 우선순위를 규정하지 않았으며, 2000년 법은 위임 받은 근로자를 1순위로 정했다. 반면에 2004년 법은 기업위원회 근로자위원을 1순위로 하고, 기업위원회가 없는 경우에는 고충처리위원을 2순위로 하며, 고충처리위원도 없는 경우에 마지막으로 위임 받은 근로자가 나서도록 하였다.

둘째, 새로운 교섭 담당자에 의하여 체결된 기업별 협약의 유효 요건에 관한 것이다. 1996년 법은 선출직 종업원대표가 체결한 협약이든 위임 받은 근로자가 체결한 협약이든 모두 산별노사공동위원회의 승인을 얻도록 하였으며, 2000년 법은 산별노사공동위원회의 승인 대신 종업원 인준투표를 통한 승인을 얻도록 하였다. 2004년 법은 선출직 종업원대표가 체결한 협약의 경우에는 산업별 협약으로 정한 다수대표제에 의하여 승인되도록 하였고, 위임 받은 근로자가 체결한 협약은 종업원 인준투표를 통하여 과반수의 승인을 얻도록 하였다.

프랑스의 제도는 기업별 교섭권을 대표적 노동조합(노동조합대표위원)에 부여하고, 그러한 노동조합이 없는 경우에는 기업위원회 또는 고충처리위원 또는 위임받는 근로자가 협상할 수 있도록 허용하고 있다.

◇ ◇ ◇

이상 4개국의 종업원대표시스템을 비교해보면 미국과 독일이 양극단이고 프랑스와 영국이 그 중간형임을 알 수 있다. 독일의 경우 노동조합은 초경영적 토대 위에서만 설립될 수 있도록 하고, 사업장 차원에서는 아예 노동조합이 들어올 수 없게 하고 있다. 이에 반해 미국은 사업장 차원에서도 노동조합만을 유일한 대표로 제도화하고, 어용화 또는 사용자의 지배 개입 가능성을 염려하여 여타의 노사협의회를 불온

시하고 있다. 프랑스는 노동조합과 종업원대표와의 병존 가능성을 열어 놓고 이 양자의 관계를 어떻게 설정하는지에 대해 입법자가 고심하고 있다. 영국은 노동조합을 중심으로 하면서도 인정된 노동조합이 없는 경우를 대비하여 제한된 영역에서 종업원대표를 실험하고 있다.

유럽의 여러 국가들 사이에서 왜 사업장 내 근로자대표 형태가 다양하게 전개되었을까? 이에 대한 오오우치 신야大內伸哉의 분석은 흥미롭다.[105] 오오우치 신야는 1960년대까지 사업장 내 의사결정은 노동조합이 아닌 종업원대표를 중심으로 행해졌고, 그 이후 기업 외부에 존재하던 산별노조가 기업 내부로 침투했다는 가설을 제시한다. '내부이동 가설'에 따라 프랑스는 초기업별 노조가 법률의 힘으로 기업 내부로의 진출에 성공한 반면 독일은 실패했다는 것이다. 즉, 노동조합의 조직률과 사회적 영향력, 기존 법제도의 존재 양식과 규범구조 등의 차이가 서로 다른 모델을 취하게 된 배경이라는 것이다.

독일, 프랑스는 서로 다른 제도를 택하게 되었지만 연혁적인 측면에서 공통점을 발견할 수 있다. 이를 통해 산별체제의 한계를 극복하기 위해 사업장 차원의 대표에 적극적으로 관심을 가지게 되었고, 제도 형성 과정에서 종업원대표의 민주적 정통성을 확보하는 작업이 입법론의 주요 관심사가 된다고 해석한다.[106] 미국도 일찍이 사업장 차원의 근로자대표가 존재했지만 기업 외부에 존재하는 산별, 직종별 노조가 기업에 침투함으로써 사업장대표는 사라지게 되었다. 이 경우 민주적 정통성 또는 대표성이 다수결 원칙에 따른 배타적 교섭대표제를 통해 담보되었다는 점을 상기하면 내부이동 가설은 나름대로의 설득력을 지닌다고 볼 수 있다. 영국은 앞에서 살펴본 바와 같이 노사자치주의 혹은 임의주의voluntarism의 전통에 따라 법이 침묵하였지만, 최근의 강제적 승인제도를 도입하는 등 사업장 차원에서의 대표성에 관해 실정법이 예민한 관심을 보이고 있다.

우리나라의 경우 근로자대표가 근기법상의 과반수근로자대표, 근참법상 근로자위원, 노조법상 교섭대표노동조합의 중층적 구조로 이루어져 있어 외형상 프랑스의 모델과 유사하다고 볼 수 있다.[107] 그러나 과반수 노조가 존재하는 경우 과반수 노조가 앞의 세 경우의 지위를 독점하기 때문에 그런 점에서는 미국의 모델과 유사한 측면이 있다. 반면, 과반수노조가 존재하지 않는 경우에는 제도적으로 근로자대표나 노사협의회는 노동조합과 아무런 연관성이 없고 노조의 힘을 이용할 길은 봉쇄되어 있다. 그럼에도 독일과 같이 대표로서의 자주성과 실체성을 담보할 만한 절차규정이 없어 사용자 주도로 운용될 위험성을 내포하고 있다. 앞서 소개한 노사협의회의 실태조사를 보면 이 점이 확연히 드러난다. 우리나라의 상황에서는 과반수 노조가 존재하지 않는 경우 근로자대표제도의 문제점이 특히 부각되며, 이를 어떻게 해결할 것인지가 주요 관심사가 되는 이유이다.

오오우치 신야의 내부이동 가설은 우리에게 직접적으로 유용하지는 않을 것이다. 왜냐하면 우리나라의 경우 외국과 달리 기업별 노조가 사업장 내의 근로조건 형성에 주도적인 역할을 해왔기 때문이다. 산별체제에서의 사업장 내 공동화를 방지하기 위한 입론인 내부이동 가설을 적용하기에는 노사관계의 지형이 다르다. 그러나 사업장 차원에서의 종업원 또는 근로자대표의 요체가, 역사적 경로와 현재적 법제도가 어떠하든 민주적 정통성 내지 대표성의 확보에 있다는 점은 공통적이다. 근로자들의 관심이 전통적인 근로조건인 임금, 근로시간을 넘어 고용 안정으로 옮겨가고 있다는 사실과 산별체제로 급속히 이행하고 있는 우리의 현실을 감안하면, 우리의 노동운동 관심사는 '외부로의 확산'에 모아져야 하지 않을까 싶다. 이 경우 사업장 차원의 의사결정 시스템은 법률에 의해 강한 대표성이 담보되는 방식으로 재설계되어야 할 것으로 보인다. 적어도 사업장 차원에서는 임의적인 단체인 노동조합에 전적으로 의존하기보다는 상설적인 법정기구의 역할을 강화하는 방안을 모색하는 것이 외국의 예에 비추어 보았을 때 보편적인 현상일 것이다.

상설적인 종업원위원회 설치의 제안

상당수의 연구자들이 상시적인 대표시스템 모델을 제시하고 있다. 눈에 띄는 공통점은 노사동수로 구성되는 협의체committee 모델을 선호하고 있다는 점이다.[108] 나 역시 예전에는 협의체 모델을 주장했으나 지금은 입장을 바꾸어 종업원들만으로 구성되는 위원회방식work council을 제안하고자 한다.

노사협의회는 노사동수의 회의체 기관으로 협의와 의결 기능을 수행하고 있으나, 여기에 참여하는 근로자위원들을 근로자대표기관으로 볼 수 있는지가 불분명하다. 물론 근로자들의 선거 또는 과반수 노동조합의 위촉을 통해 선출된다는 점에서 대표기관으로서의 형식적 정당성은 인정될 수 있다. 그러나 대표기관이라면 적어도 피대표자의 이익을 위해 그의 의사를 대신 결정하고 반영할 수 있는 절차적 시스템과 독립적 활동을 보장받아야 한다. 하지만 노사협의회의 근로자대표는 그러한 독립성을 보장받지 못하고 있고, 의결절차상으로도 근로자 측의 의결을 실현시키거나 사용자 측의 일방적 조치를 저지시킬 법적 권한들(동의권, 거부권, 이의제기권 등)을 가지고 있지 못하다.[109]

그간의 경험을 보면 실제 노사협의회는 어떠한 주체로 상정되기보다는 법상의 경영 참여 기능을 수행하기 위한 형식적인 존재로 있어 왔다고 볼 수 있다.[110] 그 결과 노사협의회는 근로조건 결정권을 가지는 독립된 실체[111]로 인정되기 어렵다. 또한 협의 및 의결 사항과 관련하여 근참법상 이행의무와 처벌규정을 두고 있으나, 이행의무와 관련하여 노사협의회 또는 근로자대표가 사법상 청구를 행할 수 있는지에 대해서는 의문이 있다. 근참법상의 참여권은 사법상의 권리침해에 대한 손해배상이나 방해 배제로 구성하기가 어렵고, 현행 근참법도 이 점을 고려하고 있지 않다.

이에 반해서 근기법상의 근로자대표와 사용자가 체결한 서면합의나 집단협정의 경우에는 직·간접적으로 그해 사업장의 근로조건을 결정하거나 변경하는 효력이 인정된다.[112] 단체협약과의 규범적 위계, 개별 근로자의 개별적 동의, 취업규칙의 변경이 필요한지의 여부와 관련하여 입장의 대립이 있지만, 적어도 계약 주체로서의 실체성은 전제되어 있다.

새로이 구상하는 대표시스템은 경영 참여의 기제로서뿐만 아니라 사업장 차원의 근로조건을 결정하는 주체로서의 역할을 부여하고자 하기 때문에 위원회 방식이 더 효과적일 것으로 보인다. 요컨대 독일의 종업원위원회 혹은 사업장위원회와 같이 종업원들만으로 구성되는 단체로서 강한 실체성을 부여하는 것이 필요할 것이다.

독립된 실체로 인정받기 위한 최소한의 요건은 다음과 같다.[113] 노동조합은 원칙적으로 구성원들의 임의적 가입을 통해 그 대표성을 보장받지만, 종업원위원회는 가입의사를 묻지 않고 법에 의하여 강제된 제도이기 때문에 집단자치의 실현을 위한 제반 요건이 필요하기 때문이다.

- 첫째, 대표로서의 정통성이 확보되어야 한다.
- 둘째, 선출 절차 및 운영에 있어 민주성이 확보되어야 한다.
- 셋째, 사용자로부터 독립성이 확보되어야 한다.
- 넷째, 사용자와의 대등성이 확보되어야 한다.
- 다섯째, 조직으로서의 상설성과 지속성이 보장되어야 한다.

이러한 요건을 구체적으로 어떻게 제도화할 것인지는 앞으로 논의가 필요하다. 이제 위원회의 역할과 기능에 관한 기본구상을 살펴보자.

종업원위원회의 역할에 대한 기본구상

기존의 근로기준법상 근로자대표와 근참법상 노사협의의 기능을 통합하면, 종업원위원회는 집단협정의 체결 주체로서의 지위를 가지면서 협의 권한과 의결 권한, 고충처리 권한 등을 행사하게 될 것이다. 이를 설명하면 다음과 같다.

- 첫째, 집단협정의 체결 주체와 관련해서는 근로기준법, 근로자퇴직급여보장법, 파견근로자 보호 등에 관한 법률, 산업안전보건법, 고용상 연령차별 금지 및 고령자 고용촉진에 관한 법률, 고용정책기본법에서 서면합의권, 동의권 관련 조항과 근참법상의 의결사항 조항이 여기에 포함될 수 있을 것이다. 근참법상의 의결사항은 노사 협조적 질서 형성을 염두에 둔 것이어서 서면 합의와 성격이 조금 다르기 때문에 그 실효성 확보를 위한 실무적 작업이 필요할 것이다(예컨대 강제중재제도의 도입 등).
- 둘째, 협의 기능이 있어야 한다. 근참법상의 협의사항과 근기법상 등에서의 협의사항이 여기에 포함될 것이다. 협의사항을 이행하지 않는 경우에 대비하여 그 실효성을 확보하기 위한 개선책을 강구하여야 할 것이다.
- 셋째, 보고 기능이 있어야 한다. 근참법상의 보고사항과 산업안전보건법상 등의 보고사항이 여기에 필요할 것이다.
- 넷째, 사용자의 의견청취의무와 정보제공의무 등이 규정되어야 한다.

단계적 접근의 필요성

나는 이전에 과반수 노조가 없는 사업장부터 별도의 종업원대표시스템을 도입하자고 주장했었다. 과반수 노조가 존재하는 경우에는 현행법상으로도 노동조합이 근기법상의 근로자대표, 근참법상의 노사협의회 기능을 수행하기 때문에 운영상의 통일성을 기대할 수 있기 때문이다. 또한, 노조의 힘을 바탕으로 종업원 전체의 이익을 효과적으로 반영할 수 있다는 사정이 주된 이유였다. 과반수 노조가 존재하지 않거나 무노조 사업장의 경우 대표성의 문제가 심각하기 때문에 이를 보완하기 위해 우선 단기적으로는 과반수 노조가 존재하지 않는 경우에 대비하여 종업원대표시스템을 설계할 것을 제안하였다. 이는 우리 현실에 얼마나 적합하고 받아들여질지를 고려한 일종의 전략적 선택이었다.

그러나 종업원위원회 방식을 채택하면서 이 입장을 바꾸려 한다. 무엇보다도 과반수 노조라 하여 왜 비조합원의 발언권을 봉쇄해야 하는지에 대해 원리적 정당성을 찾기 힘들기 때문이다. 과반수의 여부는 변동적이고 우연적인 사실이라 제도의 안정적 운영에 방해가 될 뿐만 아니라, 지금의 노사협의회 운영 실태를 볼 때 취약노동자의 보호에 중대한 흠결이 발견되기도 한다. 하도급업체 근로자 또는 파견근로자의 참여 확대를 위해서도 노동조합이라는 매개물은 법리적으로도 현실적으로도 도움이 되지 않는다.

◇ ◇ ◇

사업장 차원에서 상설적인 법정 종업원대표시스템의 도입이 필요한 이유는 다음과 같이 요약할 수 있을 것이다.

첫째, 노동조합은 임의로 가입하는 자에 의해 구성되는 것이므로 조합원만을 대표하는 것이 기본 원리이고, 비조합원을 대표하는 것은 원리적으로 적합하지 않다.

둘째, 노동조합은 임의로 결성되는 단체이므로 기업 내에 상시 존재한다고 할 수 없다. 오히려 무노조 사업장이 다수이고 향후 복수 노조와 산별화가 진행될 경우 사업장 내 대표 노조의 기반은 약화될 것으로 예상된다.

셋째, 기업 내 종업원의 지위와 밀접히 연관되어 통일적인 규제를 필요로 하는 사항이 많은데, 지금까지는 사용자가 일방적으로 작성하는 취업규칙에 의존하고 있어 계약당사자의 의사가 적절히 반영되지 못하는 경우가 많다. 뿐만 아니라 현행법의 해석상 권리분쟁이나 경영사항을 단체교섭의 대상에서 제외시키고자 하는 경향이 강하기 때문에 단체협약의 규제력이 약해지고 있다.

다른 나라의 사례를 비추어 볼 때 종업원대표를 제도화하기 위해서는 입법이 개입하는 것이 보편적인데, 그 정당성을 부여받기 위해서는 종업원대표가 종업원 전체를 대표하는 정통성이 있어야 한다. 노조의 경우 이러한 정통성은 조합원의 의사에 기초한 수권에서 나온다. 반면, 종업원대표제의 경우 근로자가 종업원집단의 일원이라는 이유만으로 대표-피대표 관계가 설정되므로 종업원대표가 정통성을 가지기 위해서는 집단적 수권을 통해서 인정받아야 할 것이다. 그리고 그 정통성은 바로 민주적인 선거를 통해서 구현될 수밖에 없고 이 점이 입법에 충분히 반영되어야 할 것이다. 앞서 분석한 바와 같이 사업장 내 근로자대표시스템의 정비에 있어 역사적 경로와 현재의 법제도가 각각 다름에도 불구하고 입법자가 대표의 민주적 정통성에 비상한 관심을 가지는 것도 바로 이러한 이유다. 내가 기존의 입장을 바꾸어 노사동수의 회의체 방식인 노사협의회보다는 독일식의 종업원위원회 방식을 제안하는 것도 같은 맥락이다.

종업원위원회가 설치될 경우 그 권한을 어느 정도 허용할 것인지는 입법정책상의 문제이긴 하지만 노동조합의 근로3권을 침해하지 않는 범위에서 설계되어야 할 것이다. 왜냐하면 헌법의 개정 없이 해석론으로 노동조합 중심론을 부정하기는 어렵기 때문이다. 국제노동기구는 다원적인 의사소통 채널을 권장하고 있으면서도, 종업원대표제가 기존 노동조합을 약화 또는 대체하거나 새로운 노동조합의 결성을 방해하지 말 것을 줄곧 강조해오고 있다.[114] 이를 위해 단체교섭의 대상 사항에 포함되지 않거나 근로조건의 결정과 관련해 다른 제도에서 일반적으로 다루어지지 않는 상호 관심사로 종업원대표의 기능을 국한할 것을 권고한다.[115] 이러한 점들을 감안하면 현행의 근참법 제5조에서 명시하고 있듯이 종업원위원회가 노동조합의 단체교섭 기능을 위축시키는 방식으로 설계되어서는 안 될 것이다.

종업원위원회가 상설될 경우 현행의 유니온 숍 제도나 사업장 차원의 일반적 구속력 제도는 재검토가 요구되고 취업규칙제도도 근원적인 개선이 필요하다. 유니온 숍 제도는 개인의 소극적 단결권이나 단결선택의 자유를 침해하여 위헌성의 논란이 있다. 과거 노동조합 외의 다른 대안에 대한 발상이 존재하지 않던 시절에 단결강제의 일환으로 인정되던 것이다. 현재 선진국에서 그 합법성을 인정하는 예가 오히려 극소수에 불과하다는 점을 고려하면 전향적인 개선이 필요하다. 사업장 차원에서 상설적인 종업원위원회가 존재하게 되면 종업원의 근로조건 개선을 위해 노조에 가입할 것을 강제하는 방식보다는 종업원위원회의 대표성을 강화하는 방안을 모색하는 것이 보다 합리적이다.

사업장 차원의 일반적 구속력 제도는 그 취지가 불분명할 뿐만 아니라 비조합원의 무임승차를 조장하는 문제점을 안고 있다. 또한 근로조건 통일화를 그 제도적 취지로 이해한다 하더라도 상설적인 종업원위원회에 그 기능을 맡기면 되므로 굳이 이러한 법적 의제를 행할 필요가 없을 것이다. 사용자가 일방적으로 작성하는 취업규칙에 법규범성을 인정하는 것 자체가 원리적으로 문제가 있다. 이 제도는 과거 종업원의 대표시스템이 제대로 작동하지 못할 경우에 대비하여 국가가 후견자적 견지에서 근로조건 유지 개선을 도모하기 위해 안출된 제도라는 점, 그럼에도 불구하고 현실적으로는 사용자의 주도에 의해 당사자의 계약의사가 무시되기 일쑤라는 점 등을 고려하면 종업원위원회가 집단협정을 통해 근로조건을 형성하도록 하는 것이 바람직하고 또한 보편적인 현상이다.

근로자들의 목소리를 반영하기 위한 새로운 방안의 모색으로 근로자위원회가 주도하여 체결하는 사업장협정의 도입이 제안되고[116] 최근 서울시에서 추진하고 있는 근로자이사제도 등이 활발히 논의되고 있으며 이와 관련된 쟁점들에 대해서는 꾸준한 검토가 필요하다.[117]

6장

비정규직,
무엇이 문제이고
어떻게
해결할 것인가

비정규직은 정규직이 아닌 근로자를 말한다. 그렇다면 소위 말하는 비정규직의 문제는 정규직이 아니기 때문에 생기는 문제라는 의미로 이해될 수 있다. 그렇다면 정규직이 아닌 것이 왜 문제일까? 이는 바꿔 말하면 정규직이 왜 좋은가에 대한 물음이다. 정규직은 특별한 이유가 없는 한 정년까지 계속 회사에 다닐 수 있다. 많은 경우 월급도 연공급으로 정년까지 조금씩 계속 인상된다. 안정적인 직장에 안정적인 소득이다. 반면에 비정규직은 일시적인 고용이다. 계약기간이 끝나면 다른 곳에서 또 일거리를 찾을 수 있을지 불확실하다. 임금도 높지 않고, 연공급이 적용되지도 않는다. 어떤 근로자도 이러한 조건을 선호하지 않는다.

중요한 것은 근로자들이 선호하지 않는 그 똑같은 이유로 기업들은 비정규직을 더 좋아할 수도 있다는 점이다. 기업 입장에서는 고용도 유연하고 임금도 낮으니 비정규직으로 채용하는 것이 더 편하고 부담도 적다. 여기서 몇 가지 질문이 가능하다. 기업 입장에선 비정규직이 정규직보다 더 편하고 비용이 적게 든다면, 왜 모두 비정규직으로 채용하지 않을까? 예전에는 비정규직이 거의 없었고 대부분이 정규직이었는데, 그 때는 왜 그랬을까?

아마도 임금이 그다지 높지 않을 때는 정규직의 부담이 그리 크지 않았을 것이다. 그러다 노동시장에서 임금 수준이 높아지고 고임금 경제 구조가 고착화되면서 노동비용이 압박이 되자, 정규직의 부담을 줄이는 방법으로 비정규직 채용이 확대되기 시작했을 것이다. 그러나 무작정 비정규직을 늘릴 수는 없다. 기업이 임금도 낮게 주고 고용안정도 약속해주지 않으면, 일하는 사람들은 그곳을 떠나서 다른 곳으로 이직하려 할 것이다. 당연히 우수한 능력을 갖춘 인재부터 나가버릴 것이다. 결국 우수한 인재를 필요로 하는 곳에서는, 즉 높은 수준의 능력을 필요로 하는 직무에서는 정규직으로 채용해야만 사람을 구할 수 있을 것이다.

정규직, 비정규직 그 자체가 문제가 아니라 결국은 좋은 조건의 대우가 핵심이다. 설사 비정규직의 근로계약이라 하더라도 (예컨대 프리랜서) 그들과 오래 같이 일하고 싶어 하고 더 좋은 대우를 한다면 더 이상 문제가 되지 않는다. 만약 근로자 입장에서 정규직보다 비정규직의 근로 형태가 자신에게 더 유리하다면 굳이 정규직을 선택하지 않을 수도 있다.

결국 비정규직의 문제는 기술 수준이 낮은 사람들의 문제로 요약될 수도 있다. 기술 수준이 낮을 경우, 이런 직무에 누구를 쓰든지 기업들은 별로 신경을 쓰지 않을 것이다. 또 그들에게 대우를 높게 해주려 하지도 않을 것이다. 노동시장에서 이들에 대한 수요보다 공급이 많을 경우에는 임금 수준은 더 떨어질 수 있다.

양극화를 해결하기 위해서는 무엇보다도 비정규직 문제를 풀어야만 한다는 주장이 있다. 한국의 임금소득 양극화는 심각한 수준이며 저임금 근로자 비중도 매우 높은 수준이다(OECD 국가 중 2위). 따라서 '임금소득이 낮고 고용이 불안해서 쉽게 실업자가 될 수 있는' 비정규직이 줄어들지 않으면 양극화 문제를 풀기 어렵다는 주장을 하게 되는 것이다.

이번 장에서는 비정규직 문제의 본질을 파헤쳐보고자 한다. 문제의 해법을 알려면 먼저 문제의 본질이 무엇인지 알아야 한다. 먼저 비정규직이 왜, 그리고 어떻게 늘어났는지 알아보고자 한다. 이를 위해서는 어떤 원리로 정규직-비정규직간 구분이 이루어지는지 이론적으로 살펴볼 필요가 있다. 그 다음으로는 비정규직 보호를 위한 법과 규제가 어떻게 만들어졌으며, 실제로 효과가 있었는지 살펴볼 것이다. 비정규직 보호법의 목표는 비정규직의 수를 줄이기 위함이었다. 비정규직을 채용하는 것이 불편하고 별 이득이 없다면 기업들도 비정규직 대신 정규직을 쓸 것이라고 생각한 것이다. 그러나 이는 실제로 별로 효과가 없었다. 이에 대해서도 왜 그런 결과를 초래했는지 알아보겠다.

비정규직 보호법의 효과가 별로 없다는 것이 현실로 드러나자, 정부에서 비정규직 보호를 강화하는 몇 가지 조치가 이루어졌다. 2017년

대선 때는 보다 강력한 비정규직 대책이 대선공약으로 등장하였으며, 그 연장선상에서 현 정부는 '비정규직 제로 선언'과 함께 다양한 비정규직의 정규직 전환 대책을 펼치고 있다. 그에 대한 평가도 해볼 것이다. 그리고 마지막으로 비정규직 문제를 앞으로 어떻게 접근하고 어떤 해법을 고민해봐야 하는지에 대해 이야기해보려 한다.

비정규직이 늘어난 배경과 이유

언제부터, 그리고 어떤 이유로 비정규직이 늘어났을까? 대부분은 1997년 외환위기 이후에 비정규직이 늘어나기 시작했을 것이라고 추측할 것이다. 물론 외환위기 이후에 비정규직의 수가 크게 늘어난 것은 사실이다. 그러나 사실 비정규직의 수, 보다 정확하게는 전체 임금 근로자 중 비정규직의 비중이 높아지기 시작한 것은 1995년이다.

1995년을 변화의 기점으로 보는 것은 다음의 의미가 있다. 첫째, 1995년의 '종신고용 붕괴 조짐' 등 다른 노동시장의 구조 변화와 비정규직의 증가가 같이 시작되었다는 것을 이해하는 것이다. 둘째, 1997년 말 이후의 외환위기 때문에 비정규직이 증가했을 것으로 생각하게 되면, 자칫 외부(환경)적 요인으로 일어났다고 생각해버리는 실수를 범할 수 있다. IMF 외환위기 이전에 이미 시작되었다는 것은 외부적 환경변화 이전에 우리 경제의 내부적 동인이 작용한 것이며, 이렇게 이해하는 것이 보다 정확할 것이라는 의미다. 요약하면, 변화는 이미 1995년에 시작되었고, 2년 후의 외환위기로 경제상황이 급격하게 안 좋아지면서 변화의 속도가 급격하게 가속화되었으며 그 변화가 노동시장의 구조로 고착화된 것으로 봐야 한다.

1995년의 변화는 기업에서부터 시작된 것이다. 기업들이 소위 '신인사관리'를 도입한 시점이 바로 1995년 즈음이다. 신인사관리는 말 그대로 전통적 인사관리 방식을 변경하겠다는 것이다. 가장 충격적인 것은 SK그룹에서 시행되었던 대규모의 명예퇴직이었다. 이는 젊은 나이에 한 회사에 취직하고 거기서 정년을 마치는 종신고용이 깨질 수 있다는 사례를 보여주는 것이었다. 또 다른 큰 변화가 바로 비정규직의 채용이 늘어나기 시작한 것이다. 정규직 채용이 부담스러우니까 다른 유형으로 근로자를 쓰겠다는 기업의 선택이 일어난 것이다. 그리고 외환위기라는 환경변화가 일어나면서 이러한 구조조정과 비정규직 증가의 변화는 더 빠르고 크게 나타나게 된다. 기업의 인사관리 변화에서 시작된 것이 급격한 환경변화와 맞물리면서 노동시장의 구조변화로 이어진 것이다.[119]

그렇다면 1995년의 기업의 신인사관리는 어떠한 이유와 배경에서 이루어진 것일까? 한마디로 신인사관리는 기업들이 '고임금 경제에 대한 대응' 전략의 일환으로 봐야 할 것이다. 아무리 양보해서 표현하더라도 고임금경제와 무관하지 않다. 1986~1988년간의 3저호황과 1987년~1989년 3년간의 급격한 임금인상으로 산업평균 임금이 2배 수준으로 높아졌다. 기업들은 새롭게 변화된 임금수준에 적응해야만 했다.

그리고 업종 전환 및 자동화 등의 구조조정으로 인원 감축이 불가피한 경우가 발생했다. 바로 명예퇴직이 나타난 이유다.

또 불확실성에 대처하기 위해 유연성이 확보될 필요가 있었고 가능하면 노동비용을 절감해야 할 필요성을 느꼈다. 자연히 '핵심인력의 소수정예화'가 기업의 전략적 인적자원관리HRM의 핵심적인 요소가 되었다. 비정규직 채용은 이러한 전략적 선택으로 나타난 결과이다. 먼저 핵심인력과 비핵심인력을 구분하고, 핵심인력만 정규직으로 채용한다는 것이다. 출발은 직무의 특성 차이다. 직무에 따라 필요한 기술이 차이가 나고, 그 성격에 따라 적합한 고용(근로계약)유형을 기업은 전략적으로 선택한다. 표 6-1은 이러한 전략적 고용계약의 선택을 이론적으로 정리한 것이다[120]

기업의 비정규직 선택에 대한 또 다른 이론적 설명은 공정임금노력가설fair-wage effort hypothesis로 가능하다.[121] 이 가설의 가정은 다음과 같다. '근로자들의 동기부여는 받고 있는 임금의 절대 수준 그 자체보다 상대적 격차가 어떠한지, 즉 평균(중간)임금에 비해 상대적 격차가 어떠한지에 따라 결정된다.' 따라서, 근로자 간 능력 격차(분포)보다 근로자 간

표6-1 비정규직 및 아웃소싱의 전략적 선택 모델

	General skill	Firm-Specific skill
High-Tech Skill	· 프리랜서, 전문법인 (연예인, 변호사 의사 등 전문가, 광고회사, 헤드헌터) · 정규직(job-scope가 넓을 경우)	· 정규직 채용
Low-Tech Skill	· 파견 근로자(운전, 청소, 경비 등) · 임시직(job-scope가 넓을 경우)	· 외주 근로자 · 임시직(short-term)

임금 격차가 작아야 된다는 것이다. 결국 저임금(low wage) 근로자는 능력에 비해 과대보상(over-paid) 받고 고임금(high wage) 근로자는 능력에 비해 과소보상(under-paid) 받는 경향이 있다.

이러한 임금 분포는 산업화 시대에 적합한 것이었다. 산업화 시대에는 '생산성이 상대적으로 낮은 인력의 수준'이 높을수록 경쟁력을 가질 수 있다. 예컨대, A, B, C 세 근로자의 부품조립 시간이 각각 30초, 40초, 50초라고 할 때, 컨베이어 벨트의 속도는 가장 생산성이 낮은 C의 50초에 맞추어야 한다. 때문에 산업화 시대에는 상대적으로 저능력의 근로자의 동기부여가 중요할 수밖에 없고, 그림 6-1과 같은 임금-능력 분포가 적합한 것이었다.

그런데 지식경제에는 상황이 달라진다. 높은 능력의 소유자가 더 중요해지기 때문이다. 고기술 인력에 대한 노동수요가 커지면서 그들은 능력에 맞는 수준의 임금을 받을 수 있게 된다. 이렇게 될 경우, 기업은 저능력자들에게 과거 산업화 시대처럼 과대보상해 줄 이유가 없어

그림 6-1 공정임금노력가설

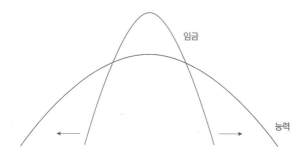

임금

능력

지게 된다. 결과는 저임금 근로자들의 임금하락이고, 임금 격차는 능력 격차 만큼이나 벌어지게 된다.[122] 그리고 이러한 추세는 4차 산업혁명이 진전됨에 따라 더욱 심화될 것이다.

임금 격차가 벌어지면서, 기업은 그들을 한 조직에서 같은 인적자원 관리, 즉 HRM으로 관리하는 게 쉽지 않아진다. 그렇다 보니 별도의 관리를 적용하려는 의도는 저스킬-저임금 근로자를 별도의 고용유형인 비정규직으로 채용하는 전략으로 연결된다. 여기에 더해서, 비정규직 근로자들을 완전히 다른 조직에서 별도로 관리해주는 인력업체가 나타나고 그런 시장이 형성된 것이 바로 간접고용(파견, 용역, 사내도급, 특수직 등)이다.

표 6-1의 '전략적 HRM 모델'의 설명과 그림 6-1의 공정임금노력가설의 설명은 양극화와 비정규직간의 관계에 대해 상반된 내용을 말하고 있다. 전략적 HRM 모델은 비정규직 채용이 임금 양극화의 원인이 되는 것이고, 공정임금노력가설은 임금양극화가 먼저 오고 그 결과로 비정규직이 늘어나는 것이다. 그럼에도 공통적인 핵심 사실이 분명하게 있다. 바로 기술 수준에 따른 직무분리다. 직무에 따라 정규직-비정규직의 구분이 생기는 것이고, 하나 분명한 것은 고기술(high-skilled)의 핵심인력에 대한 근로계약으로서 정규직이 의미를 갖는다는 점이다. 구체적인 고용유형은 직무에 따라 달라질 수 있을지 모르나, 고기술 인력이 필요한 직무가 아닐 경우에는, 고용경직성과 고임금의 부담을 지고 싶지 않다는 불편한 진실이 있는 것이다. 그 결과 노동시장의 이중구조화가 진행되고 임금소득의 양극화가 심화된다.

앞으로는 어떻게 될까? 기업이 정규직 대신 비정규직을 활용하고자 하는 동기가 점점 더 커질 것으로 예상된다. 첫째, 한국 핵심노동자의 기술의 성격에서 기업특수성firm-specificity이 점점 더 줄어드는 추세이다. 때문에, 내부노동시장internal labor market, 즉 장기고용관계의 필요성이 점점 더 적어지고 있다. 기술의 성격에서 점점 더 기업특수성은 사라지고 전문성 중심으로 (즉 직무별로) 노동시장이 분화되면서, 직무별로 외부노동시장이 발달하게 된다. 모든 기업들이 필요한 인력을 외부 전문가 시장에서 사오게 되고, 근로자들도 자기 전문성과 평판reputation을 무기로, 더 나은 직장으로 이동하는 것을 선호하게 된다. 이때 다른 기업의 정규직으로 이동하기도 하지만, 어떤 경우에는 프로젝트별로 수주를 받아 독립적으로 일을 수행하는 방식으로 일을 하며(프리랜서 프로그래머), 이러한 프로젝트를 전문적으로 하는 전문기업들이 시장에서 생길 수도 있다(소프트웨어 프로그램 전문기업).

둘째, 산업구조의 서비스화 내지 취업구조의 소프트화[123]의 경향은 정규직 채용의 유인을 더 작게 만들 것이다. 제조업, 그중에서도 특히 생산직의 경우에 기술의 기업특수성이 상대적으로 높을 수 있는데, 이들의 구성비가 급격히 줄어들고 있다. 또한 저임금-저생산성 근로자의 동기부여를 고민할 수밖에 없는 제조업과는 달리, 서비스업은 근로자 간 임금 격차가 클 수밖에 없을 것이고, 정규직 형태의 획일적인 인사관리 방식을 그대로 가져가려 하지 않을 것이다.

비정규직 보호법의 목표와 효과

2007년 비정규직 보호법 제정의 배경과 주요내용

1997년 외환위기 이후 10년 동안 비정규직이 계속 늘어났다. 비정규직이 남용되고, 소득 양극화가 너무 심해졌다는 비판도 나왔다. 정부가 비정규직 문제를 풀기 위해 무슨 일이라도 해야 한다는 주장이 대두되었고, 그 결과 '비정규직 보호법'이 제정되었다.[124]

표 6-2는 비정규직 관련 규제 내용을 요약한 것이다. 기간제, 파견근로, 도급(용역)근로의 세 가지 비정규직 유형에 대해서, 사유제한, 기간제한 및 차별금지의 세 가지 유형의 규제가 어떻게 적용되는지를 정리한 것이다. 기간제는 기업이 직접 고용한 계약직 근로자를 말한다. 파견근로자와 도급근로자는 소속은 원청업체가 아닌데 실제 일은 원청업체에서 하는 간접고용의 근로자들을 말한다.

사유제한의 규제는 비정규직을 쓸 수 있는(혹은 없는) 사유를 규제하는 것이다. 특별한 사유가 있을 경우에만 사용할 수 있다는 포지티브 리스트 방식이 특별한 사유에 대해서는 쓸 수 없다고 규제하는 네거티

표6-2 비정규직 관련 규제의 현황

	사유제한	기간제한	차별금지
기간제	×	○ (2년)	○
파견근로	○ (포지티브 리스트 방식)	○ (2년)	○
도급(용역)근로	×	×	×

브 리스트 방식보다 더 강한 규제가 된다. 기간제한 규제는 특정기간 (예를 들어 2년)을 넘어서 길게 계속 사용하는 것을 막기 위함이다. 임금 차별금지는 같은 일을 함에도 불구하고 단지 비정규직이라는 이유로 임금을 더 낮게 주는 것을 금지하는 지극히 당연한 규제이다.

법제도 도입의 의도, 입법 취지는 분명했다. 한마디로 비정규직의 수를 줄여보고자 하는 것이다. 즉, 비정규직 고용을 어렵게 하면 (즉 비용이 더 많이 들게 하면) 정규직으로 많이 전환할 것이라는 생각으로 규제를 도입한 것이다. 구체적으로 보면, 첫째, 기간제한으로 오래 고용하지 못하면 정규직으로 고용할 것이다. 둘째, 임금차별금지로 인해 낮은 임금을 주지 못한다면 비정규직을 덜 고용할 것이다. 이런 정책적 의도가 있는 것이다.

하나 특이한 사항은, 간접고용에서 파견에 대해서는 모든 규제를 다 적용하고, 사내도급에 대해서는 아무런 규제도 적용하지 않는다는 사실이다. 사실상 이 둘 간의 차이는 원청업체가 직접 지시 및 감독을 할 수 있는가 여부에만 차이가 나는 것에도 불구하고 말이다.

비정규직 보호법의 한계

비정규직 보호법이 실행되었는데도 비정규직의 수는 줄어들지 않았다. 법규제의 효과는 왜 없었을까? 잘못된 것은 무엇인지 법 시행 이후 현장에서 일어났던 일을 살펴보자.

'기간제한' 규제의 한계

2년의 기간제한이 다가오자 기업은 고민에 빠졌다. 기업에는 세 가지 옵션이 가능했다. 하나, 일하던 기간제(계약직) 근로자를 정규직으로 전환한다. 둘, 일하던 기간제 근로자와의 재계약을 포기하고, 다른 근로자를 다시 기간제 근로자로 채용(계약)한다. 셋, 기간제 근로자가 담당하던 업무 자체를 (아무런 규제가 없는) 사내도급(용역)근로자에게 맡긴다. 첫 번째의 경우는 법규제의 효과가 의도대로 나타나는 경우이고, 두 번째는 일명 회전문 효과, 세 번째는 일명 풍선효과라고 불리는 경우다. 이 두 가지의 경우에는 비정규직이 다른 비정규직으로 대체될 뿐이다.

기업이 어떠한 선택을 할 것인가?[125] 정규직으로의 전환과 다른 근로자로의 대체라는 두 가지 옵션 모두, 기업에게는 부담이다. 즉 비용이 든다는 뜻이다. 다만 이 중 어느 것을 선택할 것인가는 각각의 비용을 비교하여 결정될 것이다. 정규직 전환의 비용은 고용의 경직성과 임금부담 증가로 쉽게 추측할 수 있다. 반면에 '다른 근로자로의 대체'에 들어가는 비용은 무엇일까? 새로운 근로자를 다시 직업 훈련을 시켜야 하기 때문에 들어가는 비용을 생각해볼 수 있다. 또한 2년마다 사람을 교체하면 우수한 인재가 잘 오려 하지 않을 것이다. 이것도 기업 입장에서는 '보이지 않는' 큰 비용이다. 결국 기업은 이 양자를 비교해서 비용이 상대적으로 작은 옵션을 선택할 것인데, 그 판단의 기준은(즉, 비용의 크기는) 직종의 성격에 따라 다르게 나타난다.

물론 가장 중요한 기준은 직종에서 필요한 숙련의 수준이다. 높은 숙련을 요구하는 직종에서는 새롭게 훈련을 시키는 비용이 많이 들고 우수 인재의 필요성이 클 것이므로 정규직 전환의 비용보다 다른 근로자로의 대체비용이 더 클 것이다. 그렇다면 기존의 기간제 근로자를 2년 이후에 정규직으로 전환할 가능성이 크다.

반대로 낮은 수준의 기술을 요구하는 직무에서는 다른 비정규직 근로자로의 대체를 선택할 가능성이 더 크다. 예를 들어, 운전기사 혹은 비서 등 높은 수준의 기술을 요하지 않는 자리에서는 그들이 일을 열심히 하고 매우 잘 한다고 해도, 대부분의 기업이 계약해지 후 다른 근로자로 대체하는 방식을 선택했다. 어느 대기업A는 떠나보내는 비정규직이 아까운 사람이라고 생각해서, 그를 다른 계열사B로 보내 거기서 다시 비정규직으로 채용하고, 그 계열사B에 있던 비정규직으로 A회사의 '방금 떠나보낸 그 빈자리'를 다시 채우는 사례도 있었다. 계열사 간에 비정규직을 서로 맞바꾸는 것이다. 그런 불편함을 감수하면서도 정규직 전환의 선택은 하지 않았다.

실제로도 이 두 가지 경우가 그대로 나타났다. 그리고 그 결과는 직무분리였다. 기술의 수준에 따라 직종별로 정규직 전환과 비정규직 유지가 일어났다는 것은 앞서 전략적 HRM 모델에서 예측한 직무분리 현상, 그 이상 그 이하도 아니다. 기간제한 규제가 오히려 기업의 전략적 HRM의 선택을 촉진하였고, 그 결과 기술 수준에 따른 직무분리와 노동시장 2중구조의 고착화를 가져온 것으로 볼 수 있다.

다만 특기할 만한 두 가지가 있다. 첫째, 예를 들어 금융권의 젊은 인턴의 경우이다. 상당히 높은 수준의 기술을 요구하는 경우에도 기간제 근로자를 다른 근로자로 대체하는 경우와 정규직 전환의 경우가 혼재하는 사례다. 기업의 입장에선 인재 선발을 위한 심사의 기간이고, 근로자 입장에선 훈련(교육)의 기간인 것이다. 기업의 일반적인 기술이라는 측면에서 훈련 비용을 근로자가 부담해야 하므로 임금은 생산성보다도 낮을 수 있다. 그럼에도 근로자들은 일을 배우고 경력을 쌓을 수 있기 때문에 2년 후 정규직 전환이 보장 안 되더라도 이런 기회를 갖기를 희망한다. 인턴 2년 후에 바로 정규직으로 전환되는 경우는 다소 드물고, 2~3개의 회사를 거쳐 4~6년의 경험을 인정받은 후 정규직으로 채용되는 경우가 더 많다.

결론적으로, 기간제는 두 가지 속성이 모두 있는 것으로 보인다. 고숙련에서는 교육 및 선발도구로서 작동하고, 저숙련에서는 직무분리에 따른 별도의 HRM 적용으로 볼 수 있다. 즉, 둘 다 기간제라 하더라도 하나의 틀에서만 볼 것은 아닌 것이다. 다만 교육기간이든 직무분리든 정규직에 비하면 낮은 임금인 것은 분명하다.

특기할 만한 두 번째는 법 시행 2년 후인 2009년, 즉 기간제한의 한도시한이 다가오던 시점에서 모 은행에서 '무기계약직'이라는 새로운 형태의 고용유형이 나타난 것이다. 이는 소위 지점(영업점포)에서의 창구 직원의 경우에 적용되었는데, 정규직 전환과 다른 근로자로의 대체 사이의 중간 형태의 타협책으로 볼 수 있다. '계속 고용을 보장 받지만 기존 정규직과는 다른 별도의 인사관리가 적용'되는 고용유형이 새롭게 나타난 것이다.

이 경우는 다음과 같이 이해할 수 있다. 하나, 계속 필요한 업무, 즉 상시적인 업무이므로 어차피 다른 누군가가 다시 필요한 경우다. 둘,

그동안 지켜본 결과 근무 태도나 능력 면에서 문제가 없어 보인다. 계속 근무했어도 별다른 문제가 없다고 판단한 것이다. 셋, 다른 사람으로 대체할 경우 다시 훈련시켜야 하는 부담만 생긴다. 넷, 그럼에도 하는 일의 기술 수준이 높은 것은 아니므로 기존 정규직과 똑같은 대우를 해주는 것은 부담스럽다는 것이다. 임금 수준 및 승진 보장 등의 부담도 문제지만 그런 대우를 해주는 것을 다른 정규직도 반기지만은 않는다.

결국 고임금과 고용경직성 중 (훈련비용 절감의 이득과 함께) 후자는 받아들이되, 전자는 받아들이지 않겠다는 것이다. 분명 이것은 기간제도 기존의 정규직도 아닌 다른 중간 형태의 새로운 유형의 고용유형이지만, 직무분리의 관점에서 벗어나지 않는다. 즉 직무별로 다른 고용유형, 다른 HRM 적용이라는 전략적 HRM모델의 틀 안에 있는 것이다. 물론 무기계약직에 대해 '중규직', '무늬만 정규직' 등의 비판도 있지만, 기존 기간제보다는 근로자에게 유리한 유형이 나타난 것이기 때문에 무기계약직도 기간제한 규제의 하나의 성과로 볼 수 있다.[126]

임금차별금지 규제의 한계

임금차별금지의 규제는 다음과 같다. 우선 임금차별을 받은 근로자가 '내가 차별 받았다'고 구제 신청을 할 수 있고, 그 신청 결과가 차별로 판정될 경우 해당 기업(사용자)에게 임금보상 의무 뿐만 아니라 벌칙도 부과하는 방식이다.

그런데 실제로는 임금차별 구제 신청의 건수 자체가 별로 없다. 왜

일까? 두 가지 이유를 생각해볼 수 있다. 첫째, 차별이 엄연히 존재함에도 불구하고, 피해자가 구제신청을 할 용기를 갖지 못한다고 생각할 수 있다. 구제신청은 소송과 별반 다르지 않다. 따라서 상대측(기업)과 관계를 정리한 이후에나 가능한 경우가 많다. 즉 실제적으로 그 직장을 그만 둔다는 각오를 하지 않으면 구체 신청을 하기 어렵다. 구제 신청을 노조 등 다른 주체가 대신 할 수 있도록 허용하자는 주장도 그런 맥락에서 나온 것이다.

둘째, 기업의 정규직-비정규직간 직무분리 전략 때문에 처음부터 같은 일을 하는 정규직을 찾기 어렵기 때문이다. 구제 신청이 받아들여지려면 하나, 기간제(혹은 파견근로)와 같은 일을 하는 정규직이 존재해야 하고, 둘, 이 두 사람의 임금 수준에서 차이가 있어야 하며, 셋, 이 차이에 합리적인 이유가 존재하지 않아야 한다. 그런데 직무분리로 첫 번째 조건 자체가 성립하지 않기 때문에 구제 신청 자체가 어려운 것이다.

첫 번째 이유의 사례가 전혀 없지는 않겠지만, 실제로는 두 번째 이유인 직무분리 전략이 더 결정적인 이유였을 것으로 추측된다. 우선 노조 등 다른 주체에 의한 구제 신청을 허용하였음에도 구제 신청이 활발해지지 않았다. 직무분리가 기간제한 규제를 회전문 효과로 피해가게 만든 것처럼, 임금차별금지 규제를 유명무실하게 만드는 것도 바로 이 직무분리였던 것이다.

여기서 유념해야 할 사항이 두 가지가 있다. 첫째, '동일 업무'의 범위를 어디까지 보느냐에 따라 같은 일을 하는 정규직을 찾을 수 있는가 여부가 결정된다. 예컨대, 마트 계산원을 대부분 비정규직으로 하되, 통상적인 계산 업무에 '사후정산 및 감독' 업무를 추가한 일자리를 하나 만들고 이 사람은 정규직으로 채용하는 것이다. 구분을 확실하게 한다는 의미에서 두 사람의 유니폼 색깔을 달리 하기도 한다. 이 경우, 좁게 보면 두 사람은 다른 업무를 하는 것으로 볼 수도 있고, 넓게 보면 같은 업무를 하는 것으로 볼 수도 있다. 지금까지는 동일업무의 범위를 매우 좁게 보는 경향이 있었다.[127]

둘째, 임금차별금지 규제가 적용되지 않는 사내도급의 경우에는 임금차별이 상존했었다는 사실이다. 시쳇말로 "왼쪽 타이어는 정규직이 끼우고 오른쪽 타이어는 사내도급 근로자가 끼우는데, 사내도급 비정규직의 임금은 정규직 임금의 절반 수준이다"라는 것이다. 규제가 적용 안되는 사각지대의 근로자를 고용하면서 아무 거리낌 없이 임금차별을 했던 것이다.

결론적으로 임금차별금지 규제가 도입되면서 동일 노동의 여지를 없애려는 의도하에 정규직-비정규직간 직무분리가 도리어 더 빨리 진행되었다. 그 결과 정규직 직무그룹과 비정규직 직무그룹 간의 기술 수준의 격차는 더 커져서 두 그룹 간 즉, 정규직-비정규직 간의 임금수준 격차는 예전보다 더 커지게 되었다. 임금 격차를 줄이기 위해 임금차별금지 규제를 도입했더니 실제로는 임금 격차가 더 크게 되는 역설적 결과가 현실로 나타나게 되는 것이다.[128]

사내도급 및 특수직의 증가: 규제 사각지대로의 풍선효과

'사내도급'은 제조업의 경우에, 용역은 서비스업에서 말하는 용어로 도급계약을 통해 일하는 간접고용 근로자들을 말한다. 그런데 앞선 표 6-2에서 보면, 사내도급(용역) 근로자에 대해서는 이들을 보호하기 위한 어떠한 규제도 적용되지 않는다. 기간제와 파견제 근로자에 대한 법규제가 도입된 이후에 기업들이 이곳으로 도망가기 딱 좋게 된 것이다.

앞서 비정규직이 늘어나기 시작한 시점은 1995년이라고 말한 바 있다. 그 시점에 고용계약이 짧게 정해진 임시직 근로자들이 늘어나기 시작하는데, 그와 동시에 많은 파견 형태의 근로자들이 나타나기 시작했다. 법적으로는 불법 파견이었음에도 현실에서는 이미 엄청난 숫자로 존재하고 있었으며, 1997년 외환위기 이전에 이미 40만 정도로 행정관청은 추계하고 있었다. 외환위기 이후 IMF가 노동시장 유연성을 위해 파견근로 합법화를 권고했을 정도다.

그런데 아이러니하게도 실제로 파견근로를 합법화하자 파견근로자의 숫자는 대폭 줄어버렸다. 현재는 파견근로자 수에 대한 공식적인 추계가 4만에 불과하다. 이유는 간단하다. 표 6-2에서 보듯이 파견근로에 대한 법규제는 사유제한, 기간제한, 임금차별금지 등 매우 강력하기 때문이다. 규제가 강하니까 기업들은 파견제를 피하게 되고, 당연히 파견근로자의 수는 격감하게 된 것이다[129].

파견근로에 대해 강력한 규제가 작동되면 파견으로 고용하던 근로자를 정규직으로 전환할까? 그렇지 않다. 처음부터 정규직으로 쓸 마음이 없었기 때문에(즉 직무분리), 기업들은 또 다른 방법을 찾기 시작했을

것이고, 그때 눈에 들어 온 것이 아무런 규제를 받지 않는 사내도급(용역)근로자였을 것이다. 이것을 소위 풍선효과라 일컫는다.[130] 개인도급을 받아 일하기 때문에 근로자 신분으로 인정조차 못 받고, 그래서 아무런 규제·보호장치가 없었던 특수직 종사자가 늘어나는 것도 같은 맥락이다.

앞서 언급했듯이, 파견과 사내도급은 둘 다 '소속업체와 작업장이 다른' 간접고용의 형태이다. 차이점은 파견계약인가 도급계약인가의 차이이다. 기업들은 둘 간에 큰 차이를 못 느끼고 현장에서 별 의식도 하지 않고 작업이 이루어졌을 가능성이 있다. 그러나 법적으로 이 차이는 매우 크다. 파견근로자에 대해서는 원청업체(작업장)가 지휘·지시·감독할 수 있고, 사내 도급근로자에 대해서는 할 수 없다. 결국 이 차이로 인해 현장에서는 소위 불법파견(다른 말로 위장도급)의 문제가 심각한 수준에 이르게 된다. 이 부분에 대해서는 뒤에서 자세하게 설명할 것이다.

도급계약에 의해 일하는 노동자에 대해서는 아무런 규제가 없다면 과연 비정규직 규제가 무슨 효과가 있겠는가? 일하는 사람, 즉 노동자 입장에서는 별 차이 없는데, 법적 보호는 전혀 다른 차원에 있다. 사내도급 근로자와 특수직 종사자를 보호하기 위해 아무런 고민을 하지 않는 것이 과연 맞는 것일까? 2007년에 만들어진 비정규직 보호법은 처음부터 이런 문제에 대한 고려가 없었고, 그로 인해 풍선효과가 나타날 게 자명했다.

그렇다면, 사내도급의 근로자는 어떤 어려움이 있을까? 고용불안과 저임금의 문제를 다 안고 있을 수 있다. 근본적인 고용불안은 '언제든지 하청(도급)이 끊길 수 있다'는 두려움에서 올 것이다. 또한 임금차별 금지의 대상도 아니기 때문에 높은 임금 받기를 기대하기는 어렵다. 특수직도 도급계약의 단절로 인한 일거리 변동성(고용불안)과 공급과잉으로 인한 임금(단가)의 하락을 걱정해야 한다. 거기에 특수직은 산재로 인한 고용단절의 위험도 안고 있다. 근로자 신분이 아니므로 산재보험 대상도 아니기 때문이다.

한 마디로 2007년의 비정규직 보호법은 비정규직의 수를 줄이고 대신 정규직의 수를 늘리는 데 분명한 한계를 보였다. 그 핵심 원인은 기업의 직무분리 전략이었다. 비정규직이 정규직으로 전환될 확률은 극히 희박했다. 고숙련 직무에서 기간제가 교육 및 선발수단으로 활용된 경우를 제외하면 말이다. 임금 격차도 직무분리로 인해 더 벌어졌다. 다만, 무기계약직을 나름 고용안정이 보장된, 기간제보다 나은 고용형태로 본다면, 그것은 비정규직 보호법의 성과로 볼 수 있겠다. 그렇지만 여전히 사내도급 및 특수직 등 도급노동자에 대한 문제를 어떻게 해결할 것인가에 대해서는 전혀 해법이 없다는 것이 비정규직 보호법의 한계다.

새롭게 나타난
비정규직 이슈들

기간제한 규제 완화 논란

2007년 비정규직 보호법이 제정된 이후 1년 만인 2008년에 한국경제는 글로벌 금융위기를 맞게 된다. 10년 전 외환위기 때처럼 대량실업을 겪지 않고 위기를 극복하기 위해, 2009년 초 '일자리 유지를 위한 노사민정 대타협 선언'을 하고 국가 전체적으로 일자리 나누기 운동이 벌어진다. 결과는 성공적이었다. 그러나 이 당시의 일자리 나누기 운동의 요체는 '정규직을 해고하지 않고 이 위기를 넘어가자'는 것이었지, 선언문 어디에도 비정규직 고용안정에 대한 얘기는 없었다. 현장에서도 같이 일하는 비정규직 고용유지를 위해 정규직이 스스로 임금양보의 고통 분담을 말하면서 기업을 설득했다는 소식은 거의 듣지 못했다.

경기가 안 좋고 고용상황이 좋지 않자 비정규직에 대한 기간제한 규제를 2년에서 4년으로 연장하자는 의견이 나왔다. 당시 노동부가 비정규직의 고용유지를 위해 필요하다는 입장으로 이를 추진하려 했다. 비정규직의 고용유지에 대한 노사의 노력 혹은 특별한 대책이 없었기에 노동부의 입장을 이해 못할 바는 아니었다. 2년 기간제한이 오히려 비정규직을 2년만 일하고 일자리를 잃게 만들 것이라는 우려 때문이었을 것이다. 경기가 안 좋으니 계약 해지 후 다른 사람으로 대체하지 않을지도 모른다는 우려, 즉 회전문 효과조차도 기대하기 어려워서 전체 비정규직 일자리 수 자체가 줄어들 수 있다는 것이었다. 그러나 노동계가 강하게 반발하였고 국회 입법도 불투명했으며, 전체적인 노사민정 선언 구도 자체가 깨질 수 있었기 때문에, 결국 노동부는 그 계획을 포기했다.

기간제한 규제는 필요하다. 특히 규제 처음은 더욱 그러하다. 2년 후에 그나마 정규직 전환을 기대할 수 있는 것도 규제의 순기능이다. 때문에 규제 시행 2년이 안 된 시점에서 기간제한을 2년보다 길게 하자는 것은 이런 순기능을 없앨 수 있다. 아무리 경제위기 순간이었다 하더라도 성급했던 측면이 있다.

사실 기간제한을 짧게 하면 비정규직에게 유리하고 길게 하면 비정규직에 불리한 것으로 단정지을 수는 없다. 정규직으로 전환될 가능성이 높은 근로자에게는 이 기간이 짧을수록 좋을 것이다. 하루라도 빨리 정규직으로 전환되거나, 설사 그렇지 않더라도 빨리 결론을 내줘야 다른 기업에서 정규직 전환 기회를 엿볼 수 있을 것이기 때문이다. 반면에 정규직으로 전환될 가능성이 매우 낮은 비정규직에게는 이 기간이 짧을 경우, 고용불안감만 더 커질 수 있다. 또 "근무기간이 길어질수록 기술의 숙련도가 높아지고, 정규직 전환의 비용보다 대체근로자 훈련비용이 더 커질 것이며, 그렇게 될수록 정규직 전환의 가능성이 높아질수도 있다"는 주장이 있다. 이것도 기본적으로 고숙련 직무에 해당되는 것으로 정규직 전환의 가능성이 높은 근로자의 경우에 더 일리가 있는 이야기다. 따라서 모든 기간제 근로자에게 기간제한을 한시적으로 길게 적용하는 것보다는 할 수만 있다면 특정 근로계층에게만 (예컨대, 정규직 전환이 사실상 어려운 것으로 판단되는 고령자) 기간제한을 더 길게 적용하는 식으로 차별화하는 것이 더 합리적일 수 있다.

그리고 기간제한 규제가 제대로 적용되기 전인 2009년에 기간확대를 추진했다는 점에서 문제가 있다. 만약 직무분리가 완결된 이후, 즉 직무별로 정규직 전환의 가능성이 분명하게 드러난 이후에는 정규직 전환의 가능성이 낮은 직무에 한해 기간제한 규제를 확대하는 것을 검토해볼 수 있었을지 모른다. 하지만 이러한 구분을 전제로 제도를 운영하는 것은 거의 불가능하고 그렇기 때문에 어려운 것이다. 또 2007년 법 제정 당시, 경영계는 3년, 노동계는 1년의 기간제한을 주장하다가 2년으로 절충해서 입법이 되었다는 사실, 법원도 판례를 통해 2년 이상 계속 근무시 '계약갱신기대권'을 인정하고 있다는 사실 때문에 2년의 기간제한을 더 늘리는 것은 불가능했던 측면이 있다.

무엇보다도 2009년 이후로 '무기계약직'이라는 일종의 신종(정규직과 기간제 사이의 중간형태인) 고용유형이 등장하면서, 기간제한 연장은 더 이상 이슈가 될 수 없었다. 무기계약직은 2년 기간제한의 성과로 볼 수 있기 때문이다. 즉, 정규직 전환이 아니더라도 무기계약직으로 전환되는 경우가 생기면서, 4년 고용유지는 별다른 이점이 안 된다. 도리어 기간제한을 2년보다 더 길게 늘릴 경우, 기존 기간제 근로자의 기간제 탈출의 가능성을 낮추는 것이 될 수 있기 때문에 근로자 측의 반발이 클 것이다.

불법파견(위장도급)의 문제

규제해방구인 사내도급 근로자로의 풍선효과는 많은 문제를 낳을 것을 예상했었고, 실제로 그렇게 되었다. 가장 대표적인 사건은 국내 굴지의 자동차 기업에서 발생했다. 바로 불법파견(=위장도급)의 문제였다. 사내도급 근로자를 공장에서 일을 하게 했는데, 그들은 정규직과 같은 라인에서 일을 했지만 정규직보다 훨씬 적은 임금을 받았다.

그러다가 일부 근로자들이 "형식(계약)은 사내도급 근로자이지만 실제로는 파견근로자인 근로자들"이라고 소송을 제기했다. 재판은 오래 걸렸지만, 결국 파견근로자로 결론이 났다. 즉, 사내도급 근로자에게는 지휘·감독·지시를 할 수 없는데, 실제로 지시감독이 이루어졌기 때문에 파견근로자로 인정할 수밖에 없다는 판결이었다. 예컨대, 조립과정에서 사양서를 보고 거기에 맞게 일하는 것이 실질적인 지시 및 지휘 과정이었다고 법원은 판단한 것이다.

사내도급 근로자가 파견근로자로 바뀔 경우, 어떤 문제가 발생할까? 표 6-2를 다시 보면, 파견근로자는 사유제한, 기간제한, 임금차별금지의 세 가지 규제가 모두 적용된다. 일단 제조업 생산직은 파견근로자가 일할 수 없는 분야이다. 때문에 사유제한 규제부터 위반이다. 거기다 사내도급은 아무런 규제가 없다 보니 거리낌 없이 대부분 2년 이상 일을 했기 때문에 기간제한도 문제가 된다. 또 당연히 같은 라인에 있는 정규직보다 훨씬 낮은 임금으로 일했을 것이므로 임금차별금지도 위반이다. 결국 파견근로자법을 위반한 파견근로자가 되는 것이다. 이런 이유로 불법파견이 되는 것이고, 형식적으로는 도급이었으나 실제로

도급이 아니고 파견이었으므로 위장도급이 되기도 한다. 즉, 불법파견과 위장도급은 같은 현상을 다른 측면에서 말하는 두 가지 표현일 뿐이다.

사실 지금도 이 문제는 해당 기업에서 완전한 해결을 하지 못한 상태다. 불법파견 근로자들을 정규직으로 전환해야만 하고, 현재 그 계획이 진행되고 있다. 이 문제 때문에 모 자동차 기업에서는, 불법파견 노조원들이 회사 측과의 협상 내용에 불만을 표하며 협상을 대신 했던 노조 지도부(정규직)를 비판하고, 그 갈등이 심해지면서 노조가 정규직과 비정규직(불법파견) 노조로 분열되기도 했다.

지난 정부에서도 이 문제에 대한 대책을 2012년 대선공약으로 제시하고, 실제로 입법을 통해 추진하였다. 당시 대선공약을 보면, '제조업 등에서 사내하도급 형태로 위장해서 근로자 파견사업을 하는 경우'가 존재함을 문제로 인식하고, '첫째, 법원에서 특정 사업장의 한 근로자가 불법파견으로 판결을 받으면, 그 사업장을 대상으로 특별근로감독 실시하고 둘째, 동일한 불법파견 (근로자가 있을 것으로) 확인시 원청업체가 직접 고용하도록 행정명령'을 내리는 것이 가능하게 하였다. 근로자 입장에서는 개별적으로 소송을 해야만 구제를 받을 수 있었는데, 그러한 절차를 밟기 전에 구제받을 수 있는 조치라고 볼 수 있다. 불법파견을 근절하겠다는 의지가 담긴 강력한 대책이었고, 사내도급 근로자 남용을 막을 수 있는 효과적인 비정규직 대책이라고 생각한다.

죽음의 외주화

'죽음의 외주화'란 대형 산업안전 사고에서 대부분의 사망근로자가 외주근로자이기 때문에 나온 말이다. 고용불안과 저임금에 더해서, 위험한 작업환경이 비정규직의 또 다른 문제점으로 부각되었다. 안전사고의 문제가 비정규직 문제로 바뀌면서, 안전사고 문제의 해결도 비정규직 문제 해법 차원에서 제시되곤 한다. 그래서 나온 것이 '위험한 일을 외주근로자에게 맡기는 것 자체를 금지해야 한다', 소위 죽음의 외주화 금지법을 제정해야 한다는 주장이다.

그런데 정규직이 아닌 외주근로자가 일을 하기 때문에 대형 안전사고가 발생하는 것일까? 사고발생의 원인을 정확하게 파악하고 거기서부터 산재사고 근절의 해법을 찾아야 하지 않을까? 죽음을 불러오는 대형 산업안전 사고의 근본적인 원인은 어디에 있을까? 잘 알려진 대형사고의 구체적 내용과 원인을 파고 들어가 보면 의외로 그 원인은 분명하다. 동시작업이다. 위험한 작업이 동시에 일어난다는 의미가 아니라 동시에 작업이 이루어지면 위험해진다는 의미다.

지하철 구의역에서 스크린도어 정비 중에 사망한 고(故) 김 모 군 사고와 김천구미역 야간 보수작업 근로자들 사망사고의 원인은 사실상 같다. 김 모 군이 슬라이딩 도어를 고치고 있는데도 기관사는 이를 몰랐기 때문에 기차가 역으로 들이닥쳐서 끔찍한 일이 벌어진 것이고, 김천구미역에서도 사람들이 선로작업 중이었는데 역시 이를 몰라서 기차가 들이닥친 것이다. 모 제철공장에서의 아르곤가스 누출로 인한 인명사고도 동시작업이 문제였다. 전로에서 하청업체(A) 직원들이 작업하고 있는데, 가스작업을 하던 다른 하청업체(B) 직원들이 전로로 들어가는 가스의 벨브를 열어서 전로 안의 하청업체 근로자들이 가스 질식사한 것이다. 전로 안에 A업체 근로자들이 일하고 있다는 사실을 가스 작업을 하던 B업체가 몰랐던 것이다. 건설 및 인테리어 공사장에서 흔히 발생하는 용접발화 화재사고는 또 어떠한가? 인화성이 매우 높은 우레탄 폼 작업과 용접 작업을 같이 하면 절대 안 된다. 그럼에도 동시작업이 흔하게 일어난다. 그럴 경우 우레탄 폼에 용접 불꽃이 튀어서 화재가 일어나고, 우레탄이 탈 때 내뿜는 유독가스로 많은 인명이 사고를 당하는 것이다.[131] 최근 크게 문제가 됐던 고(故) 김용균 씨 사고도 화력발전소에서의 낙탄제거 작업이 콘베이어벨트 작업과 동시에 일어나서 생긴 사고다. 동시에 있어서는 절대 안 되는 작업이었음에도 사고가 일어난 것이다.

이상의 예에서 보듯이, 핵심은 비정규직이 위험한 일을 하기 때문이 아니다. 첫째, 하는 일 자체가 위험한 일인데 비정규직이 비전문적이어서 사고 나는 것이 아니다. 둘째, 정규직이 일하더라도 동시작업이 이루어지면 사가고 날 수 있고, 비정규직이 일하더라도 동시작업만 없으면 사고를 피할 수 있다.

때문에 죽음의 외주화 금지는 문제의 본질에서 벗어난 해법이다. 문제인식의 프레임이 잘못되었기 때문이다. 다시 말하지만, 첫째, 개별적으로는 그다지 위험한 일을 하지 않더라도 그 작업들이 동시에 일어나면 문제가 된다. 즉, 방점이 '위험'에 있지 않고 '동시'에 있다. 둘째, '위험한 일'의 정의가 쉽지 않다. 일하는 근로자에게 위험하다는 것인지,

아니면 구미의 불산유출 사고처럼 일이 잘못될 경우 국민이 위험해진 다는 것인지 불명확하다.[132] 셋째, 위험한 일을 하는데 비정규직이 덜 전문적이라는 가설이 성립하지 않는다. 사실은 그 작업의 외주를 받은 업체가 그 일에 대해서는 훨씬 더 전문적 기술을 갖고 있을 가능성이 더 높다. 예를 들어, 가스배관 점검이 위험한 일이라고 하자. 그런데 이 업무는 어쩌다 한번씩 있는 일이고, 그 일만 여러 기업에서 해 온 경험 이 있는 외주업체가 다른 일도 하면서 가끔 가스배관 점검을 하는 정규 직보다 훨씬 더 안전하게 일을 마칠 것이다. 본질적으로 비정규직의 문 제가 아닌 것을 단지 사고 당하는 근로자들이 정규직이 아니라는 이유 로 비정규직 문제의 틀 안에서 해법을 찾으려고 하면 답이 나오지 않는 것이다[133].

문제는 동시작업을 어떻게 막을 것인가 하는 것이다. 동시작업은 왜 일어나는 것일까? 가장 큰 이유는 공사하는 시간 단축을 위해서, 즉, 비 용을 줄이기 위해서다. 그만큼 해법도 간단하다. 동시작업으로 얻는 이 득보다 손실이 더 크다면 그런 일은 없을 것이다.

그러기 위해서는 첫째, 원청업체의 책임을 강화하기 위해서 도급업 체의 사업장에서 일어나는 모든 수급업체 근로자의 작업에 대해 사전 에 책임 있는 안전조치를 강구해야 할 의무를 부여하고 동시에, 이 안 전조치 안에 '동시작업 금지'를 담보할 수 있도록 해야 한다. 예컨대, '위험을 피하기 위한 혼재작업의 시간 및 공간의 조정' 조치를 법에 명 시하면 될 것이다. 둘째, 하청(외주)업체가 수주 받은 일을 하다 사고가 나더라도 원청업체에 같이 강한 책임을 물어야 하며, 단순히 형사적 처벌이 아니라 막대한 경제적 손실이 따르도록 해야 할 것이다. 몇년 이하의 징역 내지 얼마 이내 벌금의 처벌은 관리자(실무자)에 대한 처벌로 그치는 경향이 있고, 금전적인 손실이 크지 않다. 원청(도급)사업자들이 가장 무서워하는 처벌은 영업정지다. 대형공사, 혹은 장치산업 사업장이 사고로 인해 영업정지를 당할 경우 그 경제적 피해가 엄청날 것이고, 이러한 처벌이 산재사고를 막는데 가장 효과적일 것이다.

비정규직 제로 선언

현 정부가 출범하자마자 대통령은 인천공항공사를 방문하여 비정규직 제로를 선언하였다. 대통령의 발언을 정책적으로 해석해보면, 첫째, 전반적인 사유제한 규제 도입은 법을 개정해야 하고 현실적으로 어렵기 때문에, 공공부문에서라도 먼저 사유제한의 원칙을 도입하겠다는 의지를 표명한 것이다. 둘째, 기간제뿐만 아니라 간접고용의 비정규직도(예를 들어 용역) 정규직으로 전환하겠다는 것이다.[134]

이 부분에서 두 가지의 새로운 이슈가 등장하게 된다. 첫째, 분명 정책의 목표는 비정규직 일자리를 정규직 일자리로 전환하는 것이었다. 그런데 실제 추진된 정책은 기존의 비정규직 근로자를 정규직 근로자로 전환하는 방향으로 추진되었다. 이해관계가 없는 제3자가 보기엔 무슨 차이가 있겠냐고 말할 수 있겠지만, 근로자들 눈에서 보면 사실 이 둘은 전혀 다르다.

비정규직 일자리를 정규직 일자리로 전환하는 것이 목표라면 먼저 해당 비정규직이 담당했던 직무를 정규직 담당 직무로 전환하고, 그 직무에서 일할 사람을 공평한 기회를 부여하는 절차를 통해 뽑았어야 하는 것이다. 그래야 기회가 평등하게 주어지고 공정한 노동이 실현되는 것이다. 반면에, 해당 직무에서 일하던 기존 비정규직 근로자를 정규직 근로자로 전환하게 되면, 기회가 평등하게 주어지는 것이 아니다. 밖에서 정규직 취업을 꿈꾸며 기다리던 청년 취업준비생들에게는 아무런 기회가 주어지지 않기 때문이다. 애초에 기간제 교사를 정교사로 전환하려 했으나, 교사임용 시험을 준비하던 많은 학생들이 심하게 반발하자 없던 일이 되었던 것이 대표적이 예이다.

또한 이러한 불평등한 기회는 비리와 부패를 낳기 마련이다. 기회를 얻는 사람이 사전에 정해지고 제한되다 보니, 그 기회를 가지려고 온갖 변칙과 부패한 거래가 등장하게 된다. 정규직 전환이 보장된 비정규직 근로자 자리에 사전에 누군가를 미리 채용하려는 움직임이 나타났고, 여기서 노조간부 친인척을 채용하라는 부탁(혹은 압박)을 받는 채용비리의 부패부조리가 나타난 것이다. 즉 기회의 불평등이 불공정한 경쟁의 부패를 낳았으며, 그 결과 결과적 정의는 처음부터 불가능해졌다. 여기에 더해, 기존 정규직 근로자들의 반발도 불러왔다. "우리는 어렵고 공정한 절차를 거쳐서 힘들게 입사했는데, 저들은 쉽고 불공정한 절차로 정규직이 된다"는 것이다. 밖에 있는 청년실업자에게는 불평등한 기회가 문제였고, 기존 정규직에는 불공정한 경쟁이 공정노동으로 보지 않는 요소였다.

둘째, 비정규직에서 정규직으로 전환할 때, 그 정규직의 범위를 어디까지 볼 것인가의 문제다. 즉, 기간제 근로자를 무기계약직으로 전환하는 경우, 용역 등 간접고용 근로자를 자회사 정규직으로 전환하는 경우, 이 두 가지도 정규직 전환으로 볼 것인가의 문제다. 현재보다는 더 좋은 근로조건이 보장되는 자리로 이동하는 것은 분명하지만, 근로자들은 무기계약직으로의 전환 혹은 자회사 정규직으로의 전환에 대해서는 불만을 표하고 있다. 이들이 기대했던대로 모기업의 통상적 정규직으로 전환하라고 주장하면서, 현장(사업장)에서는 심각한 갈등과 대립이 발생하였다.

몇 가지 사례를 들어보자. 학교 급식 조리사 등 학교에 근무하는 비정규직의 애초의 요구는 공무원 신분의 정규직이었다. 고용만 보장되는 무기계약직으로 전환하는 것으로는 만족할 수 없는 것이다. 한국도로공사의 고속도로 톨게이트 영업소의 용역업체 근로자들을 하나의 자회사로 통합하면서 그 자회사의 정규직 사원으로 전환하였는데, 해당 근로자들은 한국도로공사의 정규직으로 전환을 요구했다. 모 국립대학병원의 용역업체 근로자들도 병원의 정규직 근로자로 전환해 달라는 요구 때문에 노사갈등을 겪었다.

비정규직의 정규직 전환에서 정규직 정의 혹은 범위의 이슈는 결국 더 나은 근로조건을 요구하는 것으로 볼 수 있다. 무기계약직이든 자회사 정규직이든 일과 고용보장은 담보가 되어 있는 것이고, 결국 모기업 정규직과의 차이는 근로조건의 차이일 뿐이기 때문이다.

박근혜 정부 출범 이후 공공부문에서의 기간제 근로자의 무기계약직 전환이 꾸준히 진행돼, 공공부문의 무기계약직 수가 2012년 13여만 명에서 2016년 20여만 명으로 크게 증가하였다. 다만 투입예산이 충분치 않아서 그 진도가 만족스럽지는 못했다. 현재 문재인 정부에서도 공공부문 정규직 전환의 상당 부분이 무기계약직일 경우, 결국 예산투입을 얼마나 더 할 수 있는가에 따라 실적에서 차이가 날 것이다.

한편, 자회사의 정규직으로 전환하는 것을 인정하지 않을 경우는 더 큰 문제를 일으킬 수 있다. 이것은 근본적으로 자회사를 둘 것인가 말 것인가, 즉 외주의 합리성에 관한 문제로서 단순히 비정규직 이슈로만 접근할 일이 아니다. 결국 근로조건의 차이가 문제라면, 자회사의 근로조건 향상으로 해법을 찾아야 하며, 외주 자체를 부정할 수는 없다. 외주의 선택은 단지 인건비 절감 등 노동 문제 때문에 결정되는 것이 아니다. 전문성 축적, 유연성 담보, 혁신성 유지 등의 다양한 동기로 선택되는 것이다. 사실 자회사로의 전환도 지금보다는 일보 전진한 것으로 볼 수 있다. 외주 체계의 개선으로 간접고용 근로자의 지위가 올라갔기 때문이다. 모든 외주를 부정하고 원청업체가 다 관리해야 한다는 것은 불가능하며 합리적이지 않다.

비정규직, 어떻게 풀어갈 것인가

고용보장의 우선적인 해결

비정규직 문제를 해결하기 위해서는 이 문제의 본질이 무엇인지, 어떠한 해법이 가능한지 깊은 성찰이 필요하다. 일단 근로자 입장에서 볼 때, 무조건 정규직은 좋고 비정규직은 나쁜 것일까? 만약 중소기업 정규직에 비해 대기업 비정규직 근로자의 일이 더 안정적이고 임금도 더 높다면, 그리고 이런 경우가 많다면 어떨까? 비정규직 대 정규직의 이분법적 접근은 문제의 본질을 해결하지 못한다. 궁극적 목표가 비정규직의 근로조건 향상이라면, 고용안정과 임금인상 둘 다 가능하면 좋겠지만 이 중에서 어느 것을 먼저 풀어야 할 것인가를 고민해 볼 필요가 있다.

그리고 이 고민은 어느 것이 근로자 입장에서 더 절실한가, 그리고 기업 입장에서는 어느 것이 덜 어려운가의 문제가 될 수 있다. 근로자 입장에서는 (물론 사람에 따라 다를 수 있겠지만) 임금보다 고용이 더 절실할 것으로 생각된다. 인간 심리의 가장 근저에 있는 것이 안전 혹은 안정감에 대한 희구이며 그러한 의미에서 고용안정은 모든 근로자들이 가장 중요하게 생각하는 요소다. 기업 입장에서도 어차피 계속적으로 필요한 업무라면 고용보장의 부담이 그리 크지 않을 것이다. 기업은 근로자가 다른 기업으로 옮기는 것을 원치 않는다. 다만, 기존 정규직 근로자와 같은 임금을 주어야 한다는 것은 큰 부담이 될 수 있다. 하는 일의 내용이 다르고 필요한 기술의 수준이 차이가 나는데 동일한 대우를 하기는 어려울 것이기 때문이다. 기업들의 직무분리 전략, 무기계약직 등이 바로 그 증거다.

결국, 가능하면 많은 수의 기간제를 무기계약직으로 전환하는 것이 답이라고 생각한다. 기업으로 하여금 고용은 보장하되, 임금 등 HRM에서 별도 관리(직무급 및 연봉제 도입 등)를 가능하게 해주는 것으로 타협해야 한다. 모든 근로자를 '호봉제의 정규직 근로자'로 획일적 관리를 강요하는 것으로는 문제 해결이 어려워질 것이다. 따라서 무기계약직으로 전환하되 별도의 기존 정규직 근로자와 차별적인 인사관리를 적용할 수 있는 환경만 조성된다면, 기간제 근로자의 고용안정이 보장될 수 있다. 이미 2년 기간 제한 규제가 도입된 이후, 일부 대기업에서 기간제 근로자를 정규직 혹은 무기계약직으로 전환시키고, 대신 이들을 별도의 직무군에 편입시켜 기존 정규직과는 다른 별도의 인사관리 방식을 적용하고 있다. 정규직 혹은 무기계약직으로의 전환과 함께 임금체계 개편(예를 들어 직무급체계로의 전환)을 성공시키는 사례가 많이 나타난다면 좋을 것이다.

한편, 무기계약직에 대한 해고 요건은 기존 정규직보다는 다소 완화된 것으로 해야 기업들의 수용도가 높아질 것으로 예상된다. 최소한 (지금은 없어진) 통상해고 지침 수준의 고용유연성을 가질 수 있도록 할 필요가 있다. 그리고 향후 무기계약직의 근로조건 향상은 집단적 노사관계를 통해 풀 수 있도록 길을 열어주는 것이 더 합리적이다. 법으로 기존 정규직과 동일한 임금을 주도록 강요하는 것은 지나치게 획일적이고 경직적인 규제로 기업이 받아들이지도 않을 것이다. 현재 실제로 생산직의 수는 점차 줄어들고 연봉제 확산으로 사무직의 연공급 체계도 점차 줄어들고 있으므로, 장기적으로는 무기계약직과 정규직간의 구분이 의미가 없어질 것이다. 근로조건도 결국 노동시장 조건과 노사 간의 협상으로 정해질 가능성이 높다는 의미다.

간접고용 근로자 보호를 위한 해법 마련

사내도급(용역)근로자 보호법 제정의 필요성

간접고용은 노동 측면에서 보면 비정규직의 이슈지만, (경영)전략의 관점에서 보면 외주의 선택이다. 따라서 간접고용 자체를 없애야 한다는 주장은 기업이 받아들이기도 어렵고, 실제로 간접고용 자체를 금지하는 규제를 할 수도 없는 일이다. 무엇보다도 간접고용 자체를 악으로 보게 되면 역설적으로 그들을 보호할 길이 없어진다.

박근혜 정부 당시 대선공약을 보면, "사내하도급 근로자는 원청업체의 정규직 근로자들에 비해 임금 및 근로조건에서 차별을 받는 경우가 많고, 사내하도급 계약 변경 때마다 고용불안에 시달리고 있으나, 이들에 대한 비정규직 보호법의 차별시정제도나 고용안정 보호를 받을 수 없다"고 진단했다. 그리하여 「사내하도급 근로자 보호법」을 제정하여, 사내하도급 근로자가 원청업체 정규직 근로자와 동종·유사한 업무를 할 경우 차별적 처우를 금지"하고, "사내하도급 계약 만료시에 사내하도급 사업주가 교체되더라도 기존 업무가 유지되는 경우에는 사내하도급 근로자의 고용을 보호(승계)"할 수 있도록 하자고 했다. 대선공약을 내기 전에 이미 19대 국회 출범과 함께 당시 새누리당에서 「사내하도급 근로자 보호법」을 제정 입법 발의했으나, 당시 야당의 강력한 반대로 결국 입법에는 실패하였다.

당시 야당의 기본입장은 사내도급근로자를 보호하기 위한 법이 만들어지면, 간접고용을 인정하는 것이기 때문에 그 법 자체를 인정할 수 없다는 주장이었다. 조선업 혹은 건설업에서는 수주가 있어야만 일거리가 생긴다. 따라서 수주(공사)가 있을 경우에만 사람이 필요하고, 그럴 때마다 필요한 인력을 정규직으로만 충당할 수 없기 때문에, 일거리 변동성 문제를 하청을 통해 해결한다.

사내도급 근로자보호법 제정 자체를 반대하려면, 사내도급 근로자보호를 위한 다른 대안이 필요하다. 회색지대가 있으면 설사 그 회색이 나쁘다고 생각하더라도, 회색이 없어지도록 최대한 노력하되 그 기간 동안 어떻게 하면 문제가 최소화될 수 있겠는가를 고민해야 할 것이다.

원청의 공동사용자 인정

원청업체는 간접고용의 비정규직 근로자에게 일을 시키면서 그들의 근로조건 결정에 대해서는 전혀 관여하지 않는다. "나는 그들의 사용자가 아니다"라는 이유다. 그러나 간접고용의 근로자들이 임금인상을 위해 자신들의 사용자인 사내도급(용역)업체와 협상을 하는 것은 사실상 무의미하다. 이는 분명한 한계가 있을 수밖에 없다. 임금 및 근로조건의 결정은 용역(하청)단가에 달려 있는데, 용역단가는 결국 원하청의 협상에 달려 있고, 실제로 원청이 갑의 위치에 있기 때문에 원청이 하청(용역)근로자들의 근로조건을 결정하는 것으로 보는 것이 현실적이다. 사내도급(용역)근로자들이 원청의 사업장에서 일을 하는데도, 원청은 하청업체의 뒤에 숨어서 간접고용 근로자들의 임금 및 근로조건 결정에 대해 아무런 책임을 지지 않아도 괜찮은 것일까?

실제로 있었던 사례를 들어보자. 원청이 하청단가 인상을 거부하여 간접고용 근로자들이 최저임금 인상의 혜택을 받지 못하는 일이 있었다. 예컨대 최저임금이 시간당 100에서 110으로 10% 인상되었다고 가정해보자. 그럼에도 불구하고 원청이 하청단가를 동결해서, 용역업체는 '근로시간을 8시간에서 7시간으로 단축하는 새로운 근로계약'을 체결하는 편법으로 최저임금을 맞추었다. 즉 예전의 $8 \times 100 = 800$의 용역단가로는 $8 \times 110 = 880$의 최저임금 수준을 맞출 수가 없다. 그래서 $7 \times 110 = 770$으로 최저임금을 맞추는 편법을 쓴 것이다. 결국 용역근로자들의 임금소득은 (최저임금 10% 인상에도 불구하고) 800에서 770으로 줄어든 것이다. 8시간에 하던 청소업무를 7시간에 마무리해야 하니 결국 일은 똑같이 하고 소득은 오히려 줄어드는 어이없는 일이 일어난 것이다. 이것은 용역(하청)업체의 책임으로 돌릴 수 없는 일이다. 원청업체가 용역업체 근로자들의 근로조건 결정에 아무런 책임이 없다는 것을 빌미로 무리한 단가조정을 한 것이다.

지금의 노동법 체계에서는 원청은 사용자가 될 수 없다. 근로계약 체결의 상대(당사자)가 아니기 때문이다. 또 원청업체가 하청근로자의 사용자처럼 행동해서도 안 된다. 예컨대, 원청이 인사관리에 개입하면 형식적으로는 사내도급(용역)업체 근로자들이더라도 법원이 그들을 원청업체의 근로자로, 즉 직접고용으로 인정할 수도 있기 때문이다. 실제로는(노사관계 측면에서는) 사용자적 성격이 매우 강한데, 형식적으로는(노동법적으로는) 사용자가 아니라는 이유로, 원청이 아무런 책임을 지지도 않고 어떤 역할을 해서도 안되는 지금의 상황은 매우 비합리적이다. 간접고용 근로자의 근로조건을 합리적으로 결정하기 위한 어떤 조치, 해법이 반드시 필요한 시점이다.

이와 관련해서, 미국에서는 최근 공동사용자joint employer라는 개념을 인정하기 시작하였다. 즉 하청근로자의 사용자 범주에 근로계약 체결 당사자인 하청업체 대표뿐만 아니라, 실제로 근로조건 결정을 지배하는 원청업체 대표도 공동사용자로 포함시킨다는 의미다. 물론 우리나라와 미국은 법 체계가 다르고, 한국에서는 공동사용자라는 개념을 도입하기 쉽지 않을 것으로 보인다. 그렇지만 지금의 비상식적인 상황을 그대로 방치하는 것은 답이 아니다. 원청의 공동사용자적 성격을 인정하는 방향으로 법제도를 만들 필요가 있다. 그 전이라도 최소한 간접고용 근로자의 근로조건 결정을 위한 단체교섭 자리에 원청업체도 같이 참석하는 길은 열어 놓아야 한다고 생각한다.

정규직과 비정규직간 공정노동 실현

많은 대학교수의 말을 들어보면, 학과 사무실에서 일하는 행정조교들이 2년마다 바뀐다고 한다. 어느 정도 일이 익숙해질 때면 어김없이 계약해지를 당하고, 새로 온 직원은 일이 서툴러서 애를 먹는다. 교수들도 힘들고 그 직원도 힘들기는 마찬가지다. 그런데 계약해지가 된 (사실상 해고당한) 비정규직 직원은 일을 아주 잘했고 한편, 같은 사무실에서 일하는 정규직 직원 중에는 무능하면서도 일을 열심히 하지 않는 직원들이 있다고 한다. 그 정규직 직원을 해고하고 이번에 계약해지된 비정규직을 정규직으로 전환해서 그에게 대신 일을 맡기면 좋겠다는 생각을 해도 그럴 수 없는 것이 현실이다. 이처럼, 정규직원은 일을 못해도 해고의 위험도 없이 고용을 보장 받고, 비정규직은 아무리 일을 잘해도 정규직 자리가 없어서 계약해지를 당할 수 있다. 이것은 분명한 불공정 경쟁이다.

이것은 본질적으로 비정규직 대 정규직의 문제가 아니다. 내부자(기존 노동자)는 성과와 상관없이 고용이 보장되고, 외부자(청년실업자)는 그들과 경쟁할 기회조차 갖지 못하는 것으로 설명할 수도 있다. 정규직의 일자리 수가 고정되어 있고 정규직의 고용경직성이 존재한다면, 처음부터 청년의 취업기회는 존재하지 않을 수 있다. 즉, 경쟁과정의 공정성 문제를 제기하기도 전에 불평등한 기회의 문제로 인식할 수도 있다.

앞서 언급한 대학 직원들의 경우를 다시 생각해보자. 대학이 돈이 많고, 그래서 비정규직이었던 행정조교도 정규직원으로 뽑을 수만 있다면 아무런 문제가 없는 것일까? 근로자 보호의 관점에서만 보면 (비정규직의 수가 줄어드는 것이니까) 별 문제가 안 될지 모르겠으나, 공정경쟁의 관점에서 보면 여전히 문제가 될 수 있다. 일 잘하고 못하는 것과는 상관없이 같은 결과가 보장된다면, 그 자체가 공정한 경쟁이 아닐 뿐만 아니라, 이로 인해 경쟁이 유명무실해질 경우 그 결과는 효율성도 정의도 보장되지 않는 것이다.

정규직과 비정규직 간 지나친 보호 수준의 차이는 해소될 필요가 있다. 그렇다고 모든 근로자를 비정규직으로 만드는 것도 해법이 될 수 없고, 모든 근로자에게 지금의 정규직이 누리는 고용경직성을 강제하는 것도 답이 아닐 것이다. 합리적 수준에서 고용보장권을 어떻게 보호할 것인가에 대한 고민이 필요하다. 그리고 산업현장에서의 불확실성과 리스크를 줄여주는 것도 매우 중요하다. 합리성 확보와 불확실성 제거, 이것이 핵심이다.

최소한 저성과자에 대한 일반(통상)해고가 합리적 수준에서 사회적 규범으로 자리잡을 필요가 있다. 이미 법원의 판례들이 쌓여서 노사에 가이드라인으로 적용할 수 있는 룰이 정립되고 있다. 이것을 입법화하는 방법은 불확실성을 줄이는 점에서는 탁월한 장점이 있으나 법률이란 차후에 수정하기 힘들다는 경직성의 단점도 있다. 또 현실적으로 노사 간의 첨예한 갈등으로 입법화하기도 힘들다. 따라서 정부는 할 수 있는 최소한의 일을 해야 하고, 그것이 행정지침을 만드는 것이라고 생각한다. 2015.9 노사정위원회 노사정합의에 이어 2016.1에 고용노동부가 지침을 만든 것도 이러한 노력의 연속선에 있었던 것으로 보인다. 지침의 내용이 합리적인지, 적정한 보호의 수준인지 등에 대해서는 논쟁이 있을 수 있지만, 지침 그 자체는 필요하다.

그러나 현 정부는 출범하면서 이 지침을 적폐지침으로 규정·폐지하였다. 그 지침이 적폐인지 아닌지를 따지는 것은 차치하더라도, 만약 내용에 문제가 있다면 지침의 내용을 고쳐나가면 될 일이다. 그냥 폐지해버리면 그 다음의 대안은 무엇인가? 무엇으로 '합리적 수준의 고용보장권(혹은 해고가능성)'을 정해줄 것인가?

장기적으로는 해고의 사유를 따지기 보다는 해고 행위 자체에 대해 경제적 비용을 부과하는 방향으로의 제도 전환이 필요하다. 아주 특별한 경우가 아니면 무조건 안 된다는 규제보다는 해고를 하고 싶으면 그리하되, 대신 돈을 내서 충분히 보상을 해라는 규제가 더 합리적이다. 직장을 갖는다는 것은 노사 간의 매칭이 이루어진 것이다. 그런데 이

관계가 더 이상 지속되기 어렵다면, 이직 혹은 해고의 사유가 발생하는 것이다. 그렇다면 이혼에 위자료가 존재하듯이, 기업이 근로자에게 적정 수준의 해고수당을 지불하고 해고할 수 있도록 길을 열어주는 것이 더 합리적인 길이라고 볼 수 있다.[135]

기술 향상의 필요성

고용안정을 달성한 이후, 비정규직의 다음 과제는 임금 수준을 높이는 것이고, 이는 근본적으로는 비정규직의 기술을 향상시켜야만 지속 가능하다. 양극화와 저임금의 문제는 고숙련 근로자의 수요와 공급이 같이 늘어야만 가능하다. 실력으로는 낮은 임금을 받을 수밖에 없는 사람들을 더 높은 임금을 받을 수 있도록 우리 사회가 강요하는 것이 얼마나 가능할까? 법 규제로 임금을 일시적으로 높일 수는 있을지 모르나, 기업은 그만큼 고용을 줄일 것이다. 결국 비정규직의 저임금 문제는 다소 해소되겠지만 실업의 문제가 커져서, 결국엔 양극화 해소에 도움이 안 되거나 오히려 더 양극화가 더 심해질 수도 있다. 최저임금의 과도한 인상이 가져오는 부작용을 우리는 이미 경험하고 있다.

한편 제조업 근로자가 많으면 양극화의 문제가 덜하다. 그 이유는 간단하다. 제조업 근로자는 실력 이상의 임금을 받을 수 있다. 기술수준이 높으면 기계가 생산성을 높게 만들어주기 때문에, 그만큼 높은 임금을 받는 것이 가능하다. 그러나 서비스업의 경우는 다르다. 서비스업 근로자의 생산성은 철저하게 실력에 달려 있다. 따라서 임금 양극화는 서비스업 근로자 비중이 커지면서 더 심각해지는 경향이 있다. 그런데 점차 제조업 근로자는 더 줄어들 것이고 4차 산업혁명이 진전되면 이 추세는 더 빨라질 것이다.

결국 비정규직의 임금소득 증가 및 임금 양극화 해소는 서비스 부문에서 고임금(고부가가치)의 일자리를 만들 수 있는가에 달려 있다. 이것이 비정규직 저임금 해소의 충분조건은 아니지만 필요조건임에는 분명하다. 한편, 노동공급 측면에서는 (효과적이고 효율적인 직업훈련으로) 비정규직 근로자들의 기술을 향상시켜 그들이 고임금의 일자리에 취업할 수 있도록 해야만 한다. 수요가 없으면 공급이 많아도 아무 소용이 없는 것도 사실이지만, 전문적인 소프트웨어 인력의 경우처럼 수요는 많은데 이를 충족시킬 수 있는 고급 인력의 공급이 부족해도 문제가 된다. 또 인력공급이 있으면 그런 인력을 활용하려는 투자, 즉 인력수요가 늘어나는 일이 생기기도 한다.

특수직 및 플랫폼 노동자 문제에 대한 해법이 필요

규제의 사각지대인 사내도급(용역) 근로자들이 많이 늘어나는 풍선효과가 특수직 종사자에도 나타나기 시작했다. 먼저 유념할 것은 특수직은 뒤에 근로자 대신 종사자라는 말이 붙는다. 이는 근로계약을 체결하고 일하는 사람이 아니라는 뜻이다. 도급계약이 일의 근거가 된다는 점에서는 사내도급(용역) 근로자와 특수직이 같지만, 사내도급은 업체가 도급계약의 주체이고 사내도급 근로자는 그 업체의 소속으로서 일하는 사람이 되기 때문에 근로자 신분이다. 하지만 특수직은 도급계약의 주체임과 동시에 일하는 사람(주체)이므로 근로자로 분류(포함)될 수 없게 된다. 특수직은 개인도급이라 할 수 있다.

예전부터 특수직 종사자가 존재했었지만, 일부 직종에 국한되었다. 보험판매원, 레미콘 기사, 학습지 교사, 골프장 캐디의 4대 직종이 대표적인 특수직이었다. 지금은 그 수가 엄청나게 늘어났다. 외환위기 이후 급증한 화물차 지입제 기사, 홈쇼핑 및 온라인 거래의 증가로 인한 택배 종사자, 배달종사자, 텔레마케터 등이다. 음주운전 규제 강화에 따른 대리기사 직업의 등장도 이런 범주에 들어간다. 이러한 새로운 직종의 특수직 종사자들은 스마트폰 앱 등 온라인 플랫폼 중심으로 일거리가 만들어지고 일자리가 연결되기 때문에 최근에는 '플랫폼 노동자'라고 불리기도 한다. 전 세계적으로 퍼진 우버 등도 플랫폼 노동의 예가 된다.

최근 플랫폼 노동자가 급격하게 늘어난 것에 대해서는 보다 깊은 연구가 필요하다. 단순히 비용절감을 노린 기업의 수요가 늘어난 것도 있지만, 노동공급 차원의 필요에 의해 늘어난 측면도 있다. 예컨대, IMF 실직 이후 가장 적은 자본과 어렵지 않은 기술로 시작할 수 있는 일 중의 하나가 화물차 지입제이었다. 또한 온라인 거래 증가 등의 시대적 흐름에 의해 기인한 이유도 크다.

플랫폼 노동자의 유형도 매우 다양하다. 소득이 상당히 높은 전문가 직종도 존재하고(프로그래밍 전문가 프리랜서 등), 배달처럼 단순한 일이고 경쟁자(노동공급)가 많아서 저임금을 받고 일하는 사람들도 있다. 어느 경우든 자기가 일하고 싶은 시간을 스스로 조절할 수 있는 유연성을 갖고 있다는 점에서는 좋고, 반면 일거리가 변동하고 불확실하다는 단점을 갖고 있다.

많은 특수직 종사자들이 저소득, 장시간 근로, 고용불안 등의 문제를 안고 살기 때문에, 비정규직 문제를 논할 때 특수직 종사자 보호의 문제도 같이 논의되는 경향이 있다. 노동계의 오랜 주장은 '특수직 종사자도 근로자로 인정해서, 근로기준법, 노동조합법 보호를 모두 받을 수 있도록 해야 한다'는 것이다. 현재 법원은 특수직 종사자의 일하는 행태를 살펴보면서 근로자적 속성이 51%이면 근로자로 인정하고, 49%이면 근로자가 아닌 것으로 판단하는 식이다. 주로 (상시적인)업무지시 여부, 출퇴근시간, 임금결정 방식(성과급의 비율 등)에 대한 판단으로 근로자성 여부를 따지는 것이다. 그러나 종이 한 장 만큼의 차이로 근로자냐 아니냐를 구분하고 양자 간에 천지차이의 보호 방안을 두는 것이 과연 합리적일까?

저임금, 장시간 근로, 작업의 위험 등의 해결해야 할 노동문제가 있다면, 그리고 그들이 임금 근로자는 아니지만 우리 사회가 보호해야 할 노동자라면, 그들의 상황에 맞는 새로운 방식의 보호 방안에 대한 고민을 시작해야 할 것이다. 사내도급 근로자 보호 방안에서도 언급했듯이, 회색지대가 있으면 거기에 맞는 새로운 방식으로 해결하고자 하는 문제에 대한 해법을 따로 고민하는 지혜가 필요하다. 특히 플랫폼 노동자 안에는 매우 다양한 유형이 존재하고 노동자들이 원하는 바도 서로 다를 수 있으므로 획일적인 접근은 바람직하지 않을 수 있다.

◇ ◇ ◇

비정규직은 한국사회의 가장 큰 문제점으로 지적되고 있는 양극화의 원인으로 혹은 양극화와 같이 나타는 문제점으로 인식된지 오래되었다. 그럼에도 비정규직 문제의 근본적인 내용이 무엇인지, 비정규직이 왜 증가하는지, 그리고 비정규직이 겪고 있는 고통을 어떻게 해결할 것인지에 대해서는 명쾌하게 결론이 나지 않았다. 현실의 비정규직 문제는 여전히 존재한다.

이 장에서도 완전한 원인 분석과 해법제시를 하고 있지는 못하지만, 비정규직 문제를 가능한 한 차가운 머리로 분석하고, 같이 고민해봐야 할 해법의 방향을 제시하려고 노력했다. 비정규직 문제를 단지 노동문제로만 보는 것을 벗어나 보려 했고(간접고용 등), 정규직 대 비정규직의 이분법으로만 보지 않으려고 했으며(예를 들어 위험의 외주화), 미래의 피할 수 없는 흐름을 억지로 막을 수 있다고 보는 오류에 빠지지 않으려 했고(플랫폼 노동자 등), 시대정신인 공정한 노동시장 만들기에 역행하지 않으려고 했다. 이 책에서 논의와 제시된 생각이 더 생산적인 토론과 정책대안 발굴에 도움이 되기를 바란다.

7장

저출산 고령 사회, 한국의 사회 안전망

유례 없이 빠른 저출산 고령화, 비혼 및 만혼 현상이 향후 한국 사회 및 경제 전반에 걸쳐 많은 부정적인 영향을 미칠 것으로 우려하는 목소리가 높다. 한국 정부는 이에 대응하고자 2005년 '저출산·고령 사회기본법'을 제정하고, 2006년 이후부터 저출산·고령 사회 기본계획을 본격적으로 추진해 오고 있다. 2006년부터 2010년까지 제1차 기본계획이 추진되었고, 2011년부터 2015년까지는 제2차 기본계획이, 그리고 2016년부터는 제3차 기본계획이 추진되고 있다.

저출산·고령 사회 기본법의 목적은 "저출산·고령 사회 정책의 기본방향과 그 수립 및 추진체계에 관한 사항을 규정함으로써 국가의 경쟁력을 높이고 국민의 삶의 질 향상과 국가의 지속적인 발전에 이바지함을 목적으로 한다"라고 명시되어 있다. 즉, 인구정책의 우선 주체가 국가로 명시됨으로써 저출산·고령 사회 문제에 대한 공적 책임을 강조하고 있다. 이렇게 함으로써 임신, 출산, 양육, 교육 등 육아의 공적 책임이 강조되며, 건강한 노후 보장, 노후소득의 다층소득보장 체계기반 구축 등 평균 수명 연장으로 인해 길어진 노후의 안정을 도모하기 위한 정책이 시행되고 있다. 질병 등에 대해서도 사후치료적 접근에서 사전예방적 접근으로 방법을 전환하고, 2008년 장기요양보험제도가 도입되어 개인이나 가족의 의료부담을 사회 부담으로 전환한 것 등이 그 성과의 예라고 할 수 있다. 또한 최근에는 치매 조기 검진과 치료 관리비 지원, 치매 관리법 제정 등으로 치매 예방과 발견, 치료 등 치매 환자 보호가 가능한 기반이 마련되었다.

하지만 이러한 정책에도 불구하고 한국의 노인 빈곤율은 세계 최고 수준을 계속 유지하고 있고, 고령화로 인해 빠른 속도로 늘어나고 있는 재정부담에 대한 우려가 증가하고 있다. 이 장에서는 고령화와 사회안전망이라는 주제로 한국의 현실을 바라보고, 특히 논쟁이 되고 있는 연금 개혁, 정년 연장, 기본소득 등을 중심으로 인구고령화와 노동의 미래를 진단해보기로 한다.

고령화와
사회안전망

노인 빈곤

우리나라 노인들의 노후는 얼마나 준비되어 있을까. 그림 7-1은 전체 인구 대비 노인 인구의 평균 가처분소득을 OECD와 브릭스BRICS, Brazil, Rusia, India, China, South Africa와 비교한 것이다. 한국은 65%로 OECD 평균인 87%뿐 아니라 다른 브릭스 국가들과 비교해서도 현저히 낮다. 일본과 독일이 88~89%로 평균과 비슷한 수준이고 미국과 프랑스, 스페인은 94%에서 100% 사이며, 우리보다 국민소득이 낮은 칠레와 멕시코도 92~93% 수준을 보이고 있다. 그나마 75세 이상은 더욱 격차가 벌어져 75세의 평균 가처분소득은 우리나라 총인구 전체 평균 가처분소득의 55%에 머물고 있다. 65세에서 74세는 75세 이상보다는 사정이 나은 편이지만 역시 OECD 꼴찌에 해당된다. 즉, 고용률이 높지만 노후보장이 안 되어 있어 많은 노인이 빈곤하다.

그림 7-2는 65세 이상의 상대적 빈곤율을 전체 인구의 상대적 빈곤율과 비교한 것이다. 여기서 가로축은 국민 전체의 상대적 빈곤율을, 세로축은 65세 이상의 상대적 빈곤율을 나타내는데 한국은 예외적인 형태를 보인다. 즉, 2016년 한국의 총인구의 빈곤율은 17.4%인 반면 65세 이상 노인의 빈곤율은 43.8%를 기록해서 한국은 총인구 빈곤율과 노인 빈곤율의 격차가 가장 큰 나라이면서 동시에 노인 빈곤율이 가장 높은 나라로 나타난다. 즉, 65세 이상 노인 10명 중 4명 이상이 소득

그림 7-1 65세 이상과 전체 인구의 가처분 소득 비교, OECD 및 BRICS, 최근 연도

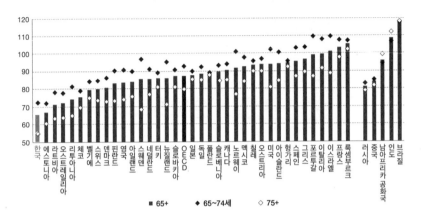

자료: OECD data portal, www.data.oecd.org 2019년 12월 1일 접속.
주: 가처분 소득은 노동소득 뿐 아니라, 자영업, 자본소득 뿐 아니라 연금 등의 정부이전소득을 포함하며, 나라간 평균
   가구원수를 감안해서 가구원의 균등화 척도 (equivalence scale)를 가중치로 주어 계산함.

그림 7-2 65세 이상과 전체 인구의 상대적 빈곤율 비교, OECD 국가 및 BRICS

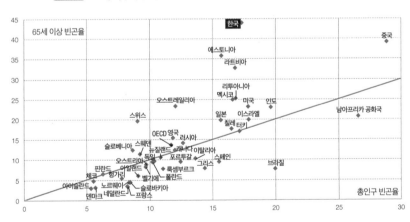

자료: OECD data portal, www.data.oecd.org 2019년 12월 1일 접속.

빈곤선인 중위소득의 50% 미만이다. 이는 OECD 국가들의 형태와도 다르지만 중국과 같이 노인 빈곤율이 한국과 비슷한 나라와도 차이가 나는데, 중국은 노인 빈곤율 뿐 아니라 전체 인구의 빈곤율이 OECD 국가와는 비교할 수 없을 정도로 높기 때문이다.[136]

한국의 많은 노인들이 자산이나 저축, 가족, 사회안전망에 의존하는 방법 등이 모두 어려운 현실에서 좋은 일자리마저 적기 때문에 빈곤을 벗어나기 어렵다. 특히 노후를 보장하는 대표적인 재원이 연금인데 다른 선진국에 비해 소득대체율이 낮고, 지금 은퇴자들은 국민연금이 성숙되기 이전에 은퇴한 사람들이기 때문에 그 이후 세대에 비해 가입비율이 매우 낮다.

통계청의 2017년 가계금융복지조사에 따르면 은퇴한 가구 중 생활비를 여유 있게 충당할 수 있다고 응답한 가구는 8.7%에 불과하다. 반면, 생활비가 부족하다고 응답한 가구는 39.0%, 매우 부족하다고 응답한 가구는 21.5%에 이른다. 또한 대부분 은퇴자들이 저축이나 자산에 의존할 정도의 자산을 갖고 있지도 못하다. 같은 자료에 의하면 60세 이상 가구주의 평균 순자산은 3억 3,377만원, 중앙값은 1억 7,364만원에 불과하다. 즉, 50% 이상의 가구가 2억이 채 안 되는 자산을 갖고 있는 것이다. 연금을 고려하더라도 이 정도로의 자산으로는 은퇴 후 사망시까지 필요한 노후 자금으로는 부족하다. 통계청의 다른 자료를 보면 실제 생활비를 '본인 및 배우자가 부담한다'는 비중은 2017년 기준 61.8%였다. 2011년(51.6%)과 비교하면 6년 만에 10%포인트 넘게 늘었다. '자녀 또는 친척 지원'은 같은 기간 동안 39.2%에서 25.7%로 크게 떨어졌다.

연금도 고령자 생활에 큰 보탬이 안 된다. 55~79세의 월평균 연금 수령액은 2019년 기준 57만 원이다. 1년 전보다 4만 원 증가했지만 전체 고령자 중 연금을 받는 사람은 45.6%에 불과하다. 즉, 노후 소비를 위한 안전망 중, 저축이나 자산, 연금, 자녀나 친척에 의존하는 방법 대신, 본인이나 배우자의 노동에 더 의존해야 하는 것이 현재 한국 고령자의 현실이다. 앞의 2장 〈인구고령화와 노동의 미래〉에서 보았듯이 한국은 세계 최고 수준의 노동시장 참가율을 보인다. 하지만 일을 많이 해도 빈곤하다는 역설은 소득이 높은 양질의 직업이 이들에게 충분히 제공되지 않거나 사회안전망이 부족하다는 의미이다. 이것이 한국 노동시장의 특성이 되고 있다.

이렇다 보니 노인들은 소득이 높지는 않지만 그럼에도 구직활동에 나설 수밖에 없다. 2019년 55~79세 중 앞으로도 일하기를 원하는 이들의 비율은 64.1%로 2018년보다 1.5%포인트 늘었다. 근로를 희망하는 이유는 '생활비 보탬'이 59%로 가장 많았는데 이는 2014년의 54.1%보다 약 5%포인트 늘어난 수치다. 즉, 한국의 노년층은 다른 부양체계가 미성숙하거나 미흡하고 기대수명 증가에 따라 여생소비가 늘어남에 따라 양질의 노동수요는 없는 상황이다. 노동시장에 내몰리는 생계형 노동, 또는 가교 취업bridge job을 하고 있지만, 그것으로 생계를 유지하기에는 많이 부족하다.

사회복지의 비교

고령화의 진전은 생애주기적자 규모를 빠르게 증가시킨다. 이러한 적자가 공공부문에 의해서 주로 메워지는 구조를 가진 나라에서는 정부 재정 취약의 위험성이 보다 더 높을 수 있다. 이러한 점에서 유럽 국가들은 한국에 비해 고령화가 더욱 큰 문제 요인으로 작용할 수 있다. 하지만 프랑스나 스웨덴 같은 경우 가족친화적 복지정책이 출산율을 높이고 고령화를 늦추는 데 효과적이었던 것으로 분석된다. 이들 나라에서는 복지가 출산율을 높이고 고령화를 늦추며 여성의 노동참가율을 높이는 정책과 긴밀히 연계되어 있지만, 그렇지 않은 나라의 경우 고령화가 진전됨에 따라 주로 중장년층이 부담하는 세금이나 보험료에 의존하는 연금, 공공의료 비용의 증가가 큰 문제가 아닐 수 없다.[137]

한국의 경우 낮은 복지 수준은 과거 고도 성장기에 저축률과 개인 자산에 대한 의존도를 높여서 경제성장에 기여한 측면이 있다. 즉, 한국의 노년층은 다른 선진국에 비해 공공부문 의존도가 낮은 반면 민간부문 저축 및 자산소득 의존도가 높았는데, 이로 인한 빠른 자본축적 유인이 고도성장기에 긍정적인 영향을 미친 것도 사실이다. 하지만 이러한 시스템이 빠르게 붕괴되었기 때문에 실업, 빈곤 등 각종 위험에 취약한 단점이 있다. 현재와 같은 저성장기에 저축과 자본 축적에만 기인하는 성장은 지속되기 어렵다.

많은 학자들이나 정책기관들이 공통적으로 지적하는 바와 같이 다른 나라와 비교해볼 때 한국의 GDP 대비 공공복지비율은 매우 낮은 편에 속한다. 2018년의 비중은 11.1%로 OECD 국가 중 칠레와 멕시코만이

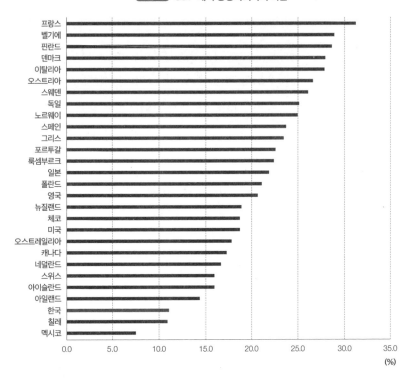

그림7-3 GDP 대비 공공사회복지 비율

자료: OECD data portal. www.data.oecd.org 2019년 12월 1일 접속.

한국보다 낮은 수준을 보이고 있다. 미국, 캐나다, 네덜란드, 스위스, 체코, 호주, 아일랜드, 아이슬란드 및 뉴질랜드 등이 14~19% 수준이고, 프랑스, 이탈리아, 덴마크, 벨기에, 이탈리아, 독일, 오스트리아, 스웨덴, 노르웨이, 핀란드가 25%를 넘으며 나머지 국가들은 그 사이에 놓여 있다. 흔히 선진국의 경우 20% 수준의 공공복지비가 보편적이라고 얘기하는데, 이 자료만을 놓고 보면 한국이 사회복지비용을 거의 두 배까지

그림 7-4 GDP 대비 사회복지비의 연평균 증가율(1990-2018년)

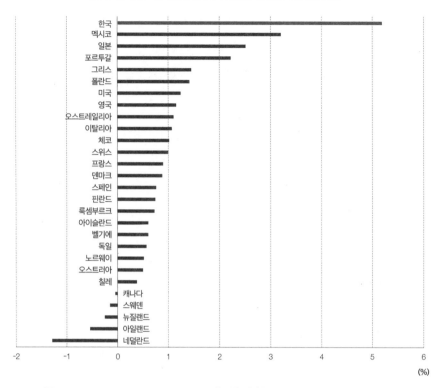

자료: OECD data portal, www.data.oecd.org 2019년 12월 1일 접속.

늘려야 할 이유는 확실해 보인다.

그런데 문제는 증가 속도다. 그림 7-4는 같은 기간 동안 복지비가 GDP에서 차지하는 비중의 연평균 증가율을 나타낸 것인데, 대부분의 국가에서 1% 안팎의 연평균 증가율을 보이고 있다. 네덜란드는 지난 30년 동안 매년 1% 이상씩 감소했으며, 아일랜드, 스웨덴, 뉴질랜드, 캐나다의 연평균 증가율도 마이너스를 나타내고 있다. 이는 이들 국가의 사회복지비 연평균 증가율이 경제성장률에 못 미쳤다는 것을 의미한다. 멕시코는 3.2%, 일본은 2.5%의 증가율을 나타내고 있는데 일본의 경우는 고령화의 영향이, 멕시코는 1인당 지출비의 증가가 큰 영향을 미쳤던 것으로 보인다. 같은 기간 동안 한국의 연평균 증가율은 5.2%로 다른 나라에 비해 매우 크다. 같은 기간 실질 GDP 성장률이 평균 4.9%인 점을 감안하면, 사회복지비가 매년 평균적으로 10% 이상 증가했다는 것을 알 수 있다. 이러한 증가율이 계속된다고 가정하면, 한국의 사회복지비 비중은 10년 후인 2030년에 20%를 넘게 된다. 이렇듯 어떤 그림을 놓고 보느냐에 따라 한국이 사회복지비용을 늘려가는 해법이 다르게 나올 수 있다. 한편에서는 너무 낮다고 하고, 다른 한편에서는 너무 빠르다고 하는 이유가 여기에 있다.

분야별로 보면 역시 노인복지 분야의 예산 증가가 가장 빠르다. 노인 관련 복지예산은 2018년에 전년보다 12.5% 증가한 11조 610억 원으로 늘어났고 2019년에는 그보다 25.8% 늘어났으며, 2020년에는 그보다 17.8% 증가한 16조 5,887억 원으로 책정되었다. 이는 같은 기간의 사회복지 총지출 증가율을 훨씬 상회하는 것으로 모든 사회복지 예산 중 가장 높은 증가율을 보이고 있다. 지금의 고령화 추세를 볼 때 이러한 증가율이 낮아지기는 어렵다. 즉 앞의 그림 7-4에서 계산된 증가율은 최근 노령화와 관련한 사회복지비의 높은 증가율을 고려하지 않은 것으로 앞으로는 이보다 더 빠른 속도로 증가할 가능성이 높다.

현재 보건복지부 노인복지 예산의 세부 구성을 살펴보면 모든 예산의 80% 정도가 기초연금으로, 나머지는 노인 일자리 및 노인장기요양의 일반회계 예산으로 책정되고 있다. 2년치 평균을 보면 노인 일자리 지원 사업이 가장 큰 증가율을 보이는데(2019년 45%, 2020년 30%), 노인 일자리를 2019년 64만 개에서 2020년 78만 개로 14만 개를 증가시키는 데 이 증가된 예산이 쓰일 것으로 보인다.

한국의 노인 빈곤율이나 다른 모든 지표를 볼 때 노인복지에 우선순위로 예산이 쓰이는 것은 바람직하다. 특히 치매관리 체계의 구축이나 기초연금 인상 등으로 복지비가 크게 늘어난 것은 불가피하다. 그러나 다른 한편, 일자리가 대부분 임시직인 것과 같이 질이 아닌 양적으로만 확대되고, 고령화 속도가 너무 빠르다는 점은 문제다. 고령화가 진행되는 지역에서는 인구의 연령별 구성 변화와 1인당 복지비의 증가 중 노령인구의 증가에 따른 인구의 변화가 미치는 영향이 훨씬 더 큰 경향이 있다(Lee and Mason 2015). 1990년부터 2018년까지 진행된 고령화 속도와 앞으로의 고령화 속도를 비교하면 앞으로의 고령화 속도가 훨씬

표7-1 노인복지 예산 추이 및 증감률 (2018~2020년)

(단위: 10억 원)

	노인복지 예산			증감률(%)	
	2018	2019	2020안	2019	2020
총계	11,061	14,083	16,589	27.3	17.8
기초연금	9,123	11,495	13,177	26.0	14.6
일반회계	1,723	2,322	3,175	34.8	36.7
(노인일자리)	635	923	1,199	45.4	29.9
(노인장기요양보험)	806	1,035	1,327	28.4	28.2
국민건강증진기금	165	256	237	55.2	-7.4

자료: 보건복지부. 국회예산처.

빠를 것이 예상되어, 사회복지비가 GDP 대비 20%가 넘게 되는 시점이 앞당겨질 가능성이 크다. 즉 현재 여력은 있지만, 아주 빠른 시간 안에 여력이 소진된다는 것은 문제가 아닐 수 없다.

이는 또한 한국의 국가부채 문제와 연관되어 있다. 한국의 국가부채는 2017년 현재 GDP의 38.2%로 평균 GDP 대비 국가 부채 비율이 100%를 넘는 OECD 회원국들과 비교하면 매우 안정적인 수준이다. 하지만 그 증가속도가 매우 빠르다. GDP 대비 국가부채 비율(중앙정부·지방정부)은 외환위기 당시인 1998년 15%에서 2017년에는 38%까지 높아졌는데, 특히 중앙정부 채무가 GDP 대비 14%에서 36%로 증가폭이 훨씬 컸다. 이러한 증가세는 아일랜드(11%) 포르투갈(9%), 스페인(7.0%), 그리스(5%) 등 채무위기를 겪었거나 겪고 있는 나라들보다도 높다.

GDP 대비 국가부채 비율이 급증한 원인 중 중요한 것은 은퇴 공무원 및 군인에게 지급해야 하는 연금 부담인 연금충당부채가 늘어난 것이다. 연금충당부채는 최근 3년간 300조 원 가까이 늘었고, 국가부채 중에서 차지하는 비중도 2015년 51%에서 2018년 56%로 증가해서 연금충당 부담은 계속 커질 전망이다. 정부는 2017년 1만 2700명, 2018년에는 2만 9700명의 공무원을 늘렸고, 2019~2022년 기간 동안 13만 1600명을 더 채용할 예정이다. 새로 뽑은 공무원들은 앞으로 더 크게 연금충당부채를 불릴 가능성이 높다. 여기에 국민연금이 고갈될 경우 늘어날 잠재적 부채를 감안하면, 한국의 국가채무는 예상보다도 빠르게 늘어날 가능성이 있다. 일본의 경우 GDP 대비 국가부채 비율이

240% 수준으로 OECD 국가 중 가장 높은 국가부채 비율을 나타나는데, 이 부채가 100%대에서 200%대로 가는 데는 불과 13년밖에 걸리지 않았다.[138] 경기부양과 고령자 증가에 따른 적자재정 운용이 국가채무에 미치는 영향이 얼마나 클 수 있는지 알 수 있는 대목이다.

고령자 사회안전망 체계

세계은행은 다층적 연금체계multi-pillar pension model로 노후소득보장체계를 다양화해 위험을 분산시키는 제도를 제안하고 있다.[139] 다층적 연금체계는 국민기초생활보장이나 기초연금같이 기여금 없이 생활이 어려운 사람에게 지급하는 공공부조 제도인 0층, 기여금이 소득에 비례하고 가입이 의무적인 국민연금인 1층, 사적연금이지만 가입이 의무적인, 예컨대 일부 직역연금이나 퇴직연금인 2층, 그리고 개인이 자발적으로 든 개인연금인 3층이 있다.

우리나라 노후소득 보장체계를 보면 기초연금과 국민기초생활보장제도가 가장 기본적인 0층인 공공부조이며, 사회보험인 국민연금이 1층을 이루고 있고, 일부 노인은 주택연금을 이용하고 있다. 사회보험은 국민연금 이외에도 국민건강보험, 고용보험, 산업재해보상보험, 노인장기요양보험 등 다섯 가지가 있는데 이중 특히 국민연금과 노인장기요양보험은 노후보장체계로서 매우 중요한 역할을 담당한다.(그림 7-5)

그런데 형태로는 각 층이 있긴 하지만 내용은 많이 부실하다. 공공부조인 기초연금의 경우 노인의 70%가 받기는 하지만 자산규정means-tested이 있고, 이른바 '줬다 뺐는' 기초생활보장급여(생계급여)와의 삭감 규정

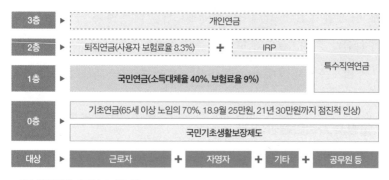

그림 7-5 우리나라 노후소득 보장체계

3층 ▶ 개인연금

2층 ▶ 퇴직연금(사용자 보험료율 8.3%) + IRP

특수직역연금

1층 ▶ 국민연금(소득대체율 40%, 보험료율 9%)

0층 ▶ 기초연금(65세 이상 노임의 70%, 18.9월 25만원, 21년 30만원까지 점진적 인상)

국민기초생활보장제도

대상 ▶ 근로자 + 자영자 + 기타 + 공무원 등

자료: 국회토론회 자료집 (2019년 1월)

도 있다. 기초생활제도도 많이 완화되기는 했지만 아직 부양의무자 규정 등으로 생계급여 수급권자보다도 가난한 상태인 수십 만 명의 비수급권자층이 존재한다. 국민연금의 경우 아직 사각지대가 많이 존재하는 동시에 소득대체율이 낮다. 퇴직연금은 가입률이 저조할 뿐 아니라 일시불로 받기 때문에 연금형태와 거리가 멀다.

즉, 우리나라 사회안전망의 문제는 각 층이 견고하게 성립되어 있지 않을 뿐더러 역할 분담이 제대로 되어 있지 않다. 따라서 각 층을 공고하게 하는 것이 무엇보다 중요하다고 할 수 있다. 2014년 도입된 기초연금의 빈곤효과들의 연구를 살펴보면 기초연금 시행 후 노인 빈곤율이 감소하기는 하나, 기초연금이 기존의 기초노령연금보다 혜택 수준이 최대 두 배 가량 늘어난 것에 비하면 노인 빈곤 완화 효과는 기대에 많이 못 미치는 것으로 나타난다. 이는 기초연금이 평균소득의 약 6%에 불과하여 국민연금이 노후 생활안정의 주도적인 역할을, 기초연금은 노후생활안정에 보조적인 역할을 할 수밖에 없기 때문으로 보인다. 하지만 기초연금과 국민기초생활보장 등 공적부조를 비교해보면 기초연금이 국민기초생활보장보다는 빈곤율을 낮추는 데는 훨씬 더 크게 기여를 하고 있는 것으로 나타난다. 즉 빈곤 감소의 상대적 역할에서는 기초연금이 국민기초생활보장제도에 비해 기여도가 더 높은 사회안전망인 것이다. 결국 사각지대에 있는 노인들에게 도움이 되고 노인 빈곤율을 낮추는 데는 기초연금이 가장 효과적이다. 또한 기초생활보장제도는 생계를 유지할 수 있는 가장 최후의 보루인 데다 사각지대를 줄일 수 있는 제일 효과적인 정책으로, 부양의무자 기준은 빨리 폐지할수록 좋다.

기초연금을 받을 경우 생계급여를 삭감하는 것은 공공부조제도의 이론으로선 맞지만, 노인빈곤을 해결하는 데는 전혀 도움이 되지 못한다. 이 부분은 뒤에서 다시 살펴보겠지만, 우리나라의 노인빈곤 문제를 해결하고 사각지대를 없애고, 최빈곤층이나 독거노인의 문제를 조금이라도 더 해결하려면 이런 측면의 정책을 재고해야 한다. 그런 면에서 최근에 기초연금과 생계급여를 동시에 받는 노인에게 부가급여를 추가로 지원하는 방안을 통과시킨 것은 환영할 만하다. 앞으로 기초연금을 더 강화하고, 국민연금의 가입률을 높이고, 퇴직연금을 연금 형태로 발전시키고 국민연금의 가입률을 높이면 좀 더 나은 그림이 그려질 수 있다. 최하위 계층은 최저생활보장으로서 생계연금과 기초연금, 중하위 계층은 기초연금과 국민연금, 중상위 계층은 국민연금과 퇴직연금을 중심으로 원래 다층적 노후소득 보장체계의 목적에 충실하게 생계를 대비하는 시스템이 복원되는 것이 바람직하다고 할 수 있겠다. 재원 방식에 있어서는 부과방식(pay-as-you-go)으로 운영하는 기초연금과 연금 지출의 일부를 사전에 준비하는 준적립방식인 국민연금, 적립식 으로 운영하는 퇴직연금의 재원 방식을 고려한 역할 분담이 필요하다.

한편 세계은행에서 제시한 다층적 연금체계는 원래 노후소득보장을 다양화해 위험을 분산시키는 방법으로 특히 3층인 사적연금의 강화를 계속해서 강조하고 있다. 하지만 우리나라에서 강제성이 부족한 개인 연금은 활성화되지 못한 실정이다. 개인연금이 활성화되지 못하는 이 유로는 여유자금 부족이 가장 크지만, 노후소득보장 수단으로서의 연 금에 대한 인식이 부족하고 강제성이 약하여 가입과 해지가 많기 때문 이기도 하다. 이는 사적연금에 대한 가입을 강화하는 정책으로 연금가 입 및 수급 시 세제혜택을 주는 정책을 활용하고 있는 외국이나 국제 사회가 지향하는 방향과는 많이 다른 것이다. 고비용 문제 등으로 특히 가입 초기에 가입률이 매우 낮았던 외국의 사례들이 있으므로 사적연 금을 확대하는 정책은 보다 신중하게 고려해야 할 것이다.

연금개혁에 대한 논의

연금의 소득대체율과 보험료율

그림 7-6은 각국의 은퇴시 연금대체율과 80세 연금대체

율을 비교한 것이다. 한국의 은퇴시 연금대체율은 40%로, 이것은 가입
자 생애평균소득과 비교해 향후 받게 되는 국민연금액이 40% 정도라
는 의미이다. 80세에 달할 때 연금대체율은 그보다 더 떨어져 30%를
조금 넘는다. 이는 OECD 평균인 50%를 밑돌고 오스트리아, 이탈리아,
스페인 등의 75%보다는 훨씬 적고, 일본보다는 오히려 약간 높은 수준
이다. 다만 통계를 조심스럽게 해석해야 하는데, 이러한 대체율은 명목
대체율로 국민연금을 40년 이상 가입하고 정상적으로 보험료를 납부
했을 때의 이야기이다. 우리나라의 경우 가입기간이 이보다 훨씬 짧아
이를 감안한 대체율은 더 낮다. 일본은 기초연금과 국민연금의 도입시
기가 우리보다 수십 년 빠르고 가입기간이 길어 실제로 은퇴자가 받는

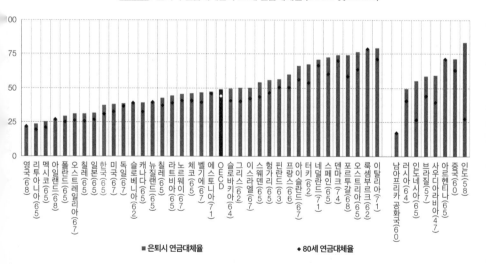

그림7-6 은퇴시 연금대체율과 80세 연금대체율 (OECD 및 BRICS)

■ 은퇴시 연금대체율   ◆ 80세 연금대체율

자료: OECD data portal, www.data.oecd.org 2019년 12월 1일 접속.

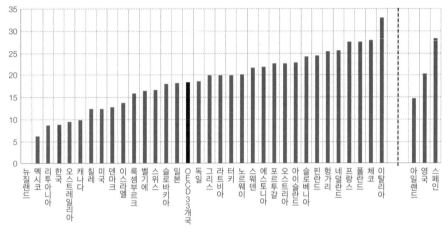

그림7-7 연금 보험료율 (OECD 및 BRICS)

임금대비%

자료: OECD data portal, www.data.oecd.org 2019년 12월 1일 접속.

소득의 대체율이 되지만 아직 우리는 국민연금의 과도기에 있어 대부분 은퇴자가 이렇게 받으려면 시간이 많이 지나야 할 것이다. 우리나라와 비슷한 연금대체율을 갖고 있지만 노인 빈곤율은 20% 미만인 일본의 사례가 이를 반증한다.

그림 7-7은 각국의 소득대비 연금 기여율(보험률)을 나타낸 것이다.[140] 한국의 국민연금 기여율은 9%로 OECD 평균인 18.4%의 반 정도에 불과하다. 한국보다 보험률이 낮은 나라는 멕시코와 리투아니아밖에 없고,[141] 일본의 보험률은 OECD 평균과 비슷하다.

일본은 연금 소득대체율이 우리나라보다 낮은데 보험률은 두 배라는 것은 앞으로 한국의 연금문제에 대해 시사점을 제공한다. 정치권에서는 보험률은 그대로 두고 소득대체율을 50%까지 높이는 방향으로 요구를 하나, 이는 다음 세대의 부담을 크게 늘릴 것이다. 현재 중장년층 근로자의 노후소득 보장에는 도움이 될지 모르나, 지금의 청년이나 미래 세대에게는 고령화의 부담이 더 커질 수밖에 없다. 무엇보다 소득대체율을 높이면 근속년수가 높은 정규직이나 대기업 근로자에게 유리한 측면이 있어 빈곤층 보호와 소득재분배라는 복지제도의 기본취지에도 맞지 않다. 20년 동안 올리지 않은 보험률을 올리되, 소득대체율은 고령화 추세를 감안하여 점진적으로 올리거나 현행을 유지하고, 국민기초생활제도 및 기초연금을 강화하여 사각지대의 빈곤층 가구를 보호하는 것이 우선적으로 고려되어야 할 것이다.

2018년 재정계산과 개혁안

지난 20년 동안 우리나라의 연금개혁은 연금의 소득대체율은 낮추고 보험료율은 조금 높이는 방향으로 전개되어 왔다. 매 5년마다 재정계산을 하도록 제도가 되어 있어, 당시의 소득대체율 및 보험률을 바탕으로 기금보유 상황을 점검하고 국민연금 제도의 장기적 재정안정화 방안이 제시되어 오고 있다. 재정계산에 따라 소득대체율은 그 이전의 70%에서 1999년에는 60%로, 2008년에는 50%로 감소되었으며, 2009년부터는 매년 0.5%씩 감소하여 2028년에는 40%까지 인하될 예정이다. 연금수급 개시연령도 2013년부터 61세로 증가하였고 그 이후 5년마다 1세씩 증가하여 2033년에 65세로 증가하게 된다.

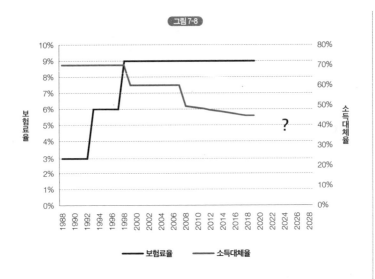

그림 7-8

2018년 재정계산에서는 국민연금 적립금이 2057년 고갈될 것으로 계산되었다. 이에 따라 연금개혁의 방안은 경제사회노동위원회의 연금개혁특별위원회에게 공이 넘어간 상태다. 연금개혁특위는 단일안 마련에 실패해서 소득대체율을 40%에서 45%로, 보험률을 10년에 걸쳐 소득의 9%에서 12%로 올리는 방안을 다수안으로 제시했다.

하지만 총선 및 다른 법안 등의 표류로 말미암아 현재 국회에서 논의가 진행되지 않고 있다. 소득대체율을 올리면서 연금의 지속가능성을 유지하려면 어느 정도의 보험료율 인상은 불가피할 것으로 보이지만 정치권의 반대로 이것이 실제로 실현될지는 미지수이다.

기초연금과 국민연금

구체적으로 논의가 많이 되는 부분은 기초연금이 국민연금과 연계되어 최대 50%까지 삭감되는 부분이다. 이는 기초노령연금제도에서 기초연금제도로 전환될 때 논란이 많았던 부분이다. 처음 기초연금을 설계할 때 소득인정액에 따른 기초연금급여 차등지급 방식, 기초연금과 국민연금 연계방식이 논의되었으나, 최종적으로 후자로 결정되었다. 당시 보건복지부의 해명에 따르면 이는 첫째, 국민연금 수급자에게 소득인정액 차등지급 방식보다 국민연금 연계방식이 유리하고 둘째, 장기적인 재정의 지속가능성이 필요했으며 셋째, 소득인정액 방식은 근로소득 등이 소득인정액에 포함되기 때문에 근로활동 등에 저해가 될 가능성이 크고 넷째, 국민연금 수급자의 세대간 형평성 등을 고려했기 때문이라고 한다. 그리고 국민연금과 기초연금을 연계함에 따라 국민연금 가입자가 손해라는 지적이 있으나, 기초연금을 포함한 공적연금 지급액은 항상 기초연금액보다 많도록 설계되었기 때문에 문제가 없다고 해명하였다.

현재 방식을 보면 국민연금 월 급여액이 기준연금액의 150%를 초과하는 경우 기초연금 기준연금액에서 삭감하게 된다. 삭감 방식은 두 가지 방법이 있는데[142] 금액이 큰 것을 기초연금액으로 선택하게 된다. 이렇게 해서 추정해보면 연계감액 대상자는 약 30만 명이 넘는 것으로 보인다. 그런데 일단 이러한 연계방식이 복잡한 데다, 성실하게 국민연금을 납부하는 사람과의 형평성 문제 등이 제기되어 계속 논란이 되었다. 무엇보다 장기가입자가 불리하게 됨에 따라 장기가입 유도와 배치될 수가 있다.

하지만 감액을 폐지해도 기초연금 수급자 안에서 상대적인 고소득자가 수혜를 보기 때문에 빈곤완화 효과가 미약하고, 감액 폐지시 추가재정 부담이 있다는 단점도 제기되고 있다. 국민연금 수급자가 증가하면서 가입기간과 수령액이 동시에 늘어나면 이 연계감액에 대한 불만은 더 커질 것으로 보인다. 이미 2018년에 국민연금제도발전위원회에서 이 제도를 폐지하도록 권고하고 최근 경제사회노동위원회 산하 연금특위에서도 이 제도를 단계적으로 폐지하도록 권고했기 때문에 조만간 이에 대한 정책시행안이 마련될 가능성이 크다. 이 경우 기초연금과 국민연금 연계뿐 아니라 공적연금 전체의 노후소득 보장 수준은 어느 정도여야 할 것인지, 이에 따라 기초연금 급여 인상이 예정된 상황에서 국민연금의 소득대체율 인상이 필요한 것인지 등 보다 큰 틀에서 바라보는 합리적인 시행안이 나와야 할 것이다.

정년 연장

노후의 근로소득을 증가시키는 한 방안으로 정년 연장에 대한 논의가 계속되고 있다. 2013년 4월 정년을 만 60세 이상으로 연장하기 위한 '고용상 연령차별금지 및 고령자 고용촉진에 관한 법률 일부 개정법률안'이 국회를 통과함에 따라 권고사항으로 되어 있던 정년 조항이 의무화되었다.[143] 이로 인해 근로자 300인 이상인 대기업과 공공기관이나 지방공단은 2016년부터, 근로자 300인 미만 중소기업과 지자체는 2017년부터 적용을 받았다. 그리고 2019년 6월에는 정부가 65세 법적 정년 연장을 논의함으로써 정년 연장 논의에 다시 불을 지폈으나 일단 2022년까지 논의할 계획이어서 본격적 논쟁은 2022년으로 미루어질 것 같다.[144] 정부의 안은 2016년 60세로 상향 조정된 '법정 정년'은 그대로 두되, 기업이 정년 이후에도 근로자가 계속 일할 수 있도록 채용을 의무화한다는 것이다.

이는 2013년에 실행된 일본식 '계속고용제도'를 따르고 있는 것으로 보인다. 일본은 노인 빈곤이 사회적 문제로 떠오르자 '고령자 고용안정법'을 개정해 2013년부터 계속고용제도를 시행하고 있다. 이 경우 기업이 재취업(퇴직 후 재계약), 정년 연장, 정년 폐지 중 하나를 골라 원하는 근로자는 모두 정년을 늘려주도록 하고 있다. 즉 법정 정년은 한국과 마찬가지로 60세지만 65세까지 정년을 보장하고 있는 것이다. 특히 이 법은 규정을 제대로 이행하지 않았을 때 50만 엔 이하의 벌금을 물어야 하는 의무조항을 정하고 있어 일본 대기업 대부분이 2013년 이후 이 제도를 도입하고 있다. 다만 전체 비중을 보면 80% 이상의 기업이 재취업 형태의 재계약을 통해 정년을 연장하고 있다. 재계약시 임금을 다시 조정할 수 있는 자율권이 기업에 주어졌기 때문에 연공서열제가 기본인 일본의 기업들 중 많은 기업이 이러한 방법을 통해 고용을 연장하되 임금을 낮추는 자율권을 받았고, 이에 따라 사용자 부담이 상당이 줄어들 수 있었다.

더 나아가 일본 정부는 2019년 5월, 고령 직원이 희망할 경우 70세까지 일할 수 있도록 하는 내용의 '고령자 고용안정법 개정안'을 확정했다. 이 개정안은 65세 이상 고령자를 기업이 70세까지 계속 고용하도록 노력한다는 것을 명시했다. 다른 회사 재취업이나 창업 지원, 프리랜서 계약시 자금 제공 등의 내용도 포함되어 있다. 일률적으로 70세까지 고용을 의무화할 경우 기업 부담이 증가할 것을 우려해 일단은 고용 노력을 의무화한 것이다. 사실 정년 연장의 법제화는 어제 오늘의 일이 아니다. 선진국들의 경우 이미 오래전에 정년을 연장하거나, 연금 수급 연령을 늦추거나, 아예 정년을 폐지하는 추세이다. 영국과 미국은 정년제가 없으며 거의 모든 나라에서 정년이 연장되는 추세이다.

한국도 결국 이러한 추세를 따라갈 것으로 보인다. 정부는 정년 연장이 노인 빈곤 문제를 상당히 해소하고 노령층의 고용을 늘릴 것으로 본다. 사회적으로도 이른 나이에 근로자를 퇴출시키는 현행 정년제도가 근로자 개인이나 국민경제 차원에서 바람직하지 않다는 공감대가 있다. 또한 연금대체율이 낮아지고 지급연령이 늘어남에 따라 고령자가 노동공급을 변화하려는 유인도 생긴다.

하지만 정년 연장에 따른 반론도 만만치 않은데 이에 대한 쟁점은 크게 다음 두 가지 주제로 진행되고 있다. 첫째, 근로자 집단에 따라 정년 연장이 노후소득 및 실제 은퇴에 미치는 영향은 어떠한가? 둘째, 정년 연장으로 청년구직이 더 어려워지는 것은 아닌가? 첫번째 문제는 사실 이것이 기업의 비용에 어떠한 영향을 미치는가의 논의와 밀접히 연관되어 있다. 이와 관련해서 2013년 이후 국내 연구가 여러 편 나와 있다.[145] 이들 대부분의 연구는 방법론에 있어 차이는 있지만 임금조정을 수반하지 않는 정년 연장은 오히려 중고령자 조기퇴직의 원인으로 작용할 수 있음을 지적하고, 특히 수혜자가 일부 근로자에 한정될 것을 경고한다. 즉, 기업과 근로자 간의 자발적인 계약에 의한 정년이 아니라, 입법을 통한 정년 연령의 법적 강제나 이의 강제적인 연장은 의도와 달리 조기퇴직을 유발하는 부작용을 낳을 수 있다는 논지이다.

이러한 부작용은 한국의 연공서열적 임금체계와도 관련이 있는데, 한국의 경우 초임이 낮은 대신 근속에 따라 임금이 매우 가파르게 상승하는 연공서열적 임금이 많아서, 법 개정에 따른 추가적인 정년 연장으로 인해 기업들의 부담도 커지게 될 수 있다. 이 경우 기업들은 정년 연장에 따른 손실을 최소화하기 위해 노력하게 되는데, 오히려 기존 근로계약을 둘러싼 기업과 근로자간에 새로운 거래를 발생시키거나 근로자의 조기퇴직을 유도함으로써 손실을 최소화하려고 할 것이다. 이는 연구에서도 나타나고 있으며, 실제 기업을 떠나는 시점은 정년 연장 연수보다도 오히려 더 앞당겨질 수 있는 것이 법개정 이전과 이후의 자료(사업체 패널조사)를 통해 보인다(남재량, 2018).

이는 사실 정년 연장을 하지 말자는 주장이라기보다는 정년 연장이 추진되더라도 현재의 연공서열형 임금체계에서는 부정적 영향이 나타나므로 부정적 영향을 최소화하기 위한 노력을 병행하여야 한다는 것이다. 또 한꺼번에 5년씩 정년 연령을 연장할 것이 아니라, 몇 년에 1세 정도로 완만하게 연장하는 것이 고용에 미치는 부정적 영향을 완화시켜 준다는 점을 의미한다.

법적 정년연령 연장의 수혜자와 피해자가 서로 다르다는 것도 문제이다. 만약 정년 보장의 수혜자가 정년제의 적용을 받는 근로자에 한정된다면 정년 연령연장은 오히려 한국의 임금격차를 늘리는 악영향을 가져올 수 있다. 중소기업의 정년제 실시 비율은 20% 정도 밖에 안 되기 때문에 추가적인 정년 연장의 수혜자는 공공부문과 대기업 등에 국한되어 있을 가능성이 높다. 또한 조기퇴직 등의 위험에 처할 근로자들은 상대적으로 취약한 근로자들일 것이다. 따라서 정년 연장이 노동시장 양극화를 오히려 심화시키는 요인으로 작용할 수 있다. 예컨대 베이비붐세대의 경우 약 4분의 1만이 자신의 일생동안 속해 있던 직장에 재직 중이며, 나머지 4분의 3은 이미 퇴출되었거나 장기근속 일자리와는 거리가 먼 일자리에 종사하고 있다. 이런 점들을 감안하면, 정년 연장의 수혜자는 베이비붐 세대의 극히 일부에 해당할 것으로 보인다는 비관적인 견해는 설득력을 얻는다.

정년 연장이 근로자 집단에 따라 국민연금 가입 및 퇴직연금 적립기간에 미치는 영향도 무시할 수 없다. 즉, 정년 연장은 퇴직연금 적립기간을 증가시킴으로써 노후소득을 증가시키나, 증가 정도는 근로자 집단에 따라 다를 것이다. 이를 결정하는 것은 임금연공성과 임금피크제 등 기업의 임금체계에 의해 결정될 가능성이 크다. 즉 정년 연장으로 인한 근로기간 증가는 생애 후반기에 일어나며, 따라서 임금연공성이 높은 집단일수록 노후소득 증가율이 크다(김진수 외, 2015). 또 임금연공성이 높은 집단이 대체로 임금이 높고 고용이 안정적인 계층임을 고려할 때, 정년 연장의 수혜는 역진적인 경향을 가질 가능성이 크다.

임금피크제의 적용은 이를 변화시킬 수 있는데, 이는 피크임금 대비 감액률이 임금연공성이 높은 집단에서 더 크기 때문이다. 이 경우에는 임금피크제의 감액률이 임금연공성을 어느 정도 상쇄하느냐에 따라 다른 결과가 나타날 수 있다. 한편 퇴직연금의 경우 정년 연장 전 퇴직연금 가입기간이 짧은 저임금 근로자 집단에게 유리한 측면이 있다. 그러나 이는 퇴직연금의 미성숙에 의한 것으로 향후에는 국민연금과 마찬가지로 연공성이 높은 집단에게 유리한 방향으로 변화할 가능성이 크다. 아예 정년 연장이 직접적으로 노인 빈곤 문제 해결에 영향을 주지 않을 것이란 시각도 있다. 즉 '법적 정년'은 공무원을 비롯해 대기업체 등에 소속된 인력에 한해 적용되다 보니 실제적으로 대다수 빈곤 노인들의 일자리와는 아예 거리가 멀다는 것이다.

또한 정년 연장이 중고령자 고용연장의 대가로 청년층의 고용기회를 빼앗게 될 것이라는 우려도 있다. 하지만 국내뿐만 아니라 해외의 거의 모든 연구에서 최소한 거시경제적으로는 고령자고용과 청년고용 간의 대체관계가 뚜렷하지 않다는 결론이 대부분이다(김대일 2010, 안주엽 2011 등). 이는 고용총량이 정해져 있는 것이 아니라 경제성장 요인에 의해 일차적으로 변동하며, 또한 고령자들이 취업된 부문과 청년층이 취업을 희망하는 부문의 업종과 직종이 상이하다는 점에 근거하고 있다. 즉, 청년층은 서비스부문, 전문직, 사무직에 집중되어 있는 반면 중고령층은 제조업 생산직과 건설업, 운수업 등 전통적 업종에 몰려 있다. 하지만 최근 한 연구(남상호, 임용빈 2017)에 의하면 일부 모형에서 고령층과 청년층의 취업 대체효과가 나타난다. 이들 자료에서 눈여겨볼 만한 점은 경제성장시 일자리 창출로 인해 청년층과 고령층의 일자리는 함께 증가하지만 경제성장이 이루어지지 않아 일자리 수가 제한된다면 대체관계를 이룬다는 점이다. 이는 기존의 논의와는 다른 새로운 연구결과로 정책에 시사점이 크다. 앞으로 추가 연구를 통한 검증작업이 필요하다.

고령층의 정년 연장과 관련하여 한 가지 고려해야 할 점은 건강과 생산성이다. 일단 고령층의 전반적인 건강능력이 향상되었고 부족한 건강 능력을 보조할 수 있는 수단이 많이 개발되고 있다. 또한 기술발전으로 단순하면서도 생산성이 높은 업무를 나이가 많아도 수행할 수 있다. 이런 경우 과거와 현재 노령층이 갖는 노동공급능력은 큰 차이가 있다. Coile 등(2016)은 미국 고령층이 얼마나 많은 노동력을 추가로 공급할 수 있는지를 계산하였는데, 55세부터 69세까지를 기준으로 현재 공급수준(7.9년)보다 4.2년 정도 추가로 노동이 공급될 수 있다고 밝히고 있다. 평균수명이 연장될수록 심각한 정신적·육체적 한계와 장애가 나타나는 시점도 연장되는 것이다. 즉 정상적인 능력을 가지고 일을 할 수 있는 고령기의 기간이 늘어나는 것이다. 선진국의 기준으로 볼 때 일반적으로 70세까지는 육체적으로나 정신적으로 건강하게 활동할 수 있다고 본다. 우리나라에서도 건강 증진이 고령자의 노동공급에 긍정적 효과가 있음을 보이는 연구가 특히 최근에 많이 나오고 있다.

한편 정년 연장을 통해 고령화의 부정적 요인이 상쇄되는 효과는 한국보다 미국이 훨씬 큰데(Park and Lee 2019), 이는 미국 고령자의 1인당 노동생산성이 한국보다 훨씬 크기 때문이다. 즉 정년 연장이 실제로 경제에 미치는 영향은 그 나라 고령자의 생산성에 크게 의존함을 알 수 있다. 이는 생산성 제고 없이 고령자의 노동공급만 높이는 것은 노인빈곤 퇴치에 제한적인 역할을 함을 의미한다. 즉, 고령자 및 중장년층의 정년이 연장되고 이것이 실제로 효과를 보기 위해서는 중장년층의 교육훈련 시스템 구축과 이에 따른 생산성 향상이라는 연결고리가 있어야 한다. 중장년에 대한 고용서비스를 확충하고, 연령이 아닌 직무, 성과 중심의 제도, 문화를 확산함으로써 일할 능력과 의지가 있는 장년의 평생 고용가능성을 제고하는 것이 중요한 이유가 여기에 있다.

그러나 이러한 중장년, 노년층 교육은 정년 친화적 노동시장 조성을 위해 고용이 연장되고 노동시장의 유연성을 제고하는 것이 뒷받침되어야 한다. 임금이 생산성에서 크게 벗어나지 않는다면 기업이 고령 근로자를 유지할 유인이 훨씬 커지기 때문이다. 또한 중장년 및 고령인력의 교육 및 활용 정책의 내용을 고민해 나감에 있어 노후소득 보장제도를 연계하는 것이 매우 중요하다. 즉, 노인인력 활용 패러다임은 독자적으로 고려되는 것이 아니라 보다 넓은 관점에서 노후소득 보장제도, 노동시장 여건과의 연관성 속에서 고려되어야 한다.

주택연금

고령자 대부분의 경우 전체 자산에서 현금 비중을 의미하는 금융자산이 차지하는 비중이 다른 연령층에 비해 매우 낮은 수준이기 때문에 현금지출에 대한 노후 대비가 취약한 실정이다. 따라서 소득이 부족한 노인들을 위해 한국주택금융공사가 시행하고 있는 연금제도인 주택연금, 또는 역모기지론reverse mortgage loan처럼 소유하고 있는 주택을 금융기관에 담보로 제공하여 매달 일정한 수입이 생기는 주택연금에 대한 관심이 커지고 있다.

사실 주택연금은 취지에 비해서는 아주 매력적인 정책은 아니다. 이는 한국뿐만 아니라 다른 나라도 비슷한데, 집 한 채 정도는 자녀 세대에 상속하겠다는 의지가 한국뿐 아니라 미국, 일본, 호주 등 많은 나라의 노년층에게서 크기 때문이다. 그리고 나라별로 차이는 있지만 관련 비용도 만만치 않고 이 제도를 이용할 경우 다른 곳으로의 이주에 제한이 생긴다는 문제점도 있다. 이에 따라 65세 인구 대비 가입률이 그리 높진 않다. 미국이나 영국의 경우 65세 인구 대비 가입률은 3%를 넘지 않으며 호주의 경우는 1.4%, 프랑스의 경우도 4%를 넘지 않는 것으로 보인다(송인호 2017).

한국의 경우도 전통적으로 부동산 소유 선호 현상이 강하고, 주택가격이 계속 상승하자 처음에는 인기가 없었다. 하지만 저성장 기조, 가족 부양의 쇠퇴, 주택 가격이 더 이상 크게 오르지 않을 것이란 예측 등으로 인해 가입자가 꾸준히 증가하고 있다. 최초가입 시점을 기준으로 볼 때 누적가입자가 2008년 1,200여 명에 불과했지만 2010년에는 4,350명, 2012년에는 12,300여 명, 2015년에는 29,120명, 그리고 2019년에는 7만 명에 육박하는 등 기하급수적 증가세를 보이고 있다. 신규 가입자도 매년 계속 늘어나고 있어 미미한 가입률도 앞으로 계속 나아질 것으로 보인다. 한국주택금융공사 주택금융연구원의 조사자료에 따르면 무엇보다 보유주택을 상속하지 않겠다는 비상속 의향 추이가 2010년의 21%에서 2017년에는 27.5%로 꾸준히 늘어나는 추세여서 가입률이 늘어날 것이라는 예측을 가능하게 한다.

이 정책은 그동안 거주주택의 가격이 낮아 만족할 만한 수준의 월 지급금을 받을 수 없는 지방도시 저소득 노인들에 대한 노후소득 보장 강화책이 아니라는 비판을 받아 왔다. 하지만 2016년 새로운 상품들[146]이

출시됨에 따라 지방과 서울 주택시장의 가격 양극화로 인한 주택연금 지급금의 격차를 보완할 수 있게 되었다. 자산이 적은 고령층을 우대하면서 이미 대출이 있는 주택의 경우에도 보유자산을 연금화할 수 있는 상품이 소개되어 신규가입자에게 유리한 조건이 형성되었다. 또한 만 60세 이상 주택 소유자 또는 배우자의 합산 시가 9억 원 이하만 가입할 수 있어 노후 대책으로는 한계가 있다는 지적을 받아 왔다. 이것 역시 금융 당국이 가입 대상을 50대까지로 확대하고, 주택 가격 상한을 시가에서 공시가격으로 바꾸는 등, 가입자에게 좋은 조건으로 정책이 변화하고 있어 앞으로도 가입자는 계속 늘어날 것으로 보인다.

이외에도 배우자 승계에 자녀동의가 더 이상 필요하지 않고 실거주도 불필요해서 임대를 할 수 있는 등 조건이 대폭 완화되었다. 그리고 주택연금 가입시 재산세에 25%의 감면 혜택도 그대로 있다. 가입 형태를 보면 수도권 가입자가 70% 정도로 가장 높다. 이는 당연히 수도권의 주택가격이 비수도권의 주택가격보다 더 높아 많은 월 지급금을 받을 수 있기 때문이기도 하고, 또 수도권은 가격 산정이 용이한 아파트에 거주하는 비중이 높고 주택을 상속하려는 의향도 적어 상대적으로 주택연금의 가입률이 높기 때문이다. 연금수령 방식은 네 가지가 있는데 가입자의 거의 90%가 종신방식을 택하고 있다.[147]

주택연금은 노인에게 고정수익을 창출하고, 집값이 하락해도 리스크가 없고, 금리도 상대적으로 저렴한 등 여러 장점이 있는 제도임에 틀림없다. 무엇보다 고령자의 자산이 부동산에 치중된 점을 고려할 때 은퇴가구의 안정적인 현금 흐름을 보장한다는 측면에서 장려할 만하다.

2017년 주택연금 수요실태조사에 따르면 주택연금의 단점은 '자녀에게 물려줄 재산이 없어진다'와 '월 지급액이 적다' 또는 '집값이 올라도 동일한 연금을 받는다'가 압도적 다수여서 결국 자녀에게 물려줄 주택이 없어지는 것에 대한 정신적 부담이 가장 큰 것으로 나타난다.

반면에, 가입(예정)하는 가장 주된 이유는 '노후생활에 필요한 돈을 준비할 다른 방법이 없다'거나 '자녀들에게 도움을 받고 싶지 않아서'가 압도적으로 많다. 특히 노령의 소득원을 살펴보면 '주택연금 비가입시 소득대체 방법이 없거나'(42.8%), '자녀 등에게 지원을 받거나'(26.3%), 또는 '집을 처분해서'(22.7%) 소득을 대체해야 하는 데 반해, 저축(15.5%)이나 경제활동(2.5%)을 통해 재원을 마련하는 방법은 매우 소수에 불과하다. 즉, 이는 주택연금이 고령층 중 다른 수입 대안이 없는 계층에게 보탬을 주는 좋은 제도라는 것을 보여준다. 소득원천별로 한계소비성향을 추정한 바, 주택연금에 따른 소비성향이 다른 재원에 따른 소비성향보다 높다는 결과가 나왔다. 즉 주택연금에 따라 고정적으로 안정적인 수입이 들어오는 것이 소비지출에 긍정적인 영향을 주는 것으로 보인다.

하지만 가입비와 연 보증비가 만만치 않으며 이자율도 상대적으로 낮기는 하지만 무시할 수준은 아니다. 그리고 청산시 모기지를 자식이나 배우자가 승계하지 못할 시에는 주택을 처분해야 하기 때문에 이때 처분 금액이 다른 부동산 보다 낮을 수도 있다는 위험이 있다. 사실 연령이 높을수록, 주택가격이 낮아질수록 주택연금은 개인에게 유리할 수 있다.

아직까지는 낮은 가입률로 인해 주택연금 자체가 현재 당면한 노인 빈곤을 해결할 수 있는 주요 해결책은 아니다. 한국의 주택연금 가입률이 상승하기는 하지만 선진국의 예를 볼 때 가입률이 어느 수준 이상 올라가는 것은 한계가 있다. 즉, 집 이외 다른 대안이 없는 고령층에게는 마지막 안전망으로서 주택연금은 큰 역할을 할 수 있으나, 거의 50%에 육박하는 노인 빈곤율을 눈에 띄게 낮추는 것을 주택연금에 당장 기대하기는 어렵다고 할 수 있다.

기본소득제는 필요할까

일각에서는 모든 사회구성원의 최저수준의 생활을 보장하기 위해 무조건적으로 현금을 지급하는 기본수당을 도입하자고 주장한다. 즉, 기본수당은 노동 여부나 재산, 소득과 상관없이 개인에게 일정한 현금을 지급하여 개인을 고용의 불안으로부터 좀 더 자유롭게 하는 정책이다. 이를 옹호하는 사람들은 기본소득이 갖는 특성상, 대가성 없이 자격심사 없이 개인에게 수당이 일괄적으로 지급되기 때문에 기존의 사회안전망이 갖는 사각지대의 문제가 없어지고, 개인들이 자신에게 가장 유리한 일자리를 구할 수 있게 되는 등의 장점이 있다고 한다. 그리고 자산이나 소득을 파악해야 하는 행정비용이 줄어드는 것도 기본소득을 주장하는 하나의 이유이다.

이렇듯 기본소득은 기존의 사회복지제도와는 매우 다르다. 복지국가의 목적은 기여와 필요에 의해 일정한 생활수준을 보장하는 데 있다. 따라서 복지모델에서는 고용을 통해 보험료를 납부하는 사회보험과,

사회수당, 그리고 사회서비스와 공공부조 등의 방법으로 생애주기에 걸쳐 사회구성원에게 일정한 생계를 보장하고 소득을 재분배하는 것을 목표로 한다. 그리고 여기에 덧붙여 근로소득 세액공제, 최저임금제 등 다른 정책이나 시스템으로 근로자를 보호하는 방법 등이 거의 모든 선진국에서 채택되고 있다. 하지만 기본소득을 주장하는 사람들은 일정 소득은 사회구성원에게 당연한 권리로서 지급되어야 하며, 이 경우 개인이 노동을 하는지는 고려 대상이 되지 않는다고 주장한다.

유럽에서 이런 주장이 나온 사회적 상황을 보면 기술혁신으로 등장한 인공지능과 자동화가 인간 노동을 대량으로 대체하는 시점에 와 있고 기본소득이 악화될 것이라는 것이 주요 배경이다. 하지만 이 책의 다른 장에서도 거론되었듯이 이러한 가설에 대해 기존의 연구들은 혼재된 결과를 보이고 있다. 일단 지금이 인공지능과 자동화가 노동을 대량으로 대체하는 시점이라는 근거는 아직 보이지 않는다. 현재의 상황은 노동이 대량으로 소멸된다기 보다는 노동이 다른 직종이나 분야로 이동되고, 양질의 노동과 질이 나쁜 노동의 격차가 심해진다고 말하는 편이 보다 정확하다.

기본소득은 가능한가? 만약 도입한다면 어떠한 재원 방식이 가능할까? 일단 생존권을 지키는 원래 취지로서의 기본소득제를 실시하려면 지급하는 금액이 최저생계비와 근사하거나, 기존 복지예산 중 일부로 극빈층 복지를 유지하면서 기본소득제 실시를 위한 재원을 추가로 확보해야 한다. 예컨대 지금으로서는 한국의 모든 현금 복지를 없애도 기초연금이나 생계 수당에 해당하는 기본소득도 지급하지 못한다. 즉, 기본소득을 시행하는 경우 빈곤층에 속하는 가구 모두가 기존 혜택보다 훨씬 더 적은 생활 수준으로 떨어지기가 쉽다. 따라서 복지의 기본 이념인 빈곤 퇴치와 최저생활 보장이라는 측면에서 기본소득은 좋은 정책이 아니다.

사실 기본소득은 복지를 추가하는 개념이 아니며, 기존의 복지 시스템을 상당 부분 혹은 전부 삭제하고 기본소득으로 갈아치우는 개념이다. 문제는 이 경우 지급액수가 낮을 수밖에 없고 따라서 빈곤층이 피해를 볼 수 있다. 특히 우리나라의 경우 현재의 사회복지비가 다른 선진국에 비해 훨씬 낮아서 그 낮은 복지비용을 전체 국민에게 적용할 경우 빈곤층에게 돌아가는 몫이 적어질 수밖에 없다. 반대로 사회복지비가 국민소득의 4분의 1이 넘는 프랑스, 핀란드, 벨기에 등에서는 이 복지비를 기본소득으로 돌릴 경우 그 액수가 상당하게 되어, 빈곤층이 피해를 볼 가능성은 적게 된다.

역설적으로 복지가 아주 열악한 지역이나 신흥공업국, 또는 개발도상국가에서는 기본소득이 더 큰 효과를 볼 수도 있다. 이들 나라에서는 복지의 사각지대가 너무 많고, 이것을 파악하는 행정비용 등이 너무 큰데다, 행정의 효율성이나 투명성이 매우 낮을 수 있기 때문이다. 즉, 아예 사회안전망이 미약하고 빈곤층이 대다수의 지역민일 경우, 기존의 복지제도를 건너뛰고, 아주 적은 액수로나마 전 지역민에게 기본소득을 제공하는 것이 오히려 효과를 볼 수 있는 역설이 가능하다. 그렇지만 우리나라와 같이 복지제도가 아주 발달되지도 않았고 초기단계도 아닌, 진행단계에 있는 나라들에서는 기본소득이 기존의 복지제도를 대체하기가 재정적으로 더 어려울 수 있다.

다른 대안으로는 세금을 대폭 올려 재원을 늘려서 기본소득을 시행하는 방법이 있다. 기본소득을 주장하는 사람들의 경우 사회복지비가 가장 높은 나라의 수준, 즉, 국민총소득의 4분의 1 수준(필리프 판 파레이스 외, 2018)이 기본소득의 적정수준이라고 한다. 이는 한국의 경우 1년에 약 470조 원으로 2019년 3인 가구 최저생계비를 보장하는 수준, 2019년 정부 1년 예산, 또는 삼성그룹의 상장주식 총액가와 비슷하다. 즉, 기존의 모든 세금을 두 배로 올린 다음 그것을 모두 기본소득에 써야 원래 의미로서의 기본소득의 유지가 가능하다. 부유세, 환경세, 탄소세 등 다른 세금을 몇 배 올려도 이러한 규모로 기본소득을 시행하는 것은 불가능에 가깝다.

이렇듯 재원 문제로 인해, 거주민 모두에게 무조건적으로 기본소득을 제공한 경우는 알래스카가 유일하다. 이는 알래스카 영구기금Alaska Permanent Fund이 있어서 가능한 것이다. 알래스카는 1982년부터 석유 판매 수익의 25%를 세금으로 걷어 적립한 후 여기에 여러 수익보장 상품에 투자를 하여 수익을 얻고, 그 수익의 일부분을 알래스카 거주민에게 배당금으로 주고 있다. 즉, 정부가 얻는 수익금을 지역민에게 나누어 주는 형식이며, 알래스카 주정부는 이것이 정부보조금이나 복지가 아니라 주민의 자격으로 받는 수익배당금임을 명확히 하고 있다. 배분액은 2018년 현재 1인당 연간 평균 1,600달러이다. 알래스카의 사례는 일정액을 전 지역민에게 무조건적으로 배분하는 사례로 세계에서 거의 유일한 것이다. 다른 사례로 인도와 나미비아가 시행했던 무조건적

수당이 많이 거론된다. 이는 국가가 아닌 국제단체에서 절대적 빈곤 퇴치를 돕기 위해 매우 적은 금액을 일정 지역민에 지급한 것으로, 고용의 불안에서 자유롭게 한다는 기본소득의 취지와는 매우 다른 정책이다. 이밖에도 캐나다 온타리오주와 핀란드 일부 지역에서 기본소득을 행한 적이 있으나 이는 실업수당을 대신하거나 빈곤층을 대상으로 매우 적은 규모로 실험한 것이었다. 지역 단위, 또는 국가 단위로 주민이나 국민을 대상으로 해야 하는 기본소득과 비교하기 어렵다.

기본소득을 주창하는 사람들도 이러한 예산상 제약을 인지하고 있으며, 따라서 이상적인 기본소득에서 많이 변형된 실현 가능성이 있는 기본소득을 현실적 대안으로 제시하고 있다. 그 예로는 범주적 기본소득을 들 수 있는데, 이는 선진국의 아동수당처럼 연령을 제한하여 수당을 주는 방식이다. 한국의 경우 성남시의 청년배당지급은 소득이 다른 조건에 의존하지 않는 점에서 범주적 기본소득의 형태와 유사하다.[148] 하지만 현재 액수가 월 12만원 남짓(교통비나 식사비 보조 정도) 된다는 점에서 노동으로부터 자유로운 최저생활 보장으로서의 기본소득제와는 역시 거리가 멀다. 그리고 왜 기본소득이 청년에게만 지급되어야 하는가에 대한 논의도 있을 수 있다. 물론 미래의 주역이 될, 그리고 노동시장의 초기 진입에서 가장 큰 어려움을 겪고 있는 청년들에게 기본소득이 큰 영향력을 발휘할 수 있다. 하지만 세계 최고 수준의 고령화와 노인빈곤율, 무엇보다 조기퇴직 후 노동시장으로 어쩔 수 없이 내몰리는 고령자 노동시장의 특성을 감안하면, 청년이 고령자보다 우선적으로 기본소득의 고려대상이 되어야 한다는 논리도 완벽한 것은 아니다. 또 다른 변형된 형태의 기본소득으로는 최근의 코로나 바이러스 범유행 사태에서 논의가 된 재난기본소득을 예로 들 수 있다. 하지만 이것은 정기적으로 지급하는 기본소득이라기 보다는 일시적인 긴급생활비 보조의 성격이 강하다. 기본소득의 기본 원칙인 보편성 원리를 두고도 보편적 지급과 하위 70% 선별지급을 두고 논란이 벌어지는 등, 이상적인 기본소득으로부터는 많이 변형된 형태이다.

기본소득을 실험하고 평가한 경우는 핀란드의 사례가 유일하다. 핀란드는 장기 실업수당 수급자 2,000명을 선정해서 2017년과 2018년 매달 560유로를 지급했고 이 실험집단을 그렇지 않은 통제집단과 비교한 (예비)보고서를 발표하였다(Kangas et al, 2019).[149] 실험은 기본소득이라는 인센티브가 실업자들에게 새로운 일자리 제안을 받아들이도록 유인하는 효과가 있는지, 기본소득이 참가자들의 삶의 질을 증가시키는지의 두 가지 측면에서 진행되었다. 고용률의 경우 두 집단 간에 유의미한 차이가 없었다. 즉 이는 기본소득이 사회하층민에게 자립을 도모하는 데 별로 도움이 안되며, 금전적 도움보다는 기술 부족이나 건강 문제와 같이 일에 대한 다른 장애물들을 제거하는 것이 더 중요하다는 것을 의미한다고 볼 수 있다. 하지만 인터뷰 결과에 따르면 삶에 대한 만족도, 타인에 대한 신뢰도, 미래에 대한 시각 등의 삶의 질 측면에서는 기본소득 수급자가 그렇지 않은 집단에 대해 더 높게 나왔다.[150]

즉, 기본소득은 경제적 측면에서 본다면 별 효과가 없고 사회정의 측면에서 본다면 긍정적으로 받아들일 부분이 있는 제도다. 사실 이러한 실험적 논의가 진행된다는 것 자체가 역설적으로 기존의 사회안전망이 크게 도전받고 있다는 의미로도 해석된다. 이전에는 생각하기 어려운 이야기였지만, 2020년 미국 대선에서 앤드류 양이 18세 이상에 대해 기본소득을 주자고 주장하면서 민주당 대선후보 경선에 뛰어들었던 것도 각국의 사회안전망 시스템이 급속한 기술발전과 고령화 등으로 인해 다른 시스템을 요구하는 징후로도 볼 수 있다. 더구나 코로나바이러스 범유행 사태가 노동시장에 가져오는 파급효과가 엄청날 것으로 예상되므로 기본소득 논의는 세계 각국에서 매우 활발하게 진행될 것으로 보인다.

◇ ◇ ◇

결국 미래의 노동은 60대 이상 장년 인구가 계속 늘어나는 방향으로 전개될 것이다. 그리고 이들은 노동시장에 더 오래 머물기를 원할 것이다. 그러나 이들이 현재처럼 조기 퇴직 후 임시직, 일용직, 단순노무직과 같은 재취업 일자리에 장기간 종사해서는 노후 소득보장에 한계가 있다. 따라서 정년이 연장되거나, 노후 보장체계를 잘 준비하거나 아님 공공부조정책 등으로 생계에 필요한 소득을 갖게 하는 것이 무엇보다 중요한 정책과제이다. 물론 양질의 일자리가 많아서 모든 사람들이 일자리를 갖게 되면 가장 좋겠지만, 한국의 고령화, 저성장, 노동시장 경직성 등을 고려하면, 미래의 노동환경은 결코 낙관적이지 않다.

노인 빈곤율은 OECD 국가 중 최고 수준이지만 사회복지 수준은 최저수준인 현 상황에서 빈곤퇴치를 위해 사회안전망 체계를 구축하는 것은 무엇보다 시급한 일이다. 하지만 고령화의 속도가 빨라 이에 대한 재원 확보가 쉽지 않은 상황이다. 복지의 수준은 낮지만, 복지비의 증가속도가 빨라 앞으로 몇 년 안에 사회복지비가 다른 선진국 수준으로 높아질 것이다. 동시에 고령화 속도가 크게 늦추어지지 않는다면 결국 그 모든 부담은 다음 세대들이 떠맡게 될 것이다.

이 장에서는 한국의 사회안전망과 관련된 대안들로 기초연금, 국민연금, 정년 연장, 주택연금, 그리고 기본소득 등 가능한 방법들에 대해 논의하고 장단점들을 살펴보았다. 주택연금의 경우 아직까지는 낮은 가입률로 인해 주택연금 자체가 현재 당면한 노인빈곤을 해결할 수 있는 큰 대안은 아니다. 앞으로 가입률이 올라갈 것으로 보이나 다른 나라의 사례를 볼 때 그 증가에는 한계가 있을 것이다. 기본소득의 경우 재원 확보가 가장 큰 문제이다. 현재의 재원으로는 극히 낮은 액수로 일부 계층에게 시행하는 범주적 기본소득에 머물 수밖에 없는데 이는 오히려 빈곤층에게 더 악영향을 끼칠 가능성도 있다.

핀란드의 실험결과를 보면 기본소득은 경제적으로는(고용 측면) 별 효과가 없으나 사회정의 측면(삶의 질 측면)에서 본다면 긍정적으로 받아들일 부분이 있는 제도로 나타난다. 앞으로 기술진보의 속도가 빨라지고 그것이 가져오는 악영향이 클 경우 기본소득 논의도 더 활발해질 것이다. 정년 연장의 경우 세계적 추세이며 한국도 결국 이 길을 따라갈 수밖에 없다. 하지만 기업의 정년을 연장하는 것이 중소기업이나 영세기업에 어떻게 적용될 수 있을까 하는 의문이 남는데, 현재로서는 정부에서 아예 몇 년 후로 논의를 유예한 상태이다.

이렇게 볼 때 한국의 사회안전망은 중단기적으로는 결국 다층적 연금체계의 각 층을 공고하게 하는 데서 그 해법을 찾아야 한다. 사회보험률을 올려 국민연금을 계속 공고하게 하고, 사회보험이 미치지 못하는 사각지대는 기초연금이나 생계수당을 강화해서 빈곤을 없애야 한다. 특히 계속 문제가 되는 부양가족조건은 폐지해야 한다. 국민연금과 기초연금의 역할 분담을 확실히 하고, 퇴직연금은 연금 형식으로만 지급할 수 있도록 해야 한다.

가장 중요한 것은 사회안전망에 대한 중장기적인 큰 그림의 제시이다. 2021년 저출산 고령화 4차 계획이 시작되는데 이에 대한 방향이 2020년에 잡힐 것이다. 명확한 중장기적 청사진의 제시 없이, 그때마다 사안별로 정책을 펴나가기엔 사안이 너무 중요하고 시간은 촉박하다. 수년 후 한국이 인구문제로 모든 분야에서 발목을 잡히지 않으려면 지금이 마지막 기회다. 곧 인구절벽의 벼랑 끝에 다다를 것이 너무나도 명확하기 때문이다.

참고문헌

김낙년, 2012. 「한국의 소득집중도 추이와 국제비교」, 『경제분석』18(3).

김낙년, 2018. 「한국의 소득집중도: update, 1933-2016」, 『한국경제포럼』 제11권 제1호.

김동원, 2005. 비정규·간접고용 근로자의 노동조합 운영실태 및 노사관계 분석, 노동부 연구용역보고서.

김두섭, 최민자, 전광희, 이삼식, 김형석. 2011. 북한 인구와 인구센서스, 통계청.

김대일. 「2010.근로자 저축유인과 정년연장의 경제적 효과」, 『노동경제논집』 제33권 제3호: 1-23.

김진수, 남재욱, 정창율. 2015.「정년연장이 노후소득 보장에 미치는 영향과 정책과제 연구」,『사회복지정책』제42권 제2호: 87-111.

김현경, 이상협. 2016. 국민이전계정(NTA) 결과를 활용한 인구 변화의 경제 효과 분석, 통계청.

김형배, 2008. 노동법, 박영사.

김형배, 1994. 「한국노동법의 개정방향과 재구성」, 『법학논집』제30호, 고려대학교 법학연구원.

김형배, 1995. 「한국노동법학 50년의 성과와 21세기적 과제」,『서울대학교 법학』제36권 제2호.

김홍영, 2016. 「취업규칙 관련 법리의 문제점과 대안: 근로자위원회의 사업장협정 도입 모색」, 서울대 노동법연구회 춘계학술대회 자료집.

남상호, 임용빈, 2017. 정년연장의 사회경제적 파급효과 분석, 한국보건사회연구원.

남성일, 2017. 「디지털 경제가 일자리에 미치는 영향: 고용관계의 변화를 중심으로」, 『일의 미래와 노동시장전략 연구』, 한국노동연구원.

남재량, 2018. 정년 60세 이상 의무제 시행의 고용효과 연구, 한국노동연구원.

노동부, 2006. 「비정규직 법률안 수정안의 주요 내용」, 노동부 설명자료.

노동부, 2012. 2011년 전국 노동조합 조직현황.

독일 연방노동사회부(경제사회노사정위원회 역), 2016. 노동 4.0녹서, 경제사회노동위원회.

로버트 라이시(형선호 역), 2008. 슈퍼 자본주의, 김영사.

박제성, 2008. 무노조 사업장에서의 집단적 근로조건 결정법리, 한국노동연구원.

배규식 외, 2007. 기업의 고용관계 - 노사협의회와 대안적 근로자대표기구를 중심으로, 한국노동연구원.

송강직, 2016. 노동자 경영참가와 노사관계 차원의 경제민주화, 서울대 공익인권법센터 경제민주화 심포지움 자료집.

송인호. 2017. 주택연금의 지속가능성을 위한 개선방안-주택가격을 중심으로, 한국개발연구원.

신권철, 2013. 「노사협의회의 법적지위와 역할」, 노동법연구 제35호, 서울대 노동법연구회.

안주엽. 2011. 세대간 고용대체 가능성 연구, 한국노동연구원.

유경준, 2004. 「비정규직 문제와 고용창출」, 『한국경제의 구조변화와 고용창출』, 한국개발연구원.

유경준, 2007. 「소득불평등 개념과 실태」, 『노동경제논집』 제30권 제3호. 한국노동경제학회.

유경준, 2008, 빈곤감소적 성장(Pro-poor Growth): 정의와 한국에의 적용, 한국개발연구원.

유경준(편), 2009. 『비정규직 문제 종합연구』, 한국개발연구원.

유경준, 2018. 「한국의 소득불평등 현황과 쟁점」, 『한국경제의 분석』 제24권 제3호, 한국금융연구원.

유경준, 김서영, 홍경희, 2018. 「가계금융복지조사를 이용한 사회적 현물이전의 추정」, 『통계연구』 제23권 제1호 pp 1~22.

윤희숙, 권형준, 2013. 「가구 유형과 공적 연금 수급 여부를 고려한 고령층 빈곤과 자산 분포 현황」, 『KDI 정책포럼』 제254호, 한국개발연구원.

이다혜, 2017. 「공유경제 (sharing economy) 의 노동법적 쟁점: 미국에서의 근로자성 판단 논의를 중심으로」, 『노동법연구』 제42호, 서울대학교 노동법연구회.

이다혜, 2019. 「기본소득에 대한 노동법적 고찰-근로권의 재구성을 위한 시론적 검토」, 『서울대학교 법학』, 제60권제1호, 서울대학교 법학연구소.

이종훈, 2006a. 「비정형근로 유형의 선택에 대한 이론적 모형」, 『노동경제논집』, 제29권 제1호, 한국노동경제학회,

이종훈, 2006b. 「경제선진화와 노사관계」, 장훈·김병국·정진영(편), 『경제를 살리는 민주주의』, 동아시아연구원.

이주미, 김태완, 2014. 우리나라 노인가구의 소득 및 자산빈곤 실태와 정책방안, 한국보건사회연구원.

이철수, 1992. 단체교섭의 근로자 측 주체에 관한 비교법적 연구, 서울대학교 법학박사 학위논문, 1992.

이철수, 2010. 복수노조체제하에서의 근로자대표제도 개선방안연구」, 노동부 용역보고서.

이철수, 2011. 「통일적인 종업원대표시스템 정립을 위한 소고」, 『산업관계연구』 제21권 제1호, 한국노사관계학회.

이철수, 2014. 「IMF 구제금융 이후 한국사회의 법적 변화: IMF 구제금융 이후의 한국의 노동법제 발전」, 『서울대학교 법학』, 제55권제1호, 서울대학교 법학연구소.

이철수, 2018. 「새로운 종업원대표시스템의 정립」, 『노동법연구』, 제45호, 서울대학교 노동법연구회.

이철수, 이다혜. 2017. 「한국의 산업구조변화와 노동법의 새로운 역할」, 『서울대학교 법학』, 제58권제1호, 서울대학교 법학연구소.

이철수, 강성태, 조용만, 박제성, 박귀천, 심재진, 정영훈, 2010. 산업별 노조의 실태에 관한 비교법적 분석, 국제노동법연구원, 대법원 정책연구용역보고서.

이철수,강성태,이다혜,김종진,김기선,최석환,장지연,이영민,권현지,박명준, 2018. 「경제·산업 환경 변화에 대응한 새로운 노동 패러다임 확립에 관한 연구: 한국형 노동 4.0」, 고용노동부 정책연구 (수탁기관 한국노동연구원).

이철희, 이지은. 2017. 인구구조 고령화의 영향과 정책과제: 고령화와 노동시장, 한국은행.

이흥재, 2005. 「21세기의 노동법적 과제와 새로운 패러다임의 모색」, 『외법논집』 제19집.

임무송, 2012. 집단적 근로조건 결정시스템 개편에 관한 연구-노사위원회 제도 도입과 관련하여, 서강대학교 대학원 법학과 박사학위논문.

클라우스 슈밥(송경진 역), 2016. 『클라우스 슈밥의 제4차 산업혁명』, 새로운 현재.

필리프 판 파레이스 외 (홍기빈 역). 2018. 21세기 기본소득. 흐름출판.

홍민기, 2015. 「최상위 임금 비중의 장기추세(1958~2013)」, 『산업노동연구』, 제21권제1호, 한국산업노동경제학회.

홍민기, 2015. 「최상위 소득 비중의 장기추세(1958~2013)」, 『경제발전연구』, 제21권제4호, 한국경제발전학회.

홍장표, 2014, 「한국의 노동소득분배율 변동이 총수요에 미치는 영향」, 『경제사회평론』 43호 pp101-138, 한국경제사회학회.

황수경, 2013. 「정년연장 법안 통과 이후 남은 과제」, 『KDI Focus』 제33호. 한국개발연구원.

Acemoglu, D. and D. Autor,2010. "Skills, tasks and technologies", *NBER Working Paper.* No. 16082.

Acemoglu, D. and P. Restrepo. 2017. "Secular stagnation? The effect of aging on economic growth in the age of automation". *American Economic Review* 107(5): 174-79.

Akerlof, G. and J. L. Yellen, 1990. "The Fair Wage-Effort Hypothesis and Unemployment," Quarterly Journal of Economics, Vol. 105, No. 2.

Atkinson, A., T. Piketty, and E. Saez. 2011. "Top Income in the Long Run of History", Journal of Economic Literature. 49(1): 3-71.

Autor, D.H., F. Levy, and R.J. Murnane, 2003. "The skill content of recent technological change: An empirical exploration", The Quarterly Journal of Economics 118(4), pp.1279-1333.

Becker, G.S. 1974. "A theory of social interactions", NBER Working Paper, No. 0042.

Borjas, G. 2016. *Labor Economics*, 7th ed. (McGraw-Hill).

Cho, T., S. Hwang, and P. Schreyer, 2017. "Has the labour share declined?: It depends" (No. 2017/1). OECD Publishing.

Coile, C., K.S. Milligan, and D.W. Wise. 2016. "Health capacity to work at older ages: Evidence from the U.S". *NBER Working Paper*. No. 21940.

Dukes, R. 2012. "Systems of Employee Representation at the Enterprise – UK Report" in R. Blanpain (eds), *Systems of Employee Representation at the Enterprise: A Comparative Study* (Wolters Kluwer Law and Business).

Elsby, M.W.L, B. Hobijn. and A. Şahin, 2013. "The decline of the US labor share". *Brookings Papers on Economic Activity* (2), pp.1-63.

Esteban, J. M., C. Gradin, and D. Ray, 1999. "Extensions of a Measure of Polarization, with an Application to the Income Distribution of Five OECD Countries," Working Papers 24, Institute de Estudies Economies de Galicia Pedro Barrié de la Maza.

Esteban, J. M. and D. Ray. 1994. "On the Measurement of Polarization," Econometrica 62, pp.819~851.

Frey, C.B., and M.A. Osborne, 2017. "The future of employment: How susceptible are jobs to computerisation?". Technological Forecasting and Social Change 114, pp.254-280.

Goldin, C and L.F. Katz. 2008. *The Race between Education and Technology* (Havard University Press).

Holzman, R. and R. Hinz. 2005. *Old-Age Income Support in the 21st Century* (World Bank).

International Labour Organization. 2006. Freedom of Association: Digest of Decisions and Principles of the Freedom of Association of the Commitee of the Governing Body of the ILO, 5th revised edition (International Labour Organization).

International Labour Organization. 2012. Lavoie, M., and E. Stockhammer (eds.). *Wage-led Growth: An Equitable Strategy for Economic Recovery* (The Palgrave Macmillan)

International Labour Office, 2013. Global Wage Report 2012/13: Wages and Equitable Growth. ILO Publications.

International Labour Organization, 2019. Work for a Brighter Future. Global Commission on the Future of Work.

International Monetary Fund (IMF). 2007. "The globalization of labor", in World Economic Outlook, April2007: Spillovers and cycles in the world economy (Washington, DC), pp. 161-92.

ILO, OECD, IMF, and WBG. 2015. "Income inequality and labor income share in G20 countries: Trends, Impacts and Causes", Report prepared for the G20 Labor and Employment Ministers Meeting and Joint Meeting with G20 Finance Minister, Ankata, Turkey, 3-4 September.

Karabarbounis, L. and B. Neiman, 2014. "The global decline of the labor share", The Quarterly Journal of Economics, 129(1), pp.61-103.

Kangas, O. S. Jauhianien, M. Simanainen, and M. Ylikännö (eds). 2019. The Basic Income Experiment 2017-2018 in Finland (Ministry of Social Affairs and Health: Helsinki).

Keefer, P. and S. Knack. 2002. "Polarization, Politics, and Property Rights: Links between Inequality and Growth," Public Choice 111, Nos. 1~2, March.

Kim, Nak Nyeon and Jongil Kim. 2014, "Top Income Korea', 1933~2010 Journal of the Royal Statistical Society, 168(2), pp.325-343.

La Marca, M. and S. Lee, 2013. "Wages and growth in open economies: A policy dilemma?", in I. Islam and D. Kucera (eds), Beyond Macroeconomic Stability: Structural Transformation and Inclusive Development: ILO(Palgrave Macmillan).

Laulom, S. 2012. "System of Employee Representation in Enterprises in France," in R. Blaanpain (eds), Systems of Employee Representation at the Enterprise: A Comparative Study (Wolters Kluwer Law and Business).

Lavoie M. and E. Stockhammer eds. 2013. "Wage-led growth: An equitable strategy for economic recovery", International Labour Organization.

Lee, R., A. Mason et al. 2014. "Is Low Fertility Really A Problem? Population Aging, Dependency, and Consumption", Science 346(6206): 229-234.

Lee, R. 1994. "The formal demography of population aging, transfers, and the economic life cycle," in L.G. Martin and S.H. Preston (eds.), Demography of Aging (Washington, D.C., National Academy Press).

Lee, R. and A. Mason. 2011. "Theoretical aspects of National Transfer Accounts," in R. Lee and A. Mason(eds) *Population Aging and the Generational Economy: A Global Perspective* (Cheltenham and Northhampton, Edward Elgar).

Lee, S-H, and A. Mason. 2015. "Are Current Tax and Spending Regimes Sustainable in Developing Asia?" in Park, D. S-H Lee, and M. Lee (eds). *Fiscal Policy, Inequality, and Inclusive Growth in Asia,* (Oxon, UK, and New York, NY, USA, Routledge). pp. 202-234.

Lee, S-H, C. Park et al. 2020 forthcoming. "Health and work capacity: Korea vs. US." (Asian Development Bank).

Lobel, O., and A.M. Lofaso. 2012. "System of employee representation at the enterprise-The US report," in R. Blaanpain (eds), *Systems of Employee Representation at the Enterprise: A Comparative Study* (Wolters Kluwer Law and Business).

Mason, A. and R. Lee. 2006. "Reform and support systems for the elderly in developing countries: capturing the second demographic dividend", *Genus* 62(2): 11-35.

Matsukura, R., S. Shimizutani, N. Mitsuyama, S-H Lee, and N. Ogawa. 2018. "Untapped work capacity among old persons and their potential contributions to the "Silver Dividend" in Japan", *Journal of the Economics of Ageing* 12: 236-49.

Milgrom, P. and J. Roberts. 1992 . Economics, Organization & Management, Prentice Hall.

OECD. 2008. *Growing Unequal? Income Distribution and Poverty in OECD Countries* (OECD).

OECD. 2011. *Divided We Stand: Why Inequality Keeps Rising*, OECD Publishing.

Park, C. K. Shin, and A. Takenaka. 2019. "Aging, automation and Productivity: A Case of Korea", Background paper for the Asian Economic Integration Report 2019/2020 (Asian Development Bank).

Hadas-Lebel, R. 2006. *Pour un dialogue social efficace et légitime: Représentativité et financement des organisations professionnelles et syndicales*- Rapport au Premier ministre.

Ravallion, M., 2004. "Competing Concepts of Inequality in the Globalization Debate," Brookings Trade Forum, pp.1~38.

Ravallion, M. and S. Chen, 1997. "What Can New Survey Data Tell Us about Recent Changes in Distribution and Poverty?" *World Bank Economic Review* 11(2), pp.357~382.

Rindfuss, R.R. and M. Choe. 2015. *Low and Lower Fertility* (Switzerland, Springer).

Stand, D.W., B. Jobs, and B. Lives, 2012. *OECD Employment Outlook* (OECD, Paris)

Storm, S. and C.W.M. Naastepad. 2013. "Wage-led or profit-led supply: wages, productivity and investment" in M. Lavoie, and E. Stockhammer (eds.). *Wage-led Growth: An Equitable Strategy for Economic Recovery* (The Palgrave Macmillan and International Labour Office), pp. 100-124.

United Nations Population Division. 2013. *National Transfer Accounts Manual: Measuring and Analysing the Generational Economy* (New York, United Nations).

Waas, B. 2006. "Decentralizing Industrial Relations and the Role of Labor Unions and Employee Representatives in Germany", JILPT Comparative Labor Law Seminar, The Japan Institute for Labour Policy and Training.

Waas, B. 2012. "Employee Representation at the Enterprise in Germany," in Systems of Employee Representation at the Enterprise: A Comparative Study (Wolters Kluwer Law and Business).

Wolfson, M.C., 1994. "When inequalities diverge", *American Economic Review* 84(2). pp. 353-358.

Zhang, X. ad R. Kanber. 2000. What difference do polarization measures make? An application to China, Journal of Development Studies 37(3): 85-98.

大內伸哉, 2007. 『勞働者代表法制に關する研究』, 有斐閣.

小嶋典明. 1989. "わか國に從業員代表法制," 『富大經濟論集』, 第35卷, 第1号(大內伸哉, 勞働者代表法制に關する研究, 有斐閣, 2007에서 재인용).

西谷敏, 1989. "過半數代表と勞働者代表委員會," 『勞協』, 第356号(大內伸哉, 勞働者代表法制に關する研究, 有斐閣, 2007에서 재인용).

毛塚勝利, 1992. "わか國における從業員代表法制の課題," 『學會誌』, 第79号(大內伸哉, 勞働者代表法制に關する研究, 有斐閣, 2007에서 재인용).

道幸哲也, 2000. "21世紀の勞働組合と團結權," 『講座21世紀の勞働法 第8卷 利益代表システム』, 有斐閣.

주

1 이철수 외, 2018, 「경제·산업 환경 변화에 대응한 새로운 노동 패러다임 확립에 관한 연구: 한국형 노동 4.0」, 고용노동부 정책연구(수탁기관 한국 노동 연구원), 46-47면 참조.

2 이다혜, 2017. 「공유경제(sharing economy)의 노동법적 쟁점-미국에서의 근로자성 판단 논의를 중심으로」, 「노동법연구」 제42호, 서울대학교 노동법연구회.

3 이철수 외, 앞의 글, 47면.

4 이철수 외, 앞의 글, 40-41면.

5 Autor,D.,F.Levy,&R.Murnane. 2003. "The Skill Content of Recent Technological Change: An empirical exploration", *Quarterly Journal of Economics* 118 (4), pp.1279-1333.

6 Frey.C.&Osborne.M, 2017. "The future of employment: How susceptible are jobs to computerisation?", *Technological Forecasting and Social Change*, vol. 114, issue C. pp.254-280.

7 낙관론의 상세한 논거로는 남성일, "디지털 경제가 일자리에 미치는 영향: 고용관계의 변화를 중심 으로", 「일의 미래와 노동시장전략 연구」, 한국노동연구원, 42-73면의 내용을 참조하기 바람.

8 클라우스 슈밥(송경진 역), 「클라우스 슈밥의 제4차 산업혁명」, 새로운현재, 2016. 이 외에도 ILO, "The Future of Work we want": A Global Dialogue, 2017; Artificial Intelligence, "Automation and the Economy", U.S. Executive Office of the President, 2016; M. Taylor et al, "Good Work: The Taylor Review of Modern Working Practices", 2017 등의 내용 참조..

9 남성일(2017)은 일자리가 감소하지 않을 것이라는 낙관론의 주요 논거로 기술발전에 따른 자동화로 인해 인력이 대체되는 대체효과보다 새로운 인력수요를 창출하는 보완효과가 크다는 점, 새로운 제품수요 창출로 인한 시장창출 효과가 크다는 점 등을 들고 있다.(남성일, "디지털 경제가 일자리에 미치는 영향 : 고용관계의 변화를 중심으로", 「일의 미래와 노동시장전략 연구」(고용노동부 학술연구용역사업 보고서), 한국노동연구원, 44-45면.)

10 Autor 등이 2003년 제기한 이른바 루틴화 가설(routinization hypothesis)에서는 인간이 수행하던 반복적 업무를 프로그래밍함으로써 인간의 노동력을 대체할 수 있다고 보고 있는데, 이러한 가설에 기초하여 수행된 Frey and Osborne의 2013년 연구에서는 미국의 일자리 중 약 47%가 컴퓨터로 대체(computerization)될 위험에 처해 있다고 분석한 바 있다. Acemoglu, D. & Autor, D., "Skills, Tasks and Technologies: Implications for Employment and Earnings", *NBER Working Paper* Series 16082, Cambridge, National Bureau of Economic Research

(2010); Frey.C.&Osborne.M, The future of employment: How susceptible are jobs to computerisation?, *Technological Forecasting and Social Change*, vol. 114, issue C, 2017, pp.254-280.

11 이 장의 내용은 이철수 외, 2018, 「경제·산업 환경 변화에 대응한 새로운 노동 패러다임 확립에 관한 연구: 한국형 노동4.0」, 고용노동부 정책연구(수탁기관 한국노동연구원) 중 필자가 집필한 서문을 재구성한 것이다.

12 독일 연방노동사회부, 노동 4.0 녹서(경제사회노사정위원회 역), 2016의 논의 참조.

13 이하 서술하는 "한국형 노동 1.0~3.0"의 시대 구분은 이철수 외, 앞의 글, 4~7면의 내용을 인용한 것이다.

14 독일 연방노동사회부, 노동 4.0 녹서(경제사회노사정위원회 역), 2016 참조.

15 이 시기의 한국 노동법의 변화에 대한 구체적 분석으로는 이철수, "IMF 구제금융 이후의 한국사회의 법적 변화: IMF 구제금융 이후의 한국의 노동법제 발전", 「서울대학교 법학」 제55권 제1호, 서울대학교 법학연구소, 2014의 내용을 참조.

16 이와 같은 한국 노동현실에 대한 종합적 진단으로 이철수·이다혜, "한국의 산업구조변화와 노동법의 새로운 역할", 「서울대학교 법학」 제58권 제1호, 서울대학교 법학연구소, 2017의 논의 참조.

17 이하의 내용은 필자를 비롯한 전문가들이 위 정책연구 보고서 ("한국형 노동 4.0") 결과를 토대로 작성한 「한국형 노동 4.0-녹서」(미간행) 중, "노동 4.0을 위한 새로운 법과 제도"의 내용을 재구성한 것이다.

18 우버(Uber)등 공유경제가 일찍부터 확산된 미국에서의 법적 규율에 대해서는 이다혜, "공유경제(sharing economy)의 노동법적 쟁점: 미국에서의 근로자성 판단 논의를 중심으로", 「노동법연구」 제42호, 서울대학교 노동법연구회, 2017 참조.

19 고용 없는 성장 및 4차 산업혁명에서의 디지털 전환에 대비해 기본소득 도입에 대한 검토가 필요하다는 취지의 연구로, 이다혜, "기본소득에 대한 노동법적 고찰-근로권의 재구성을 위한 시론적 검토-", 「서울대학교 법학」 제60권 제1호, 서울대학교 법학연구소, 2019 참조.

20 일터에서 집단적 목소리를 효과적으로 반영할 수 있기 위해 근로자대표제를 정립해야 한다는 종합적 논의에 대해서는 이철수, 새로운 종업원대표시스템의 정립, 「노동법연구」 제45호, 서울대학교 노동법연구회, 2018 참조.

21 ILO, 2019, Work for a brighter future-Global Commission on the Future of Work, 강성태(2018), "4차 산업혁명의 도래와 노동의 미래", 「경제 산업 환경 변화에 대응한 새로운 노동 패러다임 확립에 관한 연구」, 독일 연방노동사회부(2015), 노동 4.0 녹서(GRUNBUCH ARBEITEN 4.0)[경제사회노동위원회 번역본] 등

22 이 질문은 필자가 연구책임자로 수행한 한국형 노동 4.0에 대한 연구에 참여했던 전문가들이 공감

하는 내용을 추린 것이다.

23 한국의 2018년 0.98 초저출산율은 국제적으로도 큰 관심사인데, 필자는 이를 영어로 1 미만 쇼크 (Sub One Shock: SOS)라고 명명하였다. 2019년의 출산율도 이보다 높지 않을 것이 확실시 되는데 이에 따라 2018년 인구에서 시작된 SOS 신호가 한국경제와 사회에 켜진 것이라는 의미를 지닌다. 이 1미만 쇼크는 1989년 일본의 1.57 쇼크와 그 의미를 견줄 만하다. 적말띠(병오년)에 태어난 여자는 필자가 드세다고 해서 이 해에 출산을 극도로 기피했던 일본 풍속이 있는데 실제로 1966년 병오년에 출산율이 그 전 해에 비해 무려 25 퍼센트 이상 떨어진 기록이 있다. 1989년 일본의 출산율이 충격이었던 것은 그 병오년 출산율에도 미치지 못하는 일본 역사상 최저 출산율이 기록된 해였기 때문이다. 2018년 한국의 출산율이 쇼크인 이유는 아주 작은 도시국가가 아니고 또 재난 상황이 아닌 이상, 세계 역사상 출산율이 1 미만으로 떨어진 경우가 근현대 역사에 보고된 적이 없기 때문이다. 이는 가히 쇼크로 받아들여질 만한 역사적 사건이다.

24 출산율 하락과 기대수명 증가 중 어느 것이 고령화에 더 큰 원인이 있는가 하는 것은 논쟁의 여지가 있다. 대다수의 사람들이 저출산이 고령화에 더 큰 영향을 미친다고 한 반면, 선진국의 경우 기대수명 증가가 더 크다고 하는 이견도 간혹 있다. 한국의 경우 초저출산이 고령화의 주요 원인이라는 데 이견이 없는 듯하다.

25 이러한 미국식 패턴은 유럽에서는 그나마 보이지 않는데, 이는 대부분의 유럽국가에서는 대학교도 공공부문에 의존하는 비율이 미국보다 크기 때문이다.

26 3)과 4)를 Lee(1994)는 이전(transfers)이라는, 즉 한 집단이 다른 집단으로 명백한 보상이 없는 상태에서 재배분을 하는 시스템으로 규정한다. 이전은 노령 연령대에서 젊은 연령층으로, 즉 하향으로 일어날 수도 있고, 젊은 연령대에서 노령 연령층으로, 즉 상향으로 일어날 수도 있다. 이와 관련하여 정부는 공공부문이라고 하며, 이러한 재배분을 주로 법과 규제를 통해 하는데 이 과정에서 공적 연금, 공교육, 공공보건 프로그램 등과 같은 공공 이전 프로그램들이 중요한 역할을 하게 된다. 한편, 가족은 민간 부문을 통칭한 것으로 자발적 계약, 사회적 관습 등에 의해 이전 형태의 재배분이 이루어지게 되는데, 이러한 재배분은 주로 자녀, 가족 이외에도 친구나 자선단체 등에 의해 수행될 수도 있다.

27 사실 노년층의 노동시장 참가를 통한 소비재원 마련은 세계적으로 장려되고 있다. 이는 연금의 고갈을 막으면서 동시에 노후보장을 돕는 수단이다. 무엇보다 고령자들이 이전보다 훨씬 더 건강하기 때문에 이러한 건강한 노동인구가 계속 일을 함으로써 경제성장에 공헌하는 실버배당(silver dividend, Matsukura et al, 2018)을 이룰 수도 있다. 하지만 한국의 문제는 생계를 위해 비자발적으로 어쩔 수 없이 노동시장에 내몰리는 고령자의 노동이 많고, 이들에게 좋은 일자리 또한 주어 지지 않는다는 것이다.

28 이중, 농림어업, 광업, 하수폐기물 처리업, 국제 및 외국기관, 예술스포츠여가사업, 협회, 단체, 수리업 등 전체산업에서 근로자 비중이 1% 안되는 업종은 그림에 포함시키지 않았지만, 이들 모든 업종에서도 동기간동안 55세 이상 근로자 비중은 크게 늘어났다.

29 여기서 비정규직 근로자의 정의 및 범주는 노사정위원회가 2002년 7월에 합의한 결과에 따라서 정

의했으며 이는 한시적, 기간제, 시간제, 특수고용형태의 근로자를 포함한다.

30 비정규직에 대해 국제적으로 통일된 기준은 없으나, OECD는 국가 간 비교를 위해 통상 고용의 한 시성을 기준으로 한 임시직 근로자(temporary workers)를 파악, 보고하고 있다. 통계청에서는 기 간제 근로자, 단기기대 근로자, 파견 근로자 및 일일 근로자를 임시직으로(즉, 비정규직에서 시간제, 용역, 가정근로자 등을 제외) 분류하고 매년 8월 기준으로 OECD에 자료를 제공하고 있다.

31 노동시장의 분단이나 경직성을 없애는 방법 이외에도 사회안전망이 공고해서 이러한 것이 아예 문 제가 되지 않거나, 노동자가 나이가 들더라도 계속 그 직장에 남을 수 있도록 법제화하는 방법, 아니 면 임금이 생산성과 일치하게 해서 고령노동자를 계속 직장에 남게 하는 유인을 증가시키는 방법 등 여러 방법이 있으나 예산제약이나 다른 부작용 우려 등 현실에서 적용하기엔 많은 제약이 따른다. 이 책의 다른 장 "저출산 고령 사회, 한국의 사회안전망"에서 이를 보다 구체적으로 다루기로 한다.

32 우리나라의 경우 한세대를 대체하는 대체출산율(가임여성당 약 2.1명)보다 훨씬 낮은 1.5명대의 저 출산이 오히려 국민의 생활수준을 높일 수 있다. 그러나 그보다 더 낮은 출산률의 경우 국민후생을 급격히 낮출 가능성이 있다(Lee, Mason et al. 2014)

33 북한은 1989년에 처음으로 공식적으로 인구추계를 발표한 이후, 북한 중앙통계국에서 1993년 과 2008년 센서스 자료를 인구추계를 발표한 바 있다. 하지만 중앙통계국 자료는 일부 기간(예컨대 1990, 2005년)의 자료가 미비하고 연간 증가율의 편차가 크다. 반면 통계청도 1970년 이후 북한 인구를 추정하였는데, 인구의 연간 증가율이나 추정기법 등에서 중앙통계국보다 신빙성이 있어 보 인다(김두섭, 최민자 외, 2011: 21).

34 2008년부터 2015년까지 산업별 추이를 분석한 결과에 따르면(이철희, 이지은, 2017) 사회복지 서 비스, 공공행정·국방 및 사회보장행정, 수리업, 보건업, 기타 기계 및 장비 제조업, 자동차 및 트레일 러 제조업, 교육서비스업, 의료·정밀·광학기기 및 시계제조업, 금융 및 보험관련 서비스업 등은 노동 수요가 줄어드는 산업군에 포함되는 것으로 나타난다.

35 고용 및 기업의 이윤 등 양적 지표는 좋으나 노동 생산성이 늘어나지 않고, 실질 임금이 오르지 않는 등 일본도 문제가 많기는 하다. 하지만 최소한 고용에 있어서는 청년 노인 모두 구인난이라고 할 정 도로 장기간의 고용활황국면에 있다.

36 유경준, "통계는 아는 만큼 보여…잘 모르니 문제 삼는 것", 2018년 8월 31일, 중앙일보 인터뷰 기사 참조

37 더불어 김낙년(2018)의 추가적인 기여도는 소득세 자료로 파악된 근로소득과 국민계정의 임금과 급여를 비교하여 보면 2009년에 소득세 자료가 5% 적었으나, 이후 그 격차가 감소하여 2015년에 는 반대로 5%가 많아진 점을 보여 줌으로서 2010년 이 후 국민계정의 과소파악 문제점을 보고하 고 있다.

38 기존연구는 2010년까지만 제시되어 있다.

39 추가적인 자세한 내용은 관련 논문을 참조하기 바란다.

40 이는 소득점유율의 경우도 가계금융복지조사를 시장소득 및 개인기준으로 환산하여 계산하여 보면 양자가 40% 대로 별 차이가 없음이 확인된다.

41 <Atkinson et al, Top Income in the Log Run of History 2011, JEL, P.19. 우측 두 번째 문단> These doubts are well justified for at least two reasons. The first is that tax data are collected as part of an administrative process, which is not tailored to our needs, so that the definition of income, of income unit, etc. are not necessarily those that we would have chosen. This causes particular difficulties for comparisons across countries, but also for time-series analysis where there have been substantial changes in the tax system, such as the moves to and from the joint taxation of couples.

42 2018년의 가계금융복지조사의 수치는 현재 조사 중이며 2019년 말에 발표될 예정이다.

43 통계청에서는 2017년 이후 분기별로만 가계동향의 소득을 발표하고 있고, 연간으로는 하고 있지 않다. 또한 연간자료의 제공도 일반에게는 하고 있지 않다. 또한 가계동향 소득분배 지표의 발표도 분위 배율만 하고 있으며, 지니계수의 발표는 하고 있지 않다. 이는 2017년 이후 30억 이상을 들여 개선한 통계의 활용을 스스로 제한하는 안타까운 일이다.

44 사회보장실무위원회(2016)에 따르면 2015년 현재 GDP 대비 공종사회복지지출은 10.6%인데 이 중 5.3%가 현물이며, 4.6%가 현금이다. 또한 2050년에는 이 비중이 각각 23.7%와 11.2%, 8.2%에 이를 것으로 전망하고 있다.

45 이 부분은 한국이 건강보험 혜택의 증가에 따라 기대수명은 세계 최고수준이나 노인 빈곤 역시 가장 높다는 패러독스에 대한 기본적인 해답을 사회적 현물의 반영 여부로 어느 정도 설명할 수 있다고 여겨진다.(영국 가디언지 2017년 7월 2일자 보도 내용).

46 이는 가구원수를 감안한 균등화 소득 기준이며, 세후소득인 처분가능소득 기준임 100%를 기준으로 하였을 때 M＝(5.9, 12.0, 17.0, 23.6, 41.5)이며 최빈가구분위의 소득(5.9)을 1로 정규화한 것임.

47 유경준, 2007, 「소득불평등 개념과 실태」, 『노동경제논집』 제30권3호, 한국노동경제학회, 참고 바람.

48 통상 영업잉여는 부가가치 총액에서 피고용자보수, 고정자본소모, 순생산세를 뺀 잔액으로 개인이나 기업이 생산활동에 참여한 대가를 의미한다.

49 감가상각이나 임대소득의 변화가 큰 경우 이윤의 변화가 적더라고 자본소득은 증가할 수 있기 때문이며, 이 경우 (1-노동분배율)=이윤분배율이라는 등식을 성립하지 않는다.

50 홍장표, 2014, 「한국의 노동소득분배율 변동이 총수요에 미치는 영향」, 『경제사회평론』 43호 pp101-138, 한국경제사회학회.

51 건물, 구축물, 설비, 기계 등 재생산 가능한 유형고정자산에 대하여 통상적인 마손 및 예견되는 멸실 등 일반적으로 발생하는 정도의 가치 감소분을 평가한 것. 국민계정에서는 이와 같이 생산자가현 수준의 생산 활동을 영위할 수 있도록 지속적으로 비축하고 있는 부가가치의 일부분을 고정자 본소모라 한다. 대부분의 유형고정자산에서는 고정자본소모가 계상되고 있으나 도로, 댐, 방파제 등은 수

리비나 유지비와 같은 경상적 지출에 의하여 그 원상이 유지된다고 보아 고정자본소모를 계상하지 않는다. 한편 생산이나 국민자본형성 등에서 고정자본소모의 포함여부에 따라 총고정자본 형성(총생산)과 순고정자본형성(순생산)으로 구분한다.(매일경제용어사전)

52 한경 용어사전 참조.

53 Borjas, Labor Economics, 7th, 2016 참조

54 ILO, 2013. "Wage-led Growth, An Equitable Strategy for Economic Recovery", ed. by Mare Lavoie & Engelbert Stockhammer,

55 Storm, Servaas & C.W.M. Naastepad, 'Wage-led or Profit-led Supply: Wages, Productivity and Investment', Ch.4 at ILO(2013)

56 임무송, 「집단적 근로조건 결정시스템 개편에 관한 연구-노사위원회 제도 도입과 관련하여」, 서강대학교 대학원 법학과 박사학위논문, 2012. 156면 참조.

57 이철수, 2010, 「복수노조체제하에서의 근로자대표제도 개선방안연구」, 노동부 용역보고서 참조.

58 이에 관한 자세한 내용은 이철수, 위의 보고서, 152면 이하 참조.

59 장홍근·정흥준·류성민·장진나, 2016. 『노사협의회 운영상황 실태조사』, 한국노동연구원.

60 이영면, 2011, 『노사협의회 운영실태 조사 및 개선방안 연구』, 고용노동부, 참조.

61 이영면, 위의 연구, 494~495면 참조.

62 배규식 외, 2007, 『무노조 기업의 고용관계 — 노사협의회와 대안적 근로자대표기구를 중심으로』, 한국노동연구원.

63 대법원 2005. 3. 11. 선고 2003다27429 판결

64 대법원 2005. 6. 9. 선고 2004도7218 판결.

65 대법원 1994. 6. 24. 선고 92다28556 판결

66 이철수, 2011, 「통일적인 종업원대표시스템 정립을 위한 소고」, 산업관계연구, 제21권 제1호, 한국노사관계학회, 4면.

67 정재우, 「비정규직 노조 가입의향과 현황」, 『월간 노동리뷰』 2016년 2월호, 한국노동연구원.

68 이것은 법·제도적 관점으로부터의 약체화를 의미하는 것이고, 노동조합이 근로조건의 유지를 위해 기능하지 않는다는 것을 의미하는 것은 아니다. 노동조합은 임금의 유지·개선이나 고용보장에 있어서 여전히 그 역할을 하고 있다.

69 대법원 1977. 7. 26. 선고 77다355 판결

70 헌법재판소 2012. 4. 24. 선고 2011헌마338 결정, 대법원 2017. 10. 31. 선고 2016두36956 판결.

71 이하의 내용은 이철수, 2010, 위의 보고서 23면 이하를 인용.

72 김형배, 노동법, 박영사, 2008. 47-48면 참조.

73 이흥재, 「21세기의 노동법적 과제와 새로운 패러다임의 모색」, 외법논집 제19집, 2005, 157면 참조. 그러나 이흥재는 이러한 4층 구조론에 대해 노동법의 기본목표 및 그 성격 그리고 노동법의 해석 관점 및 입법정책의 방향을 기업조직을 기초로 하여 경제질서와의 관계에서 노동법 유연화를 제고하는 데 초점을 맞추고 있는 점은 많은 의문을 갖게 한다고 지적한다.

74 김형배, 1994, 「한국노동법의 개정방향과 재구성」, 법학논집 제30호, 고려대학교 법학연구원, 14면 참조.

75 김형배, 1995, 「한국노동법학 50년의 성과와 21세기적 과제」, 서울대학교 법학 제36권 제2호, 121면 참조.

76 김형배, 위의 논문, 14~15면.

77 독일연방헌법재판소, 1979. 3. 1-1 BvR 532/77, 419/78 und 21/78(BVerfGE 50,290) 판결.

78 입법자의 법형성에 흠결이 있을 시 판결을 통해 이를 보충할 수 있다(독일연방헌법재판소 1964. 5. 6-1 BvR 79/62(BVerfGE 18, 18) 판결). 독일법상의 노동조합 요건 또는 협약능력론 및 쟁의행위의 정당성 요건 등은 판례법으로 형성된 것이다.

79 독일연방노동법원 1977. 3. 15-1 ABR 16/75(AP Nr 24 zu Art.9 GG). 이러한 판례의 입장에 반대하는 입장도 있지만, 다수설은 기업별 노조는 어용화할 우려가 많고 그 임원도 사용자의 해고와 불이익 취급에 직면하게 된다는 점, 또는 경영조직법 등의 제정을 볼 때 집단적 노사관계를 이원적으로 처리하려는 입법자의 의도를 읽을 수 있다는 점 등을 들어 판례를 지지한다. 이철수, 1992, 「단체교섭의 근로자 측 주체에 관한 비교법적 연구」, 서울대학교 법학박사 학위논문, 38면 이하 참조.

80 박제성, 2008, 「무노조 사업장에서의 집단적 근로조건 결정법리」, 한국노동연구원, 5-6면.

81 박제성, 위의 보고서, 2008, 3-4면.

82 박제성, 위의 보고서, 2008, 68면 이하 참조.

83 이하의 내용은 이철수, 위의 논문 1992, 22면 이하 참조.

84 小嶋典明(1989), "わか國に從業員代表法制,"『富大經濟論集』, 第35卷, 第1号, p.199 이하(大內伸哉(2007), p.65에서 재인용)

85 西谷敏(1989), "過半數代表と勞働者代表委員會,"『勞協』, 第356号, p.2 이하(大內伸哉(2007), pp.65~67에서 재인용).

86 毛塚勝利(1992), "わが國における從業員代表法制の課題," 『學會誌』, 第79号, p.129 이하(大內伸哉 (2007), pp.67~68에서 재인용).

87 이러한 입법화론에 대하여 소극적인 입장도 있다. 대표적으로 道幸哲也 교수(그의 논문, "21世紀の 勞働組合と團結權," 『講座21世紀の勞働法 第8卷 利益代表システム』, 有斐閣, 2000에서 그는 노동 조합의 기능을 정비하고 확대시킴으로써 노동조합의 근로자대표 기능을 강화시켜야 할것임을 주 장한다) 및 大內伸哉 교수(그의 저서, 『勞働者代表法制に關する硏究』, 有斐閣, 2007에서 그는 노동 조합이 근로자대표로서의 기능이 약화되었다는 점에 대해서는 인정하지만, 과반수 근로자대표를 입법적으로 강제한다거나 하는 것은 결국 근로자의 자유로운 의사결정을 방해하는 것이기 때문에, 근로자대표로서 노동조합을 선택할 것인가 과반수근로자대표를 선택할 것인가는 오로지 근로자의 자유로운 의사결정에 맡겨야 할 것이라고 주장한다).

88 1948년 제87호 협약에서 'labor organization'이라는 용어를 사용하고 있고, 이후 채택된 협약들 에서 비로소 'union'을 한정적인 의미로 사용하고 있다.

89 135호 근로자대표협약 참조.

90 International Labour Office(2006), Digest of Decisions of the Freedom of Association, 5th revised edition, p.66(315번 요약문) 참조.

91 International Labour Office(2006), pp.211~212(1057번 요약문).

92 이하의 내용은 Orly Lobel & A. M. Lofaso, "System of Employee Representation at the Enterprise-The US Report," Systems of Employee Representation at the Enterprise: A Comparative Study, KLUWER, 2012, pp.205~227을 참고함.

93 'company union'이란 1930년대 사용자들이 자생적으로 형성된 노조 탄압을 위해 사업장 차원 에서 만든 소위 '어용조합'을 의미한다. 미 연방노동관계법(NLRA) 하에서 company union은 자 발적 조직활동을 저해하는 부당노동행위의 범주에 속한다.

94 이하의 내용은 Bernd Waas(2012), "Employee Representation at the Enterprise in Germany," Systems of Employee Representation at the Enterprise: A Comparative Study, KLUWER, pp.71~91을 주로 하면서, Bernd Waas(2006), "Decentralizing Industrial Relations and the Role of Labor Unions and Employee Representatives in Germany," Decentralizing Industrial Relations and the Role of Labour Unions and Employee Representatives, 2006 JILPT Comparative Labor Law Seminar, The Japan Institute for Labour Policy and Training, pp.13~31을 참조.

95 독일 노동조합의 규범적 의미에 관해서는 이철수, 위의 논문, 1992 참조.

96 김강식, "독일 노사관계 모델의 변화", 질서경제저널 제21집 1호(2018. 3.), 한국질서경제학회, 제7 면에서 재인용.

97 Torsten Muller, Thorsten schulten, "Chapter 12: Germany: parallel universe of collective

bargaining", Collective bargaining in Europe(2019), Hans-Bockler-Stifung, 제247면.

98 이규영,「독일의 2010년 단체협약 적용률과 사업장 내 근로자 이익대표」,『국제노동브리프』Vol. 9. No. 6 (2011. 6.), 한국노동연구원, 제63면.

99 Bellmann L. and Ellguth P.(2018), Zum Ruckgang der betreblichen Mitbestimmung, IAB-Stellungnahme 4/2018, Nurnberg, Institut fur Arbeitsmarkt-und Berufsforschung. http://docu.iab.de/stellungnahme/2018/sn0418.pdf(Torsten Muller, Thorsten schulten, "Chapter 12: Germany: parallel universe of collective bargaining", Collective bargaining in Europe(2019), Hans-Bockler-Stifung, 제257면에서 재인용)에 따르면, 이 비율은 1996년 12%에서 2017년 9%로 감소하였다.

100 이하의 내용은 Ruth Dukes, "Systems of Employee Representation at the Enterprise - UK Report," Systems of Employee Representation at the Enterprise: A Comparative Study, KLUWER, 2012, pp.181~203과 이철수·강성태·조용만·박제성·박귀천·심재진·정영훈, 2010,「산업별 노조의 실태에 관한 비교법적 분석」, 국제노동법연구원, 대법원 정책연구용역보고서 중 영국 부분을 요약한 것임을 밝힌다.

101 Commission v UK, Case C-383/92 [1994] ECR I-2429.

102 이하의 내용은 Sylvaine Laulom, "System of Employee Representation in Enterprises in France," Systems of Employee Representation at the Enterprise: A Comparative Study, KLUWER, 2012, pp.51~70을 요약한 것이나, 2017년 말 소위'마크롱법'(Décret nº 2017-1819 du 29 décembre 2017)이 행정입법을 통해 2018년부터 시행되면서 기업 내 근로자 대표기구가 사회·경제위원회(Comité social et économique)로 일원화되는 변화가 있었다. 이글에서는 최근의 제도변화를 반영하지 못하였기에, 관련된 추가연구를 참조하기 바란다.

103 CC, 6 novembre 1996, Droit social, 1997, p.25.

104 Raphaël Hadas-Lebel, Pour un dialogue social efficace et légitime: Représentativité et financement des organisations professionnelles et syndicales- Rapport au Premier ministre, 2006, p.52

105 이하의 내용은 大內伸哉, 勞働者代表法制に關する硏究, 有斐閣, 2007. pp.62~63 참조.

106 大內伸哉, 위의 논문, 2007, 63면 참조.

107 프랑스는 외형상 우리와 유사하지만 조합대표와 종업원대표의 차이점이 그다지 명확하지 않다는 점에 주의를 요한다. 실제 단체교섭과 노사협의의 경계선은 명확하지 않아 조합대표위원이 없는 기업에서는, 종업원대표와 기업 간에 비전형협약(accords atypiques)이 체결되는 사례도 적지 않다. 특히 2004. 5. 4법에서는 한 발 더 나아가 조합대표위원이 존재하지 않는 경우에는 종업원대표에게도 협약체결 권한을 인정하고 있다. 단체교섭 권한을 대표적 노동조합이 독점하는 원칙은 이제는 프랑스 법에 존재하지 않게 되었다.

108 임무송(2012)이 제기하는 노사위원회도 명칭과 달리 협의체 모델을 전제하고 있다.

109 신권철, 위의 논문, 2013, 282면 참조.

110 신권철, 위의 논문, 2013, 285면 참조.

111 일부 견해들에 따르면, 근참법 제19조가 근로조건과 관련된 협의사항을 의결할 수 있도록 하고 있고, 제23조 및 제30조가 의결사항의 이행 및 벌칙까지 규정하고 있는 이상 노사협의회가 근로조건에 대한 사항을 의결할 수 있고, 의결된 사항은 개별 근로자의 동의를 매개로 하지 않고 직접 효력을 발생시킨다는 견해(박제성[2008], pp.18~19)도 있으나, 현행법상의 해석상 무리가 있다. 노동부 행정 해석처럼 원칙적으로 근로조건에 관한 사항은 단체교섭에서 다루어져야 하고, 노사협의회에서 근로조건 변경을 합의(노사 68120-121, 93. 4. 30.(노동부, 『근참법 질의회시집』, 2001. 11, p.78))하였더라도 그것이 노사협의회법(현 명칭 근참법)상의 합의사항이라 할 수는 없을 것이다. 다만, 단체교섭의 연장선상에서 노사협의회가 보충 교섭을 행하고 노사대표자가 서명 날인한 경우 그 효력을 인정한 사례(대법원 2005. 3. 11. 선고 2003다27429 판결)가 있으나, 이는 의결사항으로서의 효력이 아니라 단체협약으로서의 효력을 인정한 것에 불과하다.

112 임무송(2012), p.193.

113 이하의 내용은 임무송(2012), p.216 이하의 아이디어를 참조하였다.

114 ILO, 제135호 '근로자대표에 관한 협약' 제5조 제154호, '단체교섭에 관한 협약' 제3조 제2항 참조.

115 ILO, 1952년 기업단위의 사용자와 근로자 간 협의와 협조에 관한 권고(제94호) 제1조.

116 김홍영, 2016, 「취업규칙 관련 법리의 문제점과 대안: 근로자위원회의 사업장협정 도입 모색」, 서울대 노동법연구회 춘계학술대회 자료집.

117 송강직, 2016, 「노동자경영참가와 노사관계차원의 경제민주화」, 서울대공익인권법센터 경제민주화심포지움자료집.

118 이 장의 내용은 이철수, 「통일적인 종업원대표시스템 정립을 위한 소고」, 산업관계연구 제21권 제1호, 한국노사관계학회, 2011. 3 및 「새로운 종업원대표시스템 정립」, 한국개발연구원, 2013에 실렸던 글을 수정보완한 것임을 밝혀둔다.

119 그밖에도 면접 중심 및 상시채용 등의 채용전략 변화, 직급과 직책의 분리 등 승진체계의 변화, 연봉제 도입, 성과관리 등의 다양한 변화가 신인사관리에 포함된다.

120 표의 자세한 내용과 의미에 대해서는 이종훈(2006a)을 참조하고 여기서는 설명을 생략하기로 한다.

121 Akerlof, George A. and Janet L. Yellen (1990) 참조.

122 그림 6-1의 화살표가 바로 임금격차 확대의 변화를 의미한다.

123 제조업 대비 서비스업 취업자의 구성비가 더 높아지고, 제조업 내에서 생산직 대비 비생산직의 취업자 구성비가 더 높아지는 추세를 의미한다.

124 2007년 '기간제 및 단시간근로법', '근로자 파견법'이 제/개정.

125 이하 부분은 유경준 편(2009) 304쪽 참조.

126 무기계약직에 대해서는 임금차별금지 규제가 적용되지 않기 때문에, 고용경직성의 부담을 임금비용절감으로 보전하기 쉽다고 생각했을 것이다.

127 만약 앞으로 이 범위를 넓게 보기 시작한다면 임금차별에 저촉될 수 있는 사례가 많이 발생할 수 있을 듯하다.

128 규제 도입으로 sample-selection이 촉진되면서, 그로 인해 그룹 간 인적속성이 달라지는 sorting effect가 나타나게 된다. 정규직-비정규직의 두 그룹 간 평균임금의 격차는 더 커질 것이지만, 그룹 간 인적속성 및 스킬수준(직무)차이를 통제할 경우의 순임금격차는 더 작아질 수도 있다.

129 외국의 정책 사례와 비교해 보더라도 우리나라의 파견근로규제는 과도함. 일본의 경우 과거 26개 업무만 허용하던 포지티브 리스트 방식을 1999년에 네거티브 리스트 방식으로 변경(건설·항만운송·경비·의료업 제외)하였음. 독일도 건설업을 제외하고는 파견대상 및 파견기간에 제한이 없으며, 파견근로자에 대한 차별처우만 금지하고 있음(2003년 법 개정). 영국, 미국, 호주 등 영미계는 파견대상, 파견기간 등에 대한 제한이 아예 존재하지 않음. 이상 유경준 편(2009) 305~306쪽 인용 참조.

130 기간제를 쓰다가도 사내도급으로 전환할 수도 있을 것이며, 이것 또한 풍선효과이다.

131 이 글을 탈고하고 출판을 기다리던 중 일어난 이천 물류센터 시공 중 일어난 화재 사망사고도 이와 똑같은 유형의 산재사고이다. 2014년 5월 (세월호 참사 직후에 일어난) 고양터미널 공사 현장에서 일어난 사고도 이와 전혀 다르지 않다. 원인이 명백한 이런 사고들이 반복되는 이유를 이해하기 어렵다.

132 지금까지 국회에 발의된 소위 '죽음의 외주화 금지법' 관련 법안들을 살펴보면, 위험한 일의 정의가 각각 다르다.

133 물론 비정규직 근로자들에게만 위험한 일을 (위험작업이라는 사실을 그들에게는 숨기고) 시키는 악질적인 기업도 있다. 실제로 영세기업에서 파견근로자들만 위험작업에 배치해서 그들이 메탄올 중독으로 실명하는 산재사고 사건이 있었다.

134 인천공항공사는 기간제 보다는 용역근로자로 표현되는 간접고용에 대한 의존도가 높은 사업장으로 알려져 있다.

135 이것은 명예퇴직수당을 지급하되, 퇴직당사자를 근로자의 자발적인 선택에 맡기는 것이 아니라, 사용자가 산정할 수 있는 방식으로 전환하는 것임. 이럴 경우 '떠나지 않았으면 좋을 근로자가 퇴직

해 버리는 역선택(adverse-selection)의 문제를 피할 수 있다.

136 다른 한편, 한국은 주택 등 자산만이 있는 노인이 많아 다른 나라와 직접비교가 어려운 측면도 있다. 즉 주택 등 자산이 있다는 것이고 이 자산을 담보로 연금 등을 이용할 수 있는 수단이 있어, 소득과 함께 주택 등 자산을 함께 고려한 노인 빈곤율을 살펴보는 것이 중요하다(윤희숙, 권형준 2013; 이주미, 김태완 2014). 이 경우 자산빈곤율이 소득빈곤율보다 10% 포인트 이상 낮기 때문에 자산과 소득을 동시에 고려할 경우 빈곤율은 30%대로 떨어지나 이 또한 다른 나라에 비해 여전히 높은 수준이다.

137 이와 관련, 한국의 사회안전망으로서 스웨덴 같은 스칸디나비아 국가를 모델로 하자는 또는 그럴 가능성에 대한 논의들이 많이 쏟아져 나왔다. 스웨덴은 교육, 건강, 실업, 연금, 주택 정책 모든 분야의 사회정책의 롤 모델로 여겨진다. 복지 뿐 아니라 양성 평등 및 인권보호의 수준이 전반적으로 높아 가정과 일의 균형을 맞추는 제도가 잘 발달되어 있다. 그러나 이러한 복지제도는 역사적으로 노사의 대타협과 생산성 향상 등을 통한 산물이다. 그리고 조세부담율이 높고 저소득층의 조세부담율도 예외는 아니다. 재원이 중요하므로 조세의 편리성을 매우 중시해, 직접세보다 간접세의 부담이 매우 높은 반면 조세회피 가능성이 높은 상속세와 증여세는 2004-2005년 사이에 아예 폐지시켰다. 즉, 스웨덴 복지모델을 논할 때 지출 측면만을 보는 것은 균형 잡힌 시각이 아니다.

138 물론 일본의 경우 이들 대부분이 일본 국내 부채라서 외채 등의 문제를 갖고 있는 나라들과의 직접비교는 어렵다. 하지만 경기부양과 급속히 증가하는 노년층에 대한 다양한 복지사업으로 재정 적자가 급속히 늘어난 양태 등 일본의 부채증가가 우리나라에 주는 시사점은 매우 크다.

139 Holzmann and Hinz (2005). 이를 OECD의 다층적 노후소득 보장체계 (multi-tier retirement income system)와 혼동할 수 있으나 둘은 엄연히 다르다. 예컨대 우리나라 국민연금은 세계은행 기준으로는 1층이나 OECD 모델에서는 2층이고, 싱가포르의 Central Provident Fund는 두 기준 모두 2층에 해당한다. 우리나라에서는 다층적 연금체계나 다층적 노후소득 보장체계 모두 세계은행의 체계를 지칭하는 경우가 많아 여기서도 그 관행을 따르기로 한다.

140 보험률의 경우 각국의 연금체계가 다르고 근로자와 사용자가 기여하는 비율이 달라 소득대체율보다도 직접비교가 더 어렵다. 예컨대 그림에서 호주는 Superannuation을 포함한 것으로 Superannuation은 근로자의 퇴직연금 가입과 근로자 연봉의 9%를 사용자가 전액 납부하는 것을 강제화한 제도로, 월소득 450호주달러 이상인 상근 및 비정규근로자는 의무가입 대상이 된다. 이 Superannuation은 OECD 데이터에서 사회보장비로 잡히지 않는다. 한편 그림에서 미국, 오스트리아, 독일, 룩셈부르그, 이탈리아 등 많은 나라는 연금 이외에도 장애연금 보험률을 포함하고 있다.

141 뉴질랜드는 사회보험이 아닌 세금으로 연금을 지탱하기 때문에 보험률이 0으로 나타나 있어서 논외로 한다.

142 하나는 (기준연금액-(2/3 곱하기 국민연금 A급여액))+부가연금액, 다른 하나는 기준연금액의 250%-국민연금 급여액인데 이 중에서 큰 것을 받을 수 있다. 여기에 부부삭감이 있다.

143 이 경우 벌칙 등의 이행 강제규정 대신 "정년을 60세 미만으로 정한 경우에는 정년을 60세로 정한

것으로 본다"는 의제규정을 두어 실제로 60세 정년의 실효성이 보장되도록 하고 있다. 이는 연령을 근거해 근로자가 해직될 경우 부당해고로 간주될 수 있음을 의미한다.

144 하지만 2022년은 문재인 정부의 마지막 해이기 때문에 이것은 실질적으로 논의를 다음 정부로 유예한 것으로 볼 수도 있다. 특히, 정부가 정년 연장의 선결 과제로 꼽히는 노동시장 유연성 확대나, 연공서열형 임금체계 개편 등의 논의를 하지 않고 이러한 방침을 세웠기 때문에 실제 법이 적용되기에는 아직 갈 길이 멀다.

145 황수경(2013), 김진수 외(2015), 남재량(2018) 등.

146 예컨대 2016년 1월에 처음 모습을 드러낸 「내집연금 3종 세트」 등을 들 수 있다.

147 종신방식 외에도 10-30년 중 일정 기간을 선택해 해당 기간 동안 연금을 받는 확정기간방식, 인출 한도 안에서 목돈을 일시에 찾고 나머지는 평생 연금식으로 받는 대출 상환방식, 부부 기준 1.5억 원 미만 1주택 보유자일 경우 종신방식보다 월 지급금을 최대 12.7% 우대하여 지급받는 우대방식이 있다.

148 서울시나 경기도, 경상북도 등에서 지원하는 청년수당이나 구직 지원금은 기본소득과 거리가 멀다. 이는 사회진입의 초기단계에 있는 미취업 청년층이 사회의 필요와 자신의 욕구에 맞는 진로를 폭넓게 탐색하며 자기역량을 키울 수 있도록 활동보조금(수당)을 지원하는 정책으로 하위소득 미취업자 등으로 제한적인 인원을 선발하고, 지원자의 자발적 참여 및 사회적 환원에 대한 목표가 있고, 활동보고 의무가 있다는 점에서 기본소득의 원칙에서 벗어나 있다.

149 이와 비슷하게 캐나다 온타리오도 빈곤층 주민 4,000명을 대상으로 실험을 한 경우가 있지만, 비용부담의 이유로 실험이 중단되었다.

150 하지만 조사응답률이 낮고, 통제집단이 중간에 변하고, 응답이 사전과 사후를 비교하는 방식이 아닌, 사후비교만을 하는 등 조사방법론 자체에 문제가 많아 이 결과들의 해석자체에 주의가 요한다.

노동의 미래

초판 1쇄 발행 2020년 6월 18일
초판 2쇄 발행 2020년 7월 10일

지은이 | 유경준, 이상협, 이종훈, 이철수
펴낸이 | 조미현

책임편집 | 박이랑
디자인 | 윤설란

펴낸곳 | 현암사
등록 | 1951년 12월 24일 (제10-126호)
주소 | 04029 서울시 마포구 동교로12안길 35
전화 | 02-365-5051 | 팩스 02-313-2729
전자우편 | editor@hyeonamsa.com
홈페이지 | www.hyeonamsa.com

ISBN 978-89-323-2061-8 03320

• 이 도서의 국립중앙도서관 출판예정도서목록(CIP)은 서지정보유통지원시스템 홈페이지
  (http://seoji.nl.go.kr)와 국가자료공동목록시스템(http://www.nl.go.kr/kolisnet)에서
  이용하실 수 있습니다.(CIP제어번호 CIP2020023823)

• 책값은 뒤표지에 있습니다. 잘못된 책은 바꾸어드립니다.